礼仪知识百问百答

吕虹 著

容止篇·人际篇·职场篇·日常篇

中国纺织出版社有限公司

内 容 提 要

本书主要将人们日常工作、生活中所需相关礼仪知识，梳理成"容止篇""人际篇""职场篇""日常篇"。全书集意识养成、知识了解、规范运用于一体，旨在较为全面地解决人们在工作、日常生活中所遇到的各类礼仪问题。全书采用问答形式，以"词典式"问答形式讲述基础礼仪常识，便于查阅，同时配以丰富的插图，以便读者更直观、形象、生动地学习礼仪知识。

图书在版编目（CIP）数据

礼仪知识百问百答 / 吕虹著． -- 北京：中国纺织出版社有限公司，2022.11
ISBN 978-7-5229-0029-2

Ⅰ．①礼… Ⅱ．①吕… Ⅲ．①礼仪－中国－问题解答 Ⅳ．① K892.26-44

中国版本图书馆 CIP 数据核字（2022）第 207088 号

策划编辑：向连英　　责任编辑：刘　丹
责任校对：高　涵　　责任印制：储志伟

中国纺织出版社有限公司出版发行
地址：北京市朝阳区百子湾东里 A407 号楼　邮政编码：100124
销售电话：010—67004422　　传真：010—87155801
http：//www.c-textilep.com
E-mail：faxing@c-textilep.com
中国纺织出版社天猫旗舰店
官方微博 http://weibo.com/2119887771
北京华联印刷有限公司印刷　各地新华书店经销
2022 年 11 月第 1 版第 1 次印刷
开本：787×1092　1/16　印张：12.5
字数：252 千字　定价：88.00 元

凡购本书，如有缺页、倒页、脱页，由本社图书营销中心调换

前 言

礼仪属于文化、道德范畴，是人们在社会交往活动中，为了相互尊重，在仪表、言谈举止等方面加以约定，从一些不成文的规矩、习惯逐渐被大家认可，发展为可通过语言、文字以及动作来准确描述和规定的行为规范与准则，它始终以某种精神上的约束力支配着人们的行为。在现代社会的实践中，礼仪是社会组织或个人在国内乃至国际交往中以约定俗成的程序、方式来表现的律己、敬人的行为规范，是一个人内在修养和素质的外在表现，呈现出施礼者和受礼者的教养、风度和魅力；是人际交往中用以形成良好沟通的一门艺术和表现尊重、友好的习惯做法，体现着对他人和社会的认知水平和尊重程度，也是构成社会精神文明的基本要素。因此，知晓、遵循礼仪规范也成为获得成功的重要手段和途径之一。

本书将人们日常工作、生活中所需相关礼仪知识及其运用场景等梳理成"容止篇（仪容修饰、仪表服饰、仪态举止）""人际篇（社交会面、网联通信、沟通交谈）""职场篇（求职面试、办公会务、拜访接待）""日常篇（宴请用餐、公共空间）"，共四部分。本书融意识养成、知识了解、规范运用于一体，旨在较为全面地解决人们在职场工作、日常生活中所遇到的各类礼仪问题。全书采用一问一答的形式，将各章内容设计成数十个不等的问答，纵向结构简洁，呈现"词典式"优势，便于查阅；同时大部分都随题配有流程图解，使表述更直观、形象、生动，从而突显礼仪知识运用的灵活性、操作性强的特点，也更易于理解掌握，增强阅读的趣味性，符合快节奏时代人们的学习习惯，适合社会、各界人士学习和实践。

本书的撰写与出版在杭州第19届亚运会即将来临之际。为充分发挥"杭州亚运"之效应，向世界展现中华民族的深厚文化底蕴和优秀传统文明，本书将"宋韵文化"中的"点茶"等茶礼知识融入其中，将宋代文化传承与现代礼仪发展相结合，凝练成知识问答，并以附录形式介绍了相关的民风习俗，以进一步提升国人礼仪风范。

吕 虹
2022年9月

目 录

第一部分 容止篇

第一章 仪容修饰 / 2

一、何谓形象、形象力与职业形象？/ 2

二、仪表由什么构成？什么是仪表礼仪？/ 3

三、仪容的内容是什么？什么是仪容礼仪？/ 3

四、什么是发部修饰？/ 3

五、怎样烫发、染发才是"发的美化"？/ 4

六、在职场怎样佩戴假发、帽子、发饰才是得体的？/ 4

七、什么是头发的造型？/ 4

八、职场男士发型选择需遵循的原则是什么？/ 5

九、职场女性选发型的技巧有哪些？/ 5

十、不同体型、肤色人士发型选择有什么小窍门？/ 5

十一、发型选择与服饰之间应体现怎样的关系？/ 6

十二、椭圆形脸（瓜子脸、鹅蛋脸）的发型也需要设计吗？/ 6

十三、方形脸的发型设计需要注意什么？/ 6

十四、使圆形脸视觉变长、显成熟的发型设计技巧有哪些？/ 6

十五、使"橄榄形脸"的女性外形变柔和的发型设计技巧有哪些？/ 7

十六、使"梨形脸、桃形脸"人士更自信的发型设计技巧有哪些？/ 7

十七、皮肤是人体面积最大的器官吗？/ 7

十八、皮肤的构造是怎样的？/ 7

十九、什么是人们常说的"皮肤再生循环现象"？/ 8

二十、皮肤一般可分为哪几类？中性皮肤也需要使用护肤品吗？/ 9

二十一、干性皮肤如何选择护肤用品？/ 9

二十二、油性皮肤和混合性皮肤的特征有哪些？有什么护理的要领？/ 9

二十三、何谓"敏感肌"？/ 10

二十四、如何辨别自己的肤质（皮肤类型）？/ 10

二十五、日常护肤"六部曲"是什么？/ 11

二十六、"周期护肤"的方法与步骤是什么？/ 11

二十七、十大易使皮肤过敏的原因是什么？/ 12

二十八、何谓化妆？/ 12

二十九、男士化妆（修饰）包括哪些？/ 13

三十、职业淡妆有何特点与作用？/ 13

三十一、一般生活（职业）淡妆所需的基本化妆用品用具有哪些？/ 13

三十二、化淡妆的操作步骤与技巧有哪些？/ 14

三十三、如何才能画好"面部核心"——眉？/ 15

三十四、如何才能画好"表情又达意"的唇？/ 15

三十五、化妆的重点是什么？/ 16

三十六、你知道不同脸型的腮红都应该怎么涂抹吗？/ 17

三十七、这几个化妆应注意的问题你了解吗？/ 17

三十八、容易忽略的面部修饰有哪些？/ 18

三十九、职场人士的肢体修饰包括哪些？/ 18

四十、生活晚妆的特点与化妆技巧有哪些？/ 19

四十一、什么是实用的晚妆操作要领？/ 19

四十二、如何正确卸妆？/ 20

第二章　仪表服饰 / 21

一、服饰的作用和意义是什么？/ 21

二、什么是国际通行的着装 TPO 原则？/ 21

三、你了解服饰的起源吗？/ 21

四、你了解传统中西服装的式样与形制吗？/ 22

五、为什么中国传统服装的外形强调纵向感？/ 22

六、你了解汉服的组成吗？/ 23

七、汉服的典型特征与含义是什么？/ 24

八、什么是隋唐盛行的"品色衣"制？/ 24

九、宋朝服饰有何特点？/ 25

十、你知道中山装的丰富寓意吗？/ 25

十一、何谓旗袍？/ 26

十二、你了解西服的起源与类型吗？/ 26

十三、为什么说西服"七分在穿，三分在做"？/ 27

十四、西服穿着的"三个三"是什么？/ 27

十五、男士西服穿着包括哪七大件？/ 28

十六、男士西服的具体穿着规范？/ 28

十七、"男人的第一张名片"——领带有几种结型？/ 29

十八、领带——温莎结的系法是怎样的？/ 30

十九、简约的半温莎领带结的系法你知晓吗？/ 31

二十、领带——单结系法是怎样的？/ 31

二十一、男士西服配饰如何选择与搭配？/ 31

二十二、何谓展现职业气质的女式西服？/ 31

二十三、女性职业套装穿搭的基本原则及要求是什么？/ 32

二十四、不可不知的八个职业女装穿着注意事项是什么？/ 33

二十五、职场着装"四不准""六不露"原则你知道吗？/ 33

二十六、职业女性在选择套裙时需要兼顾哪七个基本问题？/ 34

二十七、穿着套裙与鞋袜如何搭配？/ 35

二十八、不同场合服饰的穿着规则如何由角色而定？/ 35

二十九、饰物的作用与种类有哪些？/ 35

三十、饰物选择与佩戴有什么原则？/ 36

三十一、职场人士佩戴装饰性饰物的礼仪有哪些？/ 36

三十二、你了解"心心相印"——戒指佩戴的寓意和习俗吗？/ 37

三十三、"反其道而行之"——项链与耳环的佩戴原则是什么？/ 37

三十四、鞋子、袜子、帽子、围巾、腰带、手套等如何选择才更具美感？/ 37

三十五、包袋和眼镜怎样使用更协调有礼？/ 38

三十六、色彩丰富的小丝巾如何选、怎样系可是有技巧的，你知道吗？/ 38

三十七、现代服装发展分为哪几个阶段？/ 40

三十八、服装色彩有何意义？/ 41

三十九、何谓三基色、三间色？它们之间有何关系？/ 41

四十、什么是色彩的三要素，它们与色彩又有什么关系？/ 41

四十一、什么是暖色调、冷色调？/ 42

四十二、如何运用中间色、过渡色、中性色？/ 42

四十三、颜色在职场带给人什么感受？/ 43

四十四、服装的色彩如何搭配才能和谐？/ 43

四十五、服装色彩搭配有哪些小技巧？/ 43

四十六、简单易学的服饰配色方法有哪些？/ 44

四十七、非常重要的着装配色原则——兼顾肤色、年龄、体型和场合，你了解吗？/ 44

第三章 仪态举止 / 46

一、什么是仪态？/ 46

二、什么是体态语？它有什么作用？ / 46

三、何谓站姿？ / 47

四、你知道不同站姿所反映的心理特征吗？ / 47

五、什么是基本站姿（即标准站姿）？ / 48

六、常用的几种变化站姿你知道吗？ / 49

七、特定场合宜采用的实用站姿是怎样的？ / 50

八、工作生活中有哪些不良站姿我们应避免？ / 50

九、自我矫正不良站姿的方法有哪些？ / 52

十、坐姿也有讲究吗？ / 53

十一、坐姿——"无声语言"传递的信息你知道吗？ / 54

十二、这种基本坐姿你了解吗？ / 55

十三、典型的坐姿有哪些？ / 55

十四、谈判、会谈等工作场合可采用的几种变化坐姿你知晓吗？ / 56

十五、什么是职场人士的入座礼仪？ / 57

十六、什么是职场人士的离座礼仪？ / 58

十七、职场人士的工作坐姿对头部、躯干、手臂摆放的具体要求有哪些？ / 58

十八、有失端庄、应避免的腿脚动作有哪些？ / 59

十九、不应在工作场合出现的不雅手部、头部动作有哪些？ / 60

二十、什么是职场人士优雅坐姿的具体做法流程"七部曲"？ / 60

二十一、如何练习掌握优雅坐姿，提升形象？ / 61

二十二、如何才能走出协调而富有韵律感的优美姿态？ / 61

二十三、为什么说走姿是一面"镜子"？ / 62

二十四、何谓标准走姿（也称为步态）？ / 62

二十五、什么是行走时的步幅、步高、步速，具体又有何要求？ / 62

二十六、行姿最能展现气质，你知晓职场人士在工作场所如何行走才得体吗？ / 63

二十七、行走细节——变向行走姿态，你了解吗？ / 64

二十八、一些特定场合的走姿，你了解吗？ / 64

二十九、什么是职场人有效矫正不良走姿的简易训练法？ / 64

三十、优美的蹲姿犹如一道风景，你了解吗？ / 65

三十一、常用的蹲姿有哪些？ / 65

三十二、下蹲时怎样的姿势才是优雅的？ / 66

三十三、为什么说"手势是体态语言"的传递者和表达者？ / 66

三十四、如何才能拥有手势美？ / 67

三十五、为什么说只有准确、规范、适度地使用手势才是正确的？ / 67

三十六、眼神与目光如何运用才是正确的？ / 68

三十七、什么是目光注视的"PAC定律"？ / 68

三十八、什么是目光注视的"三角定律"？／68

三十九、目光注视的时间控制怎样才是有礼貌的表现？／68

四十、如何利用笑容消除彼此的陌生感？／68

四十一、微笑的练习方法和要领有哪些？／69

第二部分　人际篇

第四章　社交会面 ／ 72

一、职场称呼有哪几类？／72

二、社交中如何称呼他人才是礼貌的？／73

三、日常生活中的两种主要称呼你知晓吗？／74

四、称呼他人时必须知晓的忌讳有哪些？／74

五、当你想认识他人时应该怎么做？／74

六、礼貌得体的自我介绍应是怎样的？／75

七、为他人介绍时，"尊者有优先知情权"如何体现？／75

八、什么是集体介绍，怎样做才符合规范？／75

九、为什么说"小名片，大学问"？／76

十、如何把握递名片的时机？／76

十一、递送名片时怎样的顺序才是符合礼仪规范的？／76

十二、递送名片的礼仪有哪些？／77

十三、接收名片时怎样做才是得体的？／77

十四、递送名片的禁忌与注意事项有哪些？／77

十五、握手礼的来历与含义你知道吗？／78

十六、如何行握手礼才正确？／78

十七、握手的顺序是怎样的？／78

十八、什么叫致意？见面时的致意礼有哪几种？／79

十九、欠身致意与鞠躬礼的要求你了解吗？／79

二十、鞠躬的种类有哪些？／80

二十一、如何行亲吻礼？／80

二十二、正确的吻手礼是怎样的？／81

二十三、拱手礼与作揖礼有区别吗？／81

二十四、什么是跪拜礼？／82

二十五、什么是宋代常见的叉手礼？／82

二十六、古人是如何行抱拳礼的？／82

二十七、万福礼是怎么来的？／82

二十八、什么是标准的"万福礼"行礼动作？"万福礼"是女子的专属礼节吗？／83

二十九、满、汉女子的"万福礼"一样吗？男士能行"万福礼"吗？ / 83

第五章　网联通信 / 84

一、什么是"电话形象"？ / 84

二、拨打电话前应考虑哪些问题？ / 84

三、哪些时间段不宜打电话？ / 85

四、拨打电话时应注意哪些问题？ / 86

五、拨打电话如何既遵循原则又因人因事而异？ / 86

六、为什么说"拨打电话过程中意外情况的得体处理体现着你的素养"？ / 87

七、接听电话的礼仪与技巧有哪些？ / 87

八、几个实用的电话接听小技巧你知晓吗？ / 88

九、正确转接电话与电话留言的方式是怎样的？ / 88

十、拨打电话时应如何正确选择时间？ / 88

十一、手机使用有哪些禁忌？ / 89

十二、手机铃声如何设置更显专业？ / 89

十三、工作中电话如何收线更专业？ / 89

十四、使用微信面对面添加好友功能时，到底该谁扫谁的二维码呢？ / 90

十五、头像如何选择更能展现出你的专业形象？ / 90

十六、添加好友时，如何给对方留下良好的第一印象？ / 90

十七、消息如何发送才不打扰人？ / 90

十八、什么时候可以发语音？你能否接受"60秒语音"？ / 91

十九、使用微信邀请他人进群时，怎样做更得体？ / 91

二十、"微信必回复"的原则是什么？ / 92

二十一、如何合理设置"消息免打扰"？ / 92

二十二、如何设置"微信群发布信息的特别提醒"？ / 92

二十三、如何适当使用微信的文件发送功能？ / 92

二十四、为什么说"微信是不见面的沟通，却能向交往对象传递出自己的形象和素养"？ / 93

二十五、邮件的使用礼仪包括哪几个方面？ / 93

二十六、电子邮件的主题确定应注意什么？ / 93

二十七、邮件中的称呼怎样才恰当？ / 94

二十八、邮件的正文撰写有何要求？ / 94

二十九、添加邮件附件有什么讲究？ / 95

三十、邮件结尾签名怎样才是正确的？ / 95

第六章　沟通交谈 / 96

一、什么是沟通？ / 96

二、沟通的基本原则及要素是什么？ / 96

三、什么样的声音可使沟通更有效？ / 97

四、需要熟记的常用谦语有哪些？ / 97

五、有时我们总会感到很难与人沟通，是否有以下原因？ / 97

六、话应该如何说？ / 97

七、如何让说话有魅力？ / 98

八、怎样才能驾驭你的谈吐？ / 98

九、沟通中不可忽视的视觉因素有哪些？ / 98

十、一般对与人交流的距离有何要求？ / 99

十一、为什么说"沟通是职场最有价值的技能"？ / 99

十二、有效沟通的基本步骤有哪些？ / 100

十三、如何倾听？ / 100

十四、为什么说"倾听是一种修养，而主动反馈能使倾听更有效"？ / 100

十五、有效倾听的技巧是什么？ / 100

十六、什么是沟通中的"三明治效应"？ / 101

十七、你了解沟通中的"漏斗理论"吗？如何减少沟通中的信息损失？ / 101

十八、与人沟通的十五个小技巧是什么？ / 102

十九、怎样的沟通才有效？"沟通黄金定律"又是什么？ / 103

二十、如何才能提升沟通能力？ / 103

二十一、职场中与同事沟通常用的技巧有哪些？ / 103

二十二、工作中与领导沟通的技巧有哪些？ / 104

二十三、职场沟通的主要禁忌有哪些？ / 104

二十四、何谓寒暄问候，你会吗？ / 104

二十五、如何说对寒暄语？ / 105

二十六、怎样的问候才是合时宜的？ / 105

二十七、如何赞美才最受欢迎？ / 106

二十八、赞美他人"三要则"是什么？ / 106

二十九、为什么说感谢也是一种赞美？ / 107

三十、"道谢"应遵循哪些常规？ / 107

三十一、你了解祝贺的方式吗？ / 107

三十二、口头祝贺如何使用？ / 108

三十三、不同对象、不同时机道贺语该如何选择？ / 108

三十四、怎样的慰问才温暖？ / 109

三十五、怎样的慰问语才是得体的？ / 109

三十六、沟通中为什么应学会说"对不起"？ / 109

第三部分　职场篇

第七章　求职面试 / 112

一、求职准备阶段该做什么？ / 112

二、如何写求职（自荐）信？ / 113

三、面试发型、面部修饰、着装应注意哪些问题？ / 113

四、面试时如何着装才得体？ / 114

五、为什么说"记住面试时间、准时赴约很重要"？ / 114

六、让自己面试更自信的小秘诀是什么？ / 115

七、面试的一般程序是怎样的？ / 115

八、面试时如何介绍自己才是正确的？ / 115

九、面试时的形体语言应是怎样的？ / 116

十、如何在面试中展现素质？ / 116

十一、面试时哪些问题常会被问到？ / 117

十二、面试时的应答技巧有哪些？ / 117

十三、现场面试最后阶段如何做才是得体的？ / 117

十四、怎样才能尽早知晓面试结果？ / 118

十五、面试结束后应该怎么做？ / 118

十六、什么是面试"五忌"？ / 118

十七、应牢记的成功面试秘诀是什么？ / 118

第八章　办公会务 / 120

一、为什么说办公室的环境布置很重要？ / 120

二、办公室的布置包括哪些方面？ / 120

三、办公桌排列的基本原则有哪些？ / 121

四、办公桌的物品摆放有什么讲究？ / 121

五、办公室的整理何时进行才是符合礼仪的？ / 121

六、办公室个人着装礼仪有哪些？ / 122

七、办公室中的行为举止应注意什么？ / 122

八、一般对于办公场所中的语言有什么要求？ / 122

九、在办公室用工作餐应注意哪些细节？ / 122

十、汇报工作应注意什么？ / 123

十一、办公室人员汇报工作应遵循什么原则？ / 123

十二、如何把握汇报的时间？ / 123

十三、如何选择合适的汇报形式？ / 124

十四、口头汇报时的礼仪要求有哪些？ / 124

十五、什么情况下适合书面汇报？ / 124

十六、如何进行电话汇报？ / 124

十七、听取口头汇报时的礼仪有哪些？ / 124

十八、听取电话汇报时的礼仪应注意哪些？ / 125

十九、处理书面汇报时有哪些礼仪？ / 125

二十、工作中如何处理好与上级的关系？ / 125

二十一、工作中如何把握好平级之间的关系？ / 125

二十二、如何处理好与下属的关系？ / 126

二十三、会议的种类主要有哪些？ / 126

二十四、例会与座谈会的礼仪有哪些？ / 126

二十五、何谓 U 型（或 C 型）排序法？ / 126

二十六、报告会的礼仪主要有哪些？ / 127

二十七、什么是新闻发布会？ / 127

二十八、新闻发布会的主题如何确定？ / 127

二十九、为什么说"确定新闻发布会邀请的记者范围"的合理性将直接影响会议的成效？ / 128

三十、新闻发布会的时间和地点的选定应注意什么？ / 128

三十一、如何选好新闻发布会的主持人和发言人？ / 128

三十二、新闻发布会的其他礼仪程序还有哪些？ / 128

三十三、大型会议开始前的准备工作有哪些？ / 129

三十四、大型会议的座次安排有什么特别之处？ / 129

三十五、大型会议主席台的位次排序有何规则？ / 130

三十六、参加大型会议，与会者开会前的礼仪有哪些？ / 130

三十七、大型会议的与会者在会议中和结束后要注意什么？ / 131

三十八、主席台就座者应遵循的礼仪规范有哪些？ / 131

三十九、在会上发言时需要注意哪些礼仪？ / 131

四十、会议主办方邀请的来宾与会时应遵守什么原则？ / 131

四十一、方桌会议与圆桌会议的座次安排有什么不同？ / 131

四十二、会议接待人员需要注意的问题有哪些？ / 132

四十三、什么是会晤的礼仪？办公会晤的场所由哪方确定？ / 132

四十四、会晤进行时的相关礼仪有哪些？ / 132

四十五、商务会谈多批来宾接待的礼仪有哪些？ / 133

四十六、签字仪式过程中应遵循哪些礼仪？ / 133

四十七、签字仪式的准备阶段有哪些礼仪需注意？ / 134

四十八、颁奖礼的一般流程是什么？ / 135

四十九、不同情况下的颁奖流程有什么区别？ / 135

第九章　拜访接待 / 136

一、何谓接待？ / 136

二、做好接待工作的基本要求有哪些？ / 136

三、如何处理突然来访者？ / 137

四、接待过程中的注意事项有哪些？ / 137

五、怎样的送客礼是正确的？ / 138

六、多批客人来访，应如何选择接待方法？ / 138

七、接待重要宾客的礼仪具体有哪些？ / 139

八、接待方案一般包括哪些内容？ / 140

九、接站礼仪一般指哪些？ / 140

十、送客礼仪如何体现？ / 141

十一、办公室日常迎宾的礼节有哪些？ / 141

十二、为什么说办公室之外迎宾的礼节程序上更为复杂？ / 141

十三、迎宾时送花有什么忌讳？ / 142

十四、什么是"出迎三步，身送七步"？ / 142

十五、为什么说投诉者并不是"烫手的山芋"？ / 142

十六、接待投诉者的礼仪细节如何把握？ / 142

十七、何谓拜访？ / 143

十八、去私宅拜访前应做哪些准备？ / 144

十九、前往办公区域拜访需做好哪些准备？ / 144

二十、拜访时仪容及着装上应注意什么？ / 144

二十一、办公区域内拜访时的举止应注意什么？ / 145

二十二、前往私人住宅拜访时怎样的举止能给人留下好印象？ / 145

二十三、拜访停留的时间多长才合适？ / 145

二十四、什么是关乎馈赠的"5个Ｗ1个Ｈ"规则？ / 146

二十五、馈赠对象的选择与馈赠目的的确定应注意哪些问题？ / 146

二十六、馈赠内容选择时应考虑哪些问题？ / 147

二十七、实用的礼品选择原则有哪些？ / 147

二十八、馈赠时机如何把握、场合如何选择？ / 147

二十九、馈赠的方式主要有哪些？ / 148

三十、受礼时怎样做才得体？ / 148

三十一、需要讲究礼品的包装吗？ / 148

三十二、送花礼仪知多少？ / 149

三十三、什么是馈赠礼仪的"六不送"原则？ / 149

第四部分　日常篇

第十章　宴请用餐 / 152

一、如何选择宴请的形式？常见的宴请形式主要有哪几种？ / 152

二、什么是宴会？宴会的种类又有哪几种？ / 153

三、什么是招待会？招待会的宴请形式有何特点？ / 153

四、冷餐会有何特点？其举行的时间、地点又有何具体要求？ / 153

五、同属招待会的酒会、茶会有何特点？ / 154

六、工作进餐也是宴请吗？ / 154

七、宴请筹备阶段的礼仪有哪些？ / 154

八、为什么说邀请是一门艺术？ / 155

九、如何进行宴请的正式邀请？ / 155

十、商务宴请的邀请方式主要有哪几种？ / 156

十一、商务宴请的邀请函中如何传递相关信息？ / 156

十二、如何才能定好宴请菜单？ / 157

十三、宴请的地点选择应注意哪些问题？ / 157

十四、宴会的桌次如何排列？ / 157

十五、宴会的座次安排遵循什么原则？ / 158

十六、商务宴请的现场布置及服务注意事项有哪些？ / 158

十七、作为被邀的宾客用餐时应注意哪些礼仪？ / 158

十八、中餐餐具使用礼仪主要有哪些？ / 159

十九、温馨的"合餐制"与成为新"食"尚的"分餐制"你了解吗？ / 159

二十、喝酒为什么要碰杯？ / 160

二十一、如何理解"民以食为天"，"食"中又以"坐"为先？ / 160

二十二、宴请外商用餐时该不该为之夹菜？ / 161

二十三、文明饮酒宴会礼仪知多少？ / 161

二十四、何谓西餐？ / 161

二十五、西餐的桌次与座次有何讲究？ / 161

二十六、西餐餐具的使用常识你知晓吗？ / 162

二十七、如何解密西餐餐具的"服务密码"？ / 162

二十八、你了解西餐的上菜程序吗？ / 163

二十九、西餐进餐时的礼仪有哪些？ / 163

三十、西餐中餐巾有何特殊用途？可以擦餐具吗？ / 164

三十一、西餐中如何用刀叉吃肉？／164

三十二、为什么说西餐的喝汤方法大有讲究？／164

三十三、吃西餐时不可以用左手递物吗？／164

三十四、喝咖啡和茶的正确方法是什么？／165

三十五、西餐参宴须知有哪些？／165

三十六、中西方饮食性质有何差异？／166

第十一章 公共空间 ／ 167

一、礼仪的本质是什么？礼仪的基本原则有哪些？／167

二、为什么说"自律是礼仪的基础"？／167

三、为什么说"真诚""宽容"更能赢得他人的尊重？／167

四、为什么说不能把"法律面前人人平等"套用在礼仪上？／168

五、公共场合的仪容与仪态礼仪有哪些基本要求？／168

六、你了解关于国旗的礼仪及升挂国旗的注意事项吗？／168

七、你懂得国徽的使用规定吗？／169

八、奏国歌时应注意的细节有哪些？／169

九、影剧院观看影片、观看演出时应遵循怎样的礼仪？／169

十、图书馆、阅览室学习时的礼仪有哪些？／170

十一、在比赛场馆观看各类比赛时有哪些礼仪？／170

十二、在商场应注重的礼仪有哪些？／171

十三、参观博物馆时有哪些礼仪？／171

十四、为什么有些博物馆禁止在展厅内拍照或使用闪光灯？／172

十五、乘坐公共交通工具时的礼仪有哪些？／172

十六、乘坐飞机时的礼仪有哪些？／173

十七、骑行礼仪、驾驶礼仪及女性乘车礼仪有哪些？／173

十八、乘坐车主人驾驶轿车时的座次礼仪有哪些？／174

十九、乘坐司机驾驶轿车的乘车礼仪有哪些？／174

二十、三排七座商务轿车座次顺序是怎样的？／175

二十一、三排九座商务车座次顺序是怎样的？／175

二十二、吉普车、大中型轿车的座次顺序是怎样的？／175

二十三、旅游观光时应注意的礼仪规范有哪些？／175

二十四、旅游拍照时应注意的事项有哪些？／176

二十五、在旅游、公务活动中应注意的卫生问题有哪些？／176

参考文献 ／ 177

附录 民风习俗 ／ 178

第一部分　容止篇

第一章 仪容修饰

在经济高速发展的今天,市场竞争日趋激烈,形象力已成为一种核心竞争力。形象力也是一种新的生产力资源,对公众而言具有吸引、修正等作用,从而形成竞争力。仪容礼仪在个人仪表形象中有着非常重要的作用,无论在职场还是在日常生活中,仪容的修饰都应遵循整洁、和谐、自然美、扬长避短的原则;把握因人(个人的年龄特征、职业特点的体现)、因地(场合)、因时(早晚、季节)而异的要领,使之真正起到矫正缺陷、突出优点、辅助社交、利于事业,既美化个人形象也为企业形象增色的作用。

一、何谓形象、形象力与职业形象?

(1)形象是一个人留给他人的整体印象与评价。每个人的形象都是通过仪表(仪容、服饰、行为举止)和谈吐来体现。形象也是职场人士的个人品牌。越来越多的现代组织和个人对自身的企业形象和职业形象日趋关注,愿意在企业形象和职业形象的塑造、建设上投入更多。因此形象力,堪胜千言万语。无论组织还是个人,都需要良好得体的自身形象,通过认真研究、精心设计、精到塑造、经常训练,每个人都将拥有美好的职业形象,从而彰显独特的形象力。

(2)职业形象是一个行业或组织的精神内涵和文化理念在从业人员身上的具体体现,是一定行业或组织的形象与具体从业人员个体形象的有机结合,是一个由思想意识、行为举止、仪容仪表等一系列形象要素组成的系统。职业形象塑造是依据从业者的职业要求、行业性质和个体特征等,运用科学的理论、方法和技术,对形象的各要素进行职场需求的系统设计和开发建设,并进行养成性规范训练的过程。因此,塑造完美的职业形象不仅能彰显个人的专业实力,也是提升组织整体形象的重要基础(图1-1)。

图1-1

二、仪表由什么构成？什么是仪表礼仪？

仪表，即人的外表，是一个人精神面貌、文化教养、内在气质、性格内涵的外在表现，也是个人基础礼仪和个人形象的重要组成部分。

（1）仪表即外表形象，一般由天然形象和外饰形象共同构成。天然形象指的是人体的自然资质，也称长相，包括人的五官、脸型、肤质、发质、身材等；外饰形象通常是指通过对人体进行修饰打扮所形成的一种外观形象。俗话说："三分长相，七分打扮。"得体的修饰打扮有利于弥补个人形象的某些先天不足，只有当天然形象和外饰形象有机地结合，人的仪表才能充分展现自然美。

（2）人的仪表一般包括仪容和服饰两大部分，而仪表礼仪主要指的是人的仪容礼仪和服饰礼仪。

三、仪容的内容是什么？什么是仪容礼仪？

仪容是一个人魅力的重要组成部分。通常是指人的外观、外貌，主要是指人的容貌，由发式、面容以及人体所有未被服饰遮掩的肌肤所构成，也是个人仪表的基本内容。

仪容礼仪，就是对自己的外在形象，即外表，如头部、脸部等，进行整体形象的设计和修饰。职场人士的仪容礼仪不仅代表自我形象，更代表着企业单位的整体形象。

四、什么是发部修饰？

发部修饰一般是指人们依照自己的审美习惯、工作性质和自身的特点，对自己的头发所进行的清洁、修剪、保养和美化。

发部修饰一般包括三个方面：

（1）清洁，确保发部的整洁。对任何人而言，其头发在人际交往中能否确保整洁，将直接影响他人对自己的评价。为了确保自己发部的整洁，维护本人的美好形象，应自觉清洗、修剪和梳理自己的头发。清洗头发除了要注意采用正确的方式方法以外，最重要的是坚持对头发定期进行清洗和保养，并根据季节及自身的实际情况注意清洗和保养频率，一般每周至少清洗两三次，根据不同的发质及烫染的具体情况，定期进行头发的营养或修护等深度保养，一般1～2个月进行一次。

（2）修剪。剪头发与清洗头发一样，同样需定期进行，且持之以恒。通常短发15～20天修剪一次，而长发一个半月左右也应修剪一次。

（3）梳理。梳理头发是每天必做之事，一般出门前、上岗换装、摘下帽子时都应自觉梳理自己的头发。在梳理头发时还应该注意，一是不宜当众进行，二是梳理头发时难免会产生断发、头屑等，切不可随处乱扔乱撒，那是缺乏教养的表现。

五、怎样烫发、染发才是"发的美化"？

随着人们生活品质的提高和对形象要求的提升，烫发、染发的美发手段也普遍被采用。但过于频繁烫发、染发对身体和发质都有一定的损害，因此可以结合自己所从事的岗位和职业要求合理进行"发的美化"。

（1）关于染发。我们中国人天生一头黑色头发，倾泻如墨的黑发唯美飘逸。如果自己的头发不够黑，特别是早生白发，可将其适当染黑；但如果是为了追求时尚，将自己的一头黑发染成其他较为夸张的颜色，甚至五彩斑斓，那就不太符合我们大众的审美和职业的要求。

（2）关于烫发。在选择烫发的具体造型时，可以选择一些端庄大方的发型，纹理尽量整齐一些，切记不要烫得过于繁乱、华丽美艳，如在头上烫出大型的花朵、图案或者过于蓬松。

六、在职场怎样佩戴假发、帽子、发饰才是得体的？

（1）假发的佩戴。如果有需要，比如有掉发、脱发等现象，那就适合佩戴假发以弥补自己的缺陷；如果是出于装饰的原因，佩戴假发通常在演艺场合比较常见，因长期佩戴假发会使头皮"呼吸不畅"，引起不适或皮肤病等，所以在职场应尽量少戴。

（2）佩戴帽子。在工作岗位上，只有佩戴工作帽才是允许的，而擅自戴着自己的时尚帽子就不合适了。而在日常可根据自己的脸型、体型、气质等选择不同风格的帽子，并注意与服饰和场合的协调。

（3）佩戴发饰。工作场合最好选择不夸张的发饰，因为此时发饰主要是用来管束自己的头发，而不是作为有意的打扮。所以在选择的时候，宜选择黑色、藏蓝色、深褐色等雅致简单的发卡或发带等，不宜根据自己的喜好而选择太过于卡通、幼稚或花哨的发饰。

七、什么是头发的造型？

发型，即头发的造型，是指头发在经过一定的修饰之后所呈现出来的形状。一个人发型的选择往往会涉及年龄、性别、宗教、身材、脸型、发质、性格、服饰、时尚以及职业等多重因素，所以发型的选择要慎重，须综合考虑以上因素。由于人们出现在他人面前时头部总是首先被注意到，因此发型直接影响别人对你的印象。所以说发型对于一个人的整体形象的塑造非常重要，故也被称为"第二张面孔"。

发型多种多样，职场人士在发型的选择上应遵循自然、大方、整洁、美观的原则，选择适合自己脸型、肤色、体型的发型，甚至可以通过发型来弥补一些先天的缺陷。同时职场人士在发型选择时应考虑和体现实用性与审美性、形象性与联想性、流行性与职业性等多方兼顾的特征。

八、职场男士发型选择需遵循的原则是什么？

职场人士应从工作性质出发，遵循发型的职业性要求。长短适当，不能过短或过长。职场男性、女性各有不同的要求。

职场男性头发的具体规定：

（1）留发长度一般在5～7厘米。前发不超过额头，后发不能触衣领，左、右发不能盖住耳朵（图1-2）。

（2）常见的有四六分、二八开、中分和寸头等。

（3）不允许职场男士在开展公务或商务活动时长发披肩或梳发辫，同时一般也不允许剃光头。

这些已成为现代社会在个人礼仪规范方面约定俗成的细则。

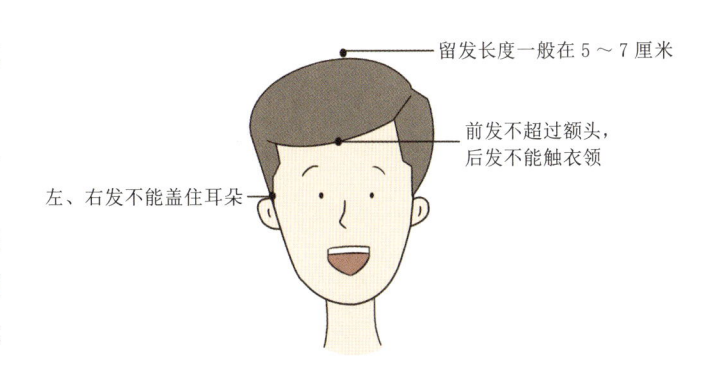

图1-2

九、职场女性选发型的技巧有哪些？

作为职场人士，发型首先应考虑以自己的职业为重，符合自己的工作性质、职业要求。

（1）留发长度一般不宜长于腰部，且前不宜挡住眼睛，后不宜随意将头发披散开来，应便于工作和显得整洁为宜。

（2）而有穿职业装要求的行业和单位对女性工作人员的发型更是有较为具体的规定和要求，如留长发，在工作时和公众场合应盘辫或用饰物束扎，保持整洁，露出额头，刘海不过眉。不应为引人注目而标新立异地剃平头或光头。

（3）发长一般不得短于6厘米，建议多选择短发、束发等简洁明快的发型，给人以端庄、干练之感，塑造出良好的职业女性形象。

十、不同体型、肤色人士发型选择有什么小窍门？

发型与体型之间的关系应遵循相互依存、相互衬托的原则。发型的选择得当与否，会对体型的整体美产生极大的影响。

脖颈短粗者，适宜选择高而短的发型，这类体型的男士不宜梳大背头式发型，否则有头重脚轻之感，顶部头发应稍留长些，而两侧不宜蓬松；而此类体型女士可将头发盘于头顶，以显挺拔之感。脖颈细长者，适宜选择齐颈搭肩、舒展或外翘的发型。

体型矮胖者，适宜选择有层次的短发，由于脖子显得较短，故不能留过肩长发；体型瘦高者，适宜留长发。

肤色偏深的不宜留长发，尤其忌讳披散头发，应选择干净利索的短发；皮肤偏白者，不宜将头发染得太黑，避免因对比过于强烈而显得不够自然协调。

十一、发型选择与服饰之间应体现怎样的关系？

头发为人体之冠，因此为体现整体之美，头发必须根据服饰的变化而改变造型。如人们尤其是女性在穿着礼服或工作制服时，可选择盘发或短发，以显端庄稳重、秀丽文雅；而穿着便服或休闲装时，可选择适合自己脸型、体型、肤色的发式，体现自身高雅的审美情趣和生活品位。

十二、椭圆形脸（瓜子脸、鹅蛋脸）的发型也需要设计吗？

发型最能衬托脸型的表现效果，发型也是脸部最好的修饰物。利用发型的变化可以掩饰脸部的缺点，更重要的是在发型的陪衬下，使脸显得更为生动、更富有魅力。

根据大众的审美，不同的脸型、性别不同，修饰的方法也是存在较大差异的。

椭圆形脸（瓜子脸、鹅蛋脸）一般称此类脸型为女性的标准脸型，因此此类女性可配任何发式，但不能过分繁杂，否则会影响标准脸型的美观，如过于瘦削的可将头发披散以显得丰润些。而瓜子脸对于男性而言则太过于秀气，故应刮方前额。

脸型过长的应选择使自己显圆润的发型。女士宜头顶压低，刘海过额，将发型的前面剪成发帘以遮盖过长的前额，两侧蓬松自然或适当加厚两侧的发量使轮廓呈椭圆形，但一般不宜留过短的发型。而作为男士，则应避免向后梳理的后背型发式，可在额头留一缕头发，以显得圆润柔和些。

脸型过短的则发不宜留长发。女士宜束发成辫，可使脸长些；男士适合留"草坪"头。

十三、方形脸的发型设计需要注意什么？

方形脸相对男女而言其修饰目的和方法也有较大区别。作为女性此类脸型的发型设计要点是"切角成圆"。额头遮住，两侧稍长，用曲线美盖住脸部棱角，以发式的外廓达成以圆套方的效果。女士可结低发髻或两颊披发，发线侧分，往头顶斜向延伸。如选择长直发，则前额散发盖住两棱角，而发梢应修剪出长短参差不一的层次，以掩饰过于宽大的两腮。而作为男士，方形脸则是较为理想的脸型，阳刚之气浓郁，发式的选择余地较广泛，无须过多修饰，更显自然美感。

十四、使圆形脸视觉变长、显成熟的发型设计技巧有哪些？

圆形脸俗称娃娃脸，脸短下巴圆是主要特点。因此在设计时要交替采用衬托法和遮盖法，应向上将头顶部位的头发梳高，使脸部在视觉上拉长，同时避免头发遮住额头，利用头发设法遮住两颊，使两颊宽度缩小，发线最好是中分。此类脸型的男士宜选择短小型发式，效果比较好，鬓角可以修剪成正方形，顶部为平面造型的寸头，可显得成熟些。

十五、使"橄榄形脸"的女性外形变柔和的发型设计技巧有哪些？

橄榄形脸，俗称菱形脸、申字形脸，此类脸型上下尖窄，而中部宽，通常颧骨比较高。女士适宜选择蓬松的大波浪发型，不适宜过短，两侧的轮廓圆顺、丰满，前额最好以侧分发掩饰。注意这种脸型不适宜中分发型。

十六、使"梨形脸、桃形脸"人士更自信的发型设计技巧有哪些？

梨形脸也叫正三角脸型，此类脸型上窄下宽，宜留能使前额较宽的发型，如中分、侧分。女士以中发或长发为宜，也可留短发，如童发式或蘑菇头式都较为适合，关键是增加两侧头发的厚度，以掩饰尖窄的前额，从后部看呈 V 形，两侧参差的发丝对于宽阔的腮部有一定的修饰作用，风格活泼，富有动感。此类男士的发式宜上部造型饱满，两侧应稍偏厚，整体轮廓的线条从腮部圆顺下去，可弱化原有脸型的缺陷。

桃型脸也叫倒三角脸型，此类脸型的特点是前额较宽，两颊及腮部内收，下颌部尖窄，总体显单薄，缺乏生气。故此类脸型者不适合超短发和长发，可选择短发或中长发。上部贴伏头形，两侧长至下颌处或以下，下部蓬起。发线宜采取直线中分。

另外，脸型过大者，平时应使头发自然贴伏，遮住两颊，以缩小脸的宽度，不宜梳过于蓬松的发型，否则脸会显得更大。

十七、皮肤是人体面积最大的器官吗？

了解有关皮肤的常识，对于日常修饰也很重要。皮肤覆盖在人体的最外面，与人的容貌密切相关。健康的皮肤应该是红润有光泽，光滑细嫩，柔软而富有弹性，微含水分，呈弱酸性，没有瑕疵和皮肤病。

你知道吗？皮肤也是人体面积最大的器官。成人皮肤的总面积为 1.5～2 平方米，其重量约占人体重量的 15%，厚度为 0.5～2 毫米。身体各部位的皮肤厚度并不相同，眼睑处皮肤最薄，也较娇嫩，而手掌、足底处皮肤最厚。

皮肤表面有许多细小的皮沟，它将皮肤表面划分成许多小三角形、多边形的皮嵴，上面有许多凹陷的汗孔，汗液经汗孔排到皮肤表面。

十八、皮肤的构造是怎样的？

简单了解皮肤的构造，有助于人们更好地护肤。皮肤由外向内可分为三层：表皮、真皮、皮下组织及皮肤附属器（图 1-3）。

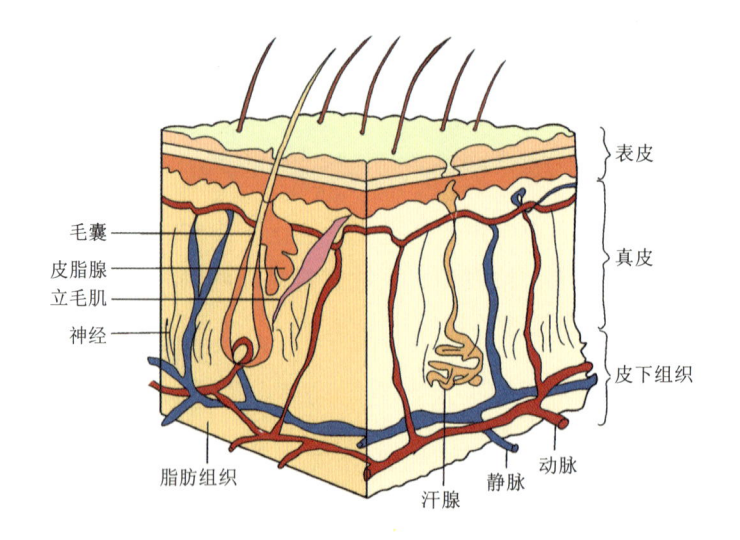

图 1-3

表皮是最外层皮肤，覆盖全身，有保护作用，也是平日使用护肤品、彩妆品的部位。

真皮位于表皮之下，厚度是表皮的 10 倍，与表皮波浪状牢固相连，由胶原蛋白、弹性纤维、网状纤维组成，影响着皮肤的柔韧和弹性，关乎皱纹的产生。

皮下组织位于皮肤的最深层，其厚度约为真皮的 5 倍，含有大量脂肪组织，皮下脂肪的厚薄对人的体型有很大影响，人们常说的胖瘦等与此关系较为密切。

十九、什么是人们常说的"皮肤再生循环现象"？

肉眼能见的皮肤便是位于外层的表皮，表皮可分为五层，最外层是角质层，依次是透明层、颗粒层、棘层和与真皮相接最下层的基底层，各层有各自的作用和不同的感觉。如角质层的厚薄直接影响皮肤的光泽和吸收，营养的导入和死皮细胞脱落的排出都是通过位于最外层的角质层。而位于表皮最下层的基底层，也称再生层，顾名思义是由基底细胞和黑色素细胞构成，同时它又不断分裂新细胞，将产生的新细胞不断向外推挤，等细胞到达最外层时便老死后脱落，这就是皮肤的再生循环，通常这种再生循环现象需要 28 天（也就是说，每 28 天都可能有脱皮的现象，有时轻微，有时严重，因人而异）（图1-4）。

表皮的另一个构造——毛孔，也很重要，不可忽视。毛孔分为两种：一种是汗腺的开口，另一种是皮脂腺的开口。我们谈到的清洁与收缩毛孔，指的是皮脂腺的开口，而皮脂腺也是皮肤附属器之一。毛囊的内部细胞也有类似表皮的再生循环作用，它在新陈代谢的过程中常会引起毛孔阻塞，这就是一切面疱（粉刺、痤疮）问题的起因，保持毛孔的畅通，也是护肤时需要注意的一个问题。

图 1-4

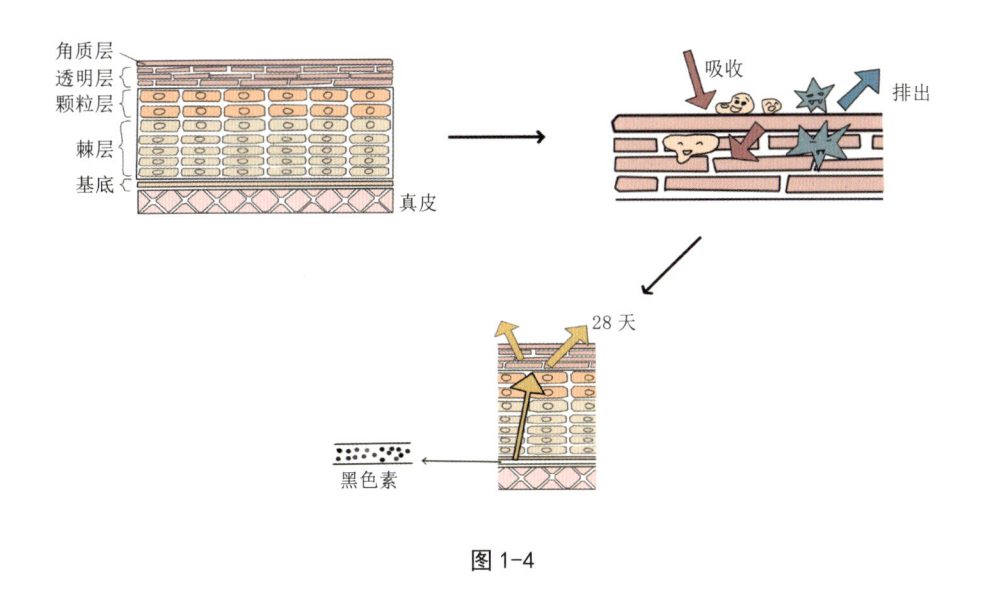

二十、皮肤一般可分为哪几类？中性皮肤也需要使用护肤品吗？

一般人的皮肤根据其皮脂腺的分泌状况，一般可分四种类型：中性皮肤、干性皮肤、油性皮肤和混合性皮肤。在实际中，敏感性皮肤也是常见的一种皮肤类型。了解自己的皮肤类型，是正确护肤以及选择护肤用品的前提和依据。

这里说的中性皮肤，油脂分泌量适中，皮肤红润细腻，具有不油也不干，毛孔的大小也刚好，水分、油脂分泌平衡、弹性佳、对外界刺激不敏感等特征，也是一种比较健康理想的皮肤状态，多见于青春发育期前的少女。这类皮肤使用护肤品并不是要改变皮肤的状态，而是维持这种完美的状态。所以也需要护理且要选对护肤用品和方法，这样皱纹出现的时间就可以大大延缓。中性皮肤的pH值为5～5.6，呈弱酸性。

二十一、干性皮肤如何选择护肤用品？

要正确选择护肤用品，首先应了解干性皮肤的特点，此类皮肤较白嫩，毛孔细小而不明显，皮质的分泌量比较少，常有紧绷感，对外界的刺激比较敏感，有时候就会变得粗糙甚至脱皮的现象。干性皮肤可分为缺水和缺油两种。其中缺水性干性皮肤多见于35岁以上的成年人，缺油性干性皮肤多见于年轻人。干性皮肤的pH值为4.5～5。补水和滋润是关键，因此应选择略偏碱性的护肤用品，通过使用，以使皮肤的pH值接近或达到健康皮肤的pH值（5～5.6），呈弱酸性。

二十二、油性皮肤和混合性皮肤的特征有哪些？有什么护理的要领？

油性皮肤：肤色相对较深，毛孔粗大，皮脂分泌量多，油光发亮，不容易起皱纹，对外界刺激不敏感。易长粉刺、痤疮，也称青春痘，是通常较易出现在年轻人脸上的一种皮肤问题。这类皮肤在护肤过程中要特别注意清洁，定期做深层清洁工作以保持毛孔的畅通，远离面疱和粉刺。油性皮肤的pH值为5.6～6.6。为了减弱其碱性，应选择酸性略强些的护肤用品，通过使用，中和油性皮肤的pH值，从而接近或达到5～5.6。

而混合性皮肤，是兼有油性皮肤和干性皮肤的特征。在面部T形区（前额、鼻口四周、下巴等部位）呈油性状态，特别容易出油，而眼部及两颊呈干性或中性状态。此类皮肤一般多见于20～35岁的女性。混合性皮肤是兼有油性皮肤和干性皮肤的特征，故在选择和使用护肤用品时更应注意，重点是T区部位的清洁和脸颊部位保湿滋润，才能起到有效护肤的作用。

二十三、何谓"敏感肌"？

这也是一种皮肤类型，敏感性皮肤可见于上述各种皮肤。其特点是皮肤较薄，对外界刺激很敏感，很容易因为外在环境的改变而引起过敏。如温度、湿度改变，季节交替，以及因为护肤用品、化妆品的过敏引起等。有时也与身体的状态、免疫力、抵抗力等有关系。受到外界刺激时，会出现局部的微红、红肿、瘙痒、轻微肿痛，甚至发小疹子等症状。特别是现在臭氧层遭到破坏，紫外线对皮肤造成的伤害已经不得不引起我们的重视，而空气、环境的污染也使皮肤变得更为敏感，因此无论是哪种肤质都有可能出现敏感的现象。因此此类皮肤的护理防敏是关键。

二十四、如何辨别自己的肤质（皮肤类型）？

方法很简单，你可根据皮肤的油脂分泌量来判断自己的肤质。具体做法是，洗完脸后，经过约一个半小时后，用吸油纸或餐巾纸贴在脸上轻按。如果纸巾上只有轻微的油脂，则为中性肤质；若好像没什么油脂，则是中干性肤质；如果不但不油还有小皮屑，那应该属于非常干的肤质。如果发现整张纸差不多都可以吸到油，则属于油性肤质。但也有洗完脸后一两个小时就已经觉得油了，这是非常油的肤质。

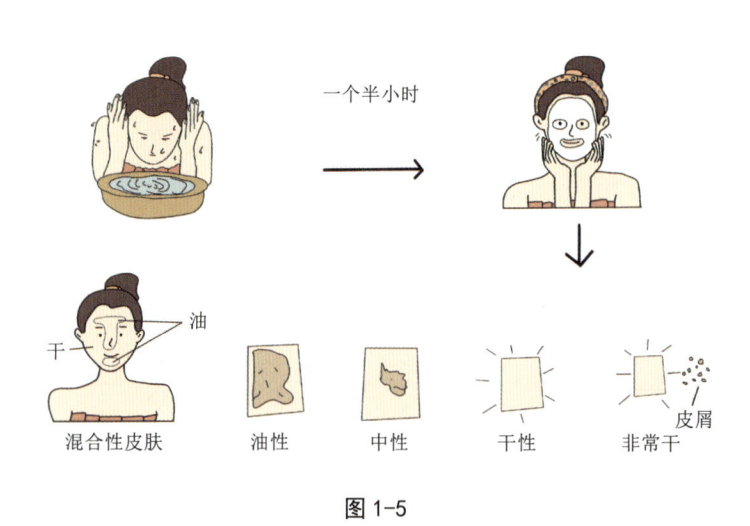

还有一种常见的情形是混合性皮肤，前额、鼻子、下巴及所谓的T区较容易出油，而眼眶和两颊部位较为干燥。不同类型的肤质，还可能因为身体状况以及年龄和季节等因素发生变化，并不是一成不变的（图1-5）。

图1-5

二十五、日常护肤"六部曲"是什么?

清秀、自然的妆面是建立在健康、细致的皮肤的基础上的。但身体内部机能的变化有时会使皮肤出现青春痘或皱纹,化妆效果也会大受影响。肌肤的状况每天在变化,因此具备肌肤保养的基本常识,有时比化妆更为重要。而皮肤的护理具有长效性,须长期坚持才能见效。

作为职业人士,尤其是职场女性,面对日益加快的工作节奏,为保持良好的工作状态和精神面貌每日必须坚持对自己的皮肤进行常规护理(图1-6)。

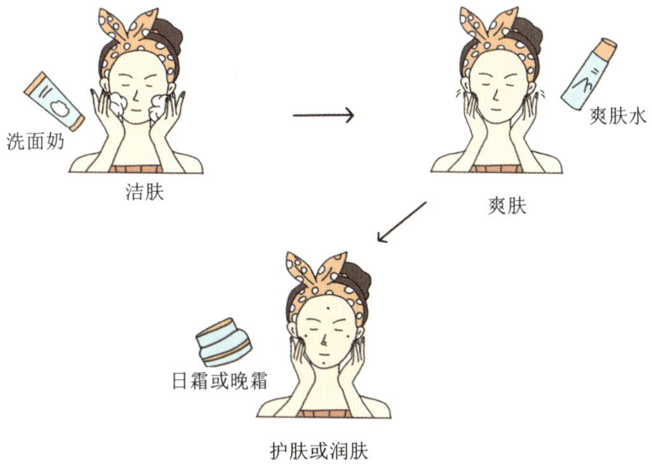

最为简便也是最基本的日常护肤程序简称日常护肤六步曲。

日间护肤三部曲:洁肤—爽肤—护肤

用品:洗面奶、爽肤水、润肤露(乳)或日霜(含融离霜、防晒霜)

图1-6

晚间护肤三部曲:洁肤—爽肤—润肤

用品:洗面奶、爽肤水、润肤露(乳)或晚霜(含眼霜、精华素)

具体做法:

(1)洁肤。将洗面奶倒在手中或分五点抹在脸上,蘸少许水,由里到外、由下往上打圈,然后用温水将洗面奶清洗干净。

(2)爽肤。用化妆棉蘸取爽肤水,轻拍脸颊,先内后外。

(3)护肤或润肤。用日霜或晚霜,由内向外在额头、双颊、下巴处用手轻轻抹开,稍加按摩,使其完全吸收,直至不再泛油光为止。可在此基础上根据具体情况涂抹隔离霜或防晒霜等。

二十六、"周期护肤"的方法与步骤是什么?

有时通过皮脂腺开口排出脱落的死皮细胞、角质及一些残留的化妆品等,我们通过日常的清洁并不一定能全部清除干净,需要我们周期性进行深层清洁和护理,尤其是油性皮肤或在分泌旺盛的夏季。

一般以七天为一周期,在冬天干性皮肤可以十天左右,进行一次深层洁肤及较为全面的护理(图1-7)。

洁肤 → 蒸面 → 按摩 → 面膜 → 爽肤 → 润肤

图 1-7

周期性皮肤护理程序：

（1）洁肤：如化有淡妆，应先用卸妆水或乳卸妆后进行常规皮肤清洁，用仪器或去质霜（乳）去除死皮细胞和多余的角质，进行深层洁肤。

（2）蒸面（可用离子喷雾器喷雾或盆中蒸汽，使皮肤毛孔张开，更易于深层洁肤和营养导入）。

（3）按摩：运用人工或机器进行按摩、点穴，使紧张的皮肤状态得以缓解，减少黑色素的生成和沉淀，同时起到紧致肌肤的效果。

（4）面膜：根据不同的肤质及皮肤的状态选用相应的面膜，同时对皮肤问题加以处理。

（5）爽肤：用化妆棉蘸取爽肤水轻拍，使其收缩毛孔、增加弹性。

（6）润肤：润肤霜或润肤乳自上而下、由内向外均匀地涂抹并稍加按摩，使之完全吸收，维持肌肤酸碱平衡。

注意：做完护理后不要马上化妆，应让皮肤有呼吸的时间，这样也有利于皮肤对护肤品的吸收。

二十七、十大易使皮肤过敏的原因是什么？

在日常工作生活中，容易产生皮肤敏感的主要原因有以下十个方面：

（1）化学药剂过敏。
（2）药物过敏，尤其是西药、减肥药等。
（3）花粉过敏。
（4）动物皮毛、羽毛过敏。
（5）尘埃过敏。
（6）衣料过敏。
（7）金属过敏。
（8）海鲜等食物过敏。
（9）女性经期前后产生的过敏。
（10）身体抵抗力下降产生的过敏。

二十八、何谓化妆？

英国有这样一句谚语："当你与他人打交道时，他注意你的面部这很正常。可他要是过多打量你身体的其他部位，那就有些不正常了。"

化妆，是一种通过对美容用品的使用来修饰自己的面容、美化自我形象的行为。简单说，化妆就是有意识、有步骤地来自己美化自己。生活化妆是利用视错觉的原理来改善肤色，调整五官轮廓和面部凹陷的结构。从而使面部五官比例更为协调，呈现整体美。而戏剧、影视剧的化妆，大多融入人物造型的元素，因此与工作、生活的妆面是有较大区别和侧重的。

对职场女性而言，在职场中用特定的化妆品进行仪容的修饰、装扮，既是为了展示自己的职业形象和精神面貌，也是为了表示对他人的尊重。具有简洁、明朗、用色单一、线条清晰、妆型略带棱角特征的职业淡妆是现代女性职业形象的重要标志，具有提升自己在商务和社交活动中个人形象的作用。

二十九、男士化妆（修饰）包括哪些？

化妆并不是女性的专利，只是男士的化妆内容与女性不一样，主要是进行男士的面部修饰。一般包括美发、定型；清洁面部和手部，并使用男士护肤用品进行保养；使用无色的唇油或唇膏、护手霜等，保护嘴唇和手部；使用男士香水，提升和彰显高雅的生活品位等。作为职场男士，剃须修面是职业形象体现的标志。男士在进行修饰时要注意不要过于阴柔，不可涂抹过多的发乳，胡须的修剪既要及时又不能过分"艺术化"。

三十、职业淡妆有何特点与作用？

化妆与化淡妆，其实并不是两个完全重合的概念。通常化妆有晨妆、晚妆、上班妆、社交妆、少女妆、主妇妆、结婚妆等多种形式，它们在浓淡的程度和化妆品的选择使用方面，都有一定的差异。

在职场工作中，职业女性要求化淡妆以示对他人的尊重，是指不仅要化妆，而且只宜根据自己的角色地位、职业特点、个性气质、特定场合来选择相应的工作妆。职业淡妆遵循以自身面部客观条件为基础，扬长避短的原则，追求"妆而不露、化而不觉"的境界，达到自然大方、精致典雅的面部修饰效果。现代职场女性在工作岗位上为展示和维护自我的职业形象而进行化妆，此时的职业妆容主要为体现职业特点，应与工作环境及职业着装相协调。

三十一、一般生活（职业）淡妆所需的基本化妆用品用具有哪些？

一套好的化妆工具对完美的妆容是至关重要的，因为它不仅不会伤害皮肤，而且能够使妆容自然、持久，对提高化妆技巧也有帮助。

（1）基本化妆用具（图1-8）。

修眉工具：眉镊、眉剪及修眉刀。

一套实用的套刷：眼影刷、唇刷、眉刷、腮红刷、定妆刷等。

其他工具：棉签、化妆棉、三角海绵（涂抹粉底液或膏时使用）、粉扑、吸油纸、假睫毛、胶水（浓妆、晚妆用）、睫毛夹、眉目贴。

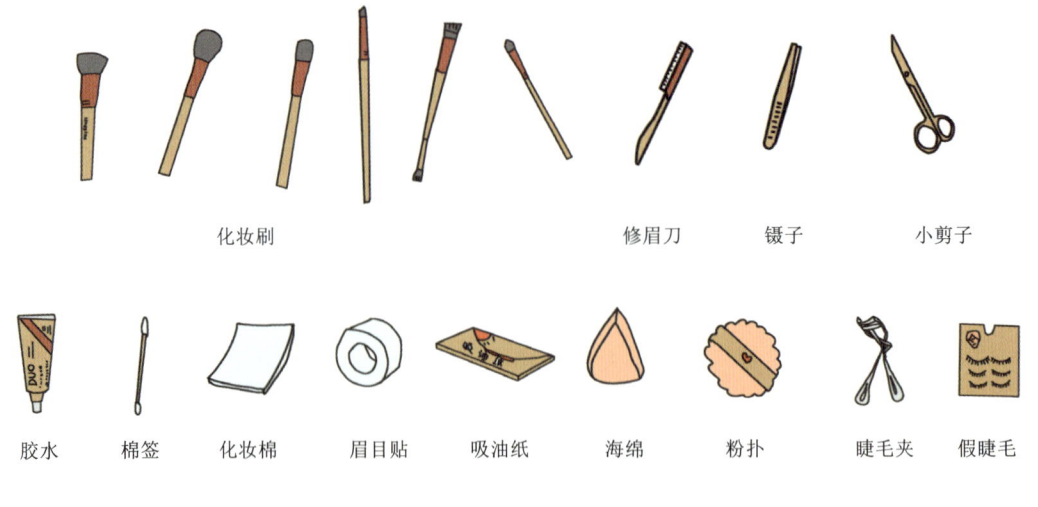

化妆刷　　　　　　　　　　修眉刀　　镊子　　小剪子

胶水　棉签　化妆棉　眉目贴　吸油纸　海绵　粉扑　睫毛夹　假睫毛

图 1-8

（2）基本化妆用品。

粉底：形态有液体、膏状等，粉底的颜色应接近自己的肤色（根据不同的肤色、肤质及妆型要求加以选择，一般皮肤发黄者选用偏紫的，偏红者选用偏绿的，灰暗者选用偏蓝的）。

定妆粉（散粉）：日妆及职业妆应选用透明亚光色。

眼妆工具：眼影（一般职业妆应选用棕色系）、眼线笔（黑色）、眉笔（棕色或灰色）、睫毛膏（黑色）。

腮红：可根据自己的肤色深浅选粉红、橘红及桃红色。

唇妆工具：口红、唇彩、唇线笔，可选用唇红、棕红及玫红等接近自然唇色的颜色。

双色修容膏（饼）：浅于基础粉底的高光色和深于基础粉底的阴影色粉膏（粉饼）。

三十二、化淡妆的操作步骤与技巧有哪些？

化淡妆的操作步骤与技巧如图 1-9、图 1-10 所示。

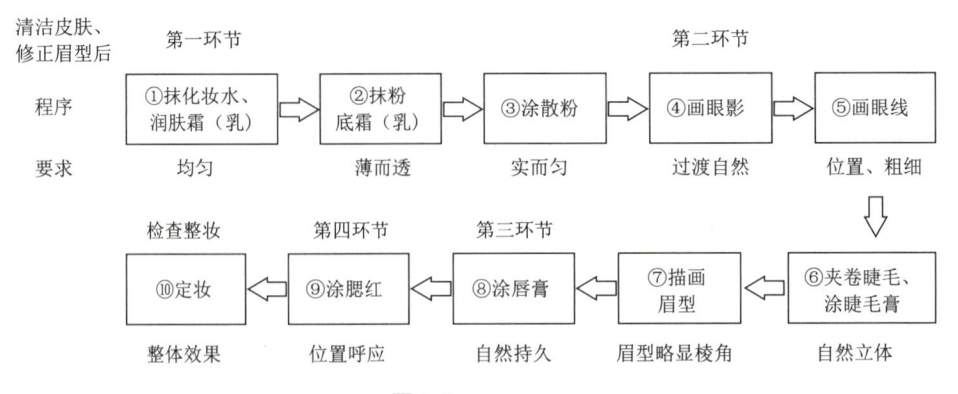

清洁皮肤、修正眉型后

第一环节：
程序 ①抹化妆水、润肤霜（乳）→ ②抹粉底霜（乳）→ ③涂散粉
要求　均匀　　　　　　薄而透　　　　实而匀

第二环节：
④画眼影 → ⑤画眼线
过渡自然　　位置、粗细

第四环节　　第三环节
检查整妆
⑩定妆 ← ⑨涂腮红 ← ⑧涂唇膏 ← ⑦描画眉型 ← ⑥夹卷睫毛、涂睫毛膏
整体效果　位置呼应　自然持久　眉型略显棱角　自然立体

图 1-9

图 1-10

三十三、如何才能画好"面部核心"——眉？

化妆的三要素中，眼睛是整个面部的核心（包括眉、眼影、眼线睫毛）。工作日妆应避免浓艳的眼影。眼线一般可不画或只画上眼线且不画全，否则搞不好会成熊猫眼，只要突出立体感，有神、明亮即可。

画眉是整个化妆中的难点。首先是眉毛的定位：眉头、内眼角的延长线及鼻翼在一条直线上（三点一线）；长度：鼻翼、外眼角的延长线刚好与眉尾连接且眉头和眉尾在一条直线上（图1-11）。

眉的画法：用黑色或深灰色，现更流行咖啡色、棕色的眉笔，先确定眉头眉尾，眉峰在眉头到眉尾三分之二处，不宜太细、太工整，否则会太假、太做作。只要画出轮廓，然后用眉刷轻轻刷开、晕染就比较自然。尾头要轻淡，眉尾要细、淡。

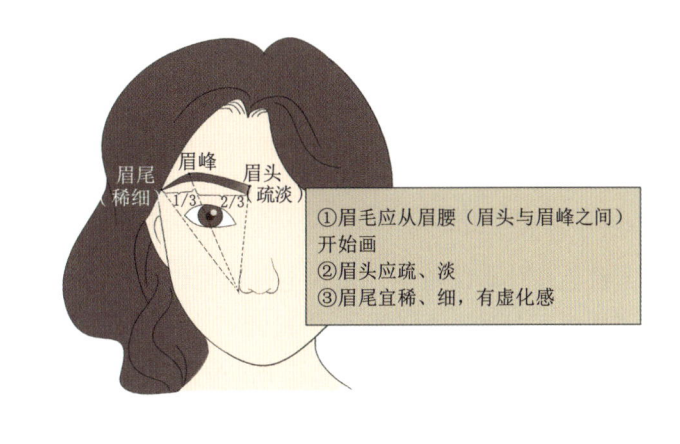

图 1-11

①眉毛应从眉腰（眉头与眉峰之间）开始画
②眉头应疏、淡
③眉尾宜稀、细，有虚化感

三十四、如何才能画好"表情又达意"的唇？

化妆三要素，是指眼部、唇部、肤色及腮红的修饰方法，所以表情达意的唇也很重要。

定位在嘴的位置,眼睛平视正前方,从瞳孔位置拉两条垂直线,正好与唇角相接(图 1—12)。

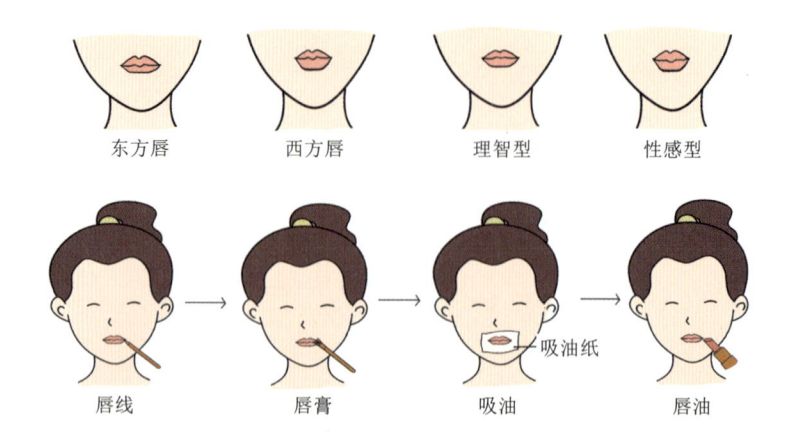

图 1—12

(1)唇形要饱满,色彩要与眼影、服装相一致。日妆视情况决定是否画唇线,而晚妆一定要画。一般唇峰在唇中至唇角的二分之一处为性感型、靠唇谷的为理智型。唇峰之间的距离随年龄增大而发生变化,年龄增大距离增加,唇角下坠。上下唇的厚度:东方人上厚下薄,西方人上薄下厚。职业妆的唇型应较为中性,上下唇的厚度比例为 1∶1。

(2)唇的画法:用唇线笔画出唇的轮廓,再用唇刷或口红涂满。然后先用浅色的唇膏涂满,用餐巾纸将油分吸掉,再在周边涂上深色(同色系)的口红或唇膏,就会产生中间浅亮周边深的层次感。同时保持的时间也较久,且不易脱落。

三十五、化妆的重点是什么?

肤色是化妆的重点,尤其是日妆相当重要,打底占了整个妆面的 50%。日妆一般用液体粉底打底,而晚妆可用粉膏,再将散粉均匀地用粉扑扑上,要求匀、薄、透。粉饼在日妆中也可用,但因含有油脂,上妆的效果及保持的时间均不及散粉。另外日妆腮红可打可不打,即使上腮红也要淡;而晚妆一定要涂抹腮红,在明亮的灯光下才显风采(图 1—13、图 1—14)。

图 1—13　　　　图 1—14

三十六、你知道不同脸型的腮红都应该怎么涂抹吗？

腮红涂抹的位置是关键。腮红涂抹的标准位置：一般以鬓发为起点，沿颧骨与面颊交接的位置往嘴角及鼻翼方向涂抹，最高不超过外眼角的延长线，最低不低于嘴角的延长线，晕染自然柔和（图1-15）。

长脸型：腮红可以横向晕染。

方脸型：腮红可以斜向晕染。

圆脸型：腮红可以纵向晕染。

申字脸：腮红可以选择深一点的颜色，颧骨最高点为起点，朝鼻翼方向晕染。

由字脸：涂腮红时，不能太靠近脸部，可斜向晕染。

腮红的用法：用腮红刷蘸取少量腮红，轻刷在脸部自然红晕处，涂抹方向以肌肉的走势为准，力求协调。生活日妆和职业淡妆的腮红选用粉红、桃红较多。但也要注意腮红、眼影、口红、服装的色彩协调，这是化妆最基本的原则。

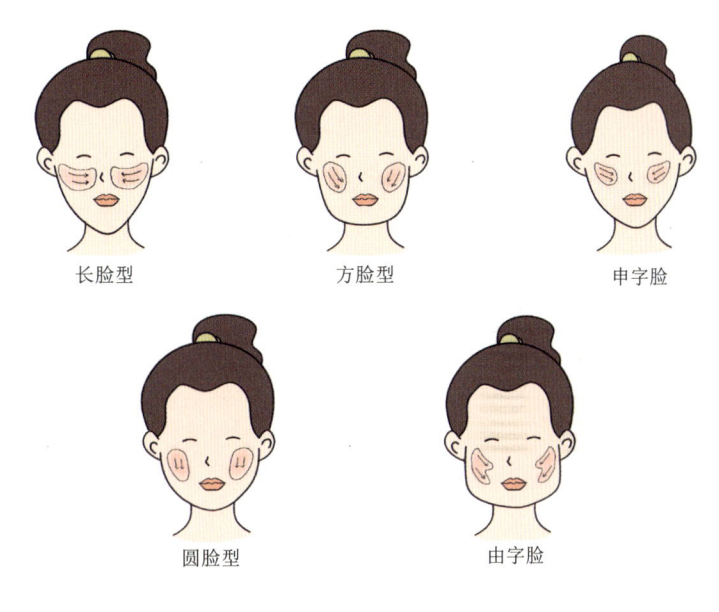

长脸型　方脸型　申字脸

圆脸型　由字脸

图1-15

三十七、这几个化妆应注意的问题你了解吗？

化妆时应遵循相应的礼仪规范，也体现对他人的尊重。

（1）化妆的浓淡应视时间、场合而定。参加宴会、舞会可以化浓妆，工作时间则应当化淡妆。工作妆要体现简约、清新、素雅，具有一定的立体感，既要给人以深刻印象，又要避免显得脂粉气十足。

（2）化妆应当避免当众化妆或补妆。当众化妆，往往有卖弄、表演或吸引异性之嫌。在工作岗位上当众这样做，则显得很不庄重。尤其要注意，不要在异性面前为自己化妆或补妆。

（3）不要使妆面出现残缺。如若出现残缺的妆面，应及时避人补妆；若听任不理，则会让人感觉低俗、随便。

（4）不要借用他人的化妆品当众化妆。借用他人的化妆品不卫生，也不礼貌，应避免。而且，每个人的肤质不一样，所选择的化妆品也不一样。

（5）不要评论他人的妆容。化妆是个人的事，对他人妆容不应自以为是地加以评论或非议。

三十八、容易忽略的面部修饰有哪些？

（1）眼睛是心灵的窗户，包括眼睛的保洁、眼病的防治及眼镜的佩戴。及时除去自己眼角不断出现的分泌物以及注意眼病的预防和治疗。如因视力原因需在工作时佩戴眼镜，应选择适合自己的镜架和镜片，在室内一般不应佩戴颜色过深的镜片，镜架也不宜太夸张。平时注意眼镜的清洁，镜片保持明净。太阳镜即墨镜只适合在户外活动时佩戴，不宜在室内工作时佩戴。

（2）耳部的清洁及耳毛的修剪。职场人士应及时进行耳部除垢，清耳屎。职场男士应常修剪耳孔周围的茸毛，避免因长至外边而影响形象。这些清洁都是个人私事，应隐蔽行事，不应在工作时和有他人在场时进行。

（3）鼻部的清洁。鼻是脸部的最高点，人们关注度较高，也是油脂分泌量较多之处，毛孔较为粗大，甚至会出现"黑头"或"白头"等皮肤问题，处理不当易局部感染，平时应重视清洁的彻底性。男士还应及时修剪鼻毛，但绝不能当众揪拔自己的鼻毛。

（4）注意口腔及周围的卫生。保持口腔的清洁，口气清新。坚持每天刷牙三次，每次宜在餐后三分钟进行，每次时间不应少于三分钟。定期专业洁牙护齿。且工作前不宜食用葱、蒜、韭菜、虾酱等气味刺鼻的食物，以防口腔异味。双唇的饱满滋润体现一个人的精神面貌，职场人士平时应注意自己双唇的呵护，避免出现开裂、爆皮现象。

（5）剃须修面。剃须修面是职场男士形象的一大亮点，也是每天必做的个人清洁，切不可以等到理发时才刮脸。商务公务往来中的职业男性更应坚持每天上班前剃须，切忌胡子拉碴出现在工作和社交场合。个别女性商务人士若唇上汗毛过于浓重，也应做相应的处理，以保持面部的整洁。

三十九、职场人士的肢体修饰包括哪些？

除面容以及发式以外，人体其他所有未被服饰遮掩的肌肤也属个人仪容的基本内容，因此肢体的修饰也不可忽视。肢体也称为四肢，主要指人的手臂与腿脚。而在日常交往和商务活动中，人们的肢体动作最多，故备受关注。不同工作岗位的商务人员，对肢体的修饰也有着相应的要求。

（1）手臂的修饰。在日常交际和工作中，手臂及双手通常被认为是我们的"第二张脸"，平时要做好手臂及双手的保养工作，保持手部清洁，做到"六洗"，即岗前、脏后、接触精密物品或食物前、规定洗手时、如厕后、下班前须洗手。特殊岗位规定必须戴专用手套的，切不可忘戴或有意不戴。手臂的修饰应遵循自然、简洁、庄重的原则。不留长指甲，养成"三天一修剪，每天一检查"的良好习惯。出于养护的目的，在职场一般只允许使用无色指甲油。不涂抹彩色指甲油和美甲彩绘、文刺手臂，较为正式的场合一般不宜裸露肩部，尤其应注意不要将腋毛外露，否则非常不雅。手臂上如汗毛较为浓密，着短袖上岗时也应做适当处理，以保持整洁美观。呵护手部的重点是要使之干净、光洁、细腻，既非粗糙不堪，又不能过分艳丽。

（2）腿脚的修饰。视工作性质，腿脚修饰的首要原则是清洁，做到"勤洗脚、勤换鞋袜"。着裙装工作服时应穿长筒袜，不要光腿、光脚，特殊情况光腿时应选择过膝的长裙或长裤，以示庄重。着西服套装时不应穿露脚趾和无后跟或裸露后跟的鞋子。下肢的美化也与手臂美化遵循相同原则，注意腿毛处理，勤剪指甲，在职场禁止做脚部美甲和腿部的彩绘等装饰。

四十、生活晚妆的特点与化妆技巧有哪些？

生活晚妆与生活日妆不一样，出现和观看的场合是有舞台效果的多彩灯光下，所以造型感较强，妆面的色彩可以是比较丰富的，整个妆面浓艳些也没关系，五官的造型、脸型的修饰也可更强（增强）些，阴影和高光要用膏状体来打。但并不是说晚妆的妆面一定是很浓烈的，这需根据其本人的特点、内在的气质来决定的，同时也要根据所穿着的服装及出席的场合来选定、搭配。如可爱型的少女，就应该化淡一点的妆面，以突出其可爱、活泼的个性。

晚妆强调的重点在眼睛及腮红，可选用一些明亮的颜色和特殊的处理技巧。

四十一、什么是实用的晚妆操作要领？

（1）粉底：粉底可厚实些，先用肤色的粉底霜打底，再用比肤色浅的粉底用在鼻梁中间及眉骨处、下巴处，适当用高光提亮，还可用比肤色较深的粉底打在腮的两侧及鼻的两侧或其他需要的地方以增加立体的效果，起到修饰脸部轮廓及五官的作用；散粉可选用带点珠光的或透明散粉，轻拍并压实定妆；也可用双色修容饼再次增加脸部的立体效果。

（2）眼部：眼影可选带珠光的高雅色系，如紫色、粉红色等。根据服装来搭配，眼影的层次可增加（一般三层、两层），色彩可丰富一些，用眼影刷由外眼角扫入内眼角，上眼睑自上而下越来越深，而下眼睑处可用浅于上眼睑的眼影轻扫一些。眼线根据眼影的轻重用黑色眼线笔（或眼线液）分层次来描画，否则就很死板，由外至内，可使眼睛更生动、明亮（一般上、下眼线均画），需带假睫毛（先将真睫毛夹卷）粘在上眼睑的睫毛根部。

（3）眉型：可根据眼睛的色彩来搭配，但不能超过眼珠的深度，使用黑色或咖啡色眉笔，用深咖啡眉笔勾勒眉型，然后用刷子（眉刷）刷出立体效果（深褐色或黑色）。

（4）唇形：画出完美的唇型，可画成玫瑰花瓣式，唇峰与日妆的不同，不能太尖、太拢，女性的妩媚在饱满的唇中体现，上唇略厚于下唇或一致。口红则应用明亮有珠光的口红，使其柔软润泽，唇色可选同一色系深浅两色，先涂一色浅的，用餐巾纸轻压后再涂深的，以防脱落掉色，然后再用唇油（无色）增加光亮度（可视唇的凹凸来决定涂唇油的面积）。

（5）腮红：需和口红、眼影协调，可选用含珠光的明色腮红及少许珍珠粉，在灯光下会闪闪发光，令你更加动人、艳丽。

眼影、口红、服装衬托腮红，形成一种妩媚雍容的整体感。

（6）如需要可增加整个妆面的装饰效果，如增加小饰物等。

最后，配以一个适合脸型的发型，发质光泽亮丽，近视眼可佩戴隐形眼镜，在灯光的折射下可平添你的美丽妩媚。化妆穿戴完成后，用一个淡淡的微笑表情，为自己的社交形象加分，成为晚宴（晚会）客人目光的焦点（图1-16）。

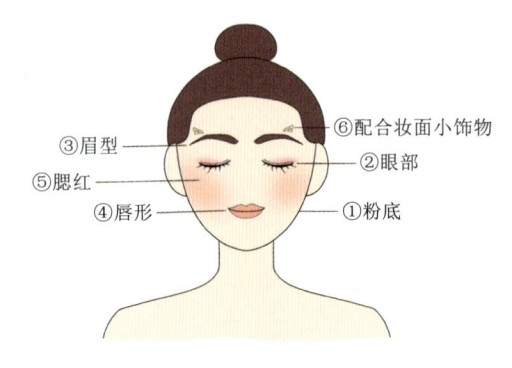

图1-16

四十二、如何正确卸妆？

根据不同的妆型，选择相应的卸妆用品。即使只使用隔离霜或防晒霜等也需要正确卸妆（图1-17）。

先局部卸唇眉的妆，再面部整体卸脸妆　　选择合适的洗面奶用"五点法"在面部打圈，用温水将脸洗净　　净面后正确护肤

图1-17

卸妆用品：一般卸妆油、乳或水，洗面奶、化妆棉、洗脸巾、纸巾及护肤用品。

卸妆方法：一般先使用卸妆乳或水，用化妆棉蘸取少许，轻轻擦拭，然后选择合适的洗面奶，用"五点法"在面部打圈后，使用一次性洗脸巾用温水将脸洗干净。

卸妆步骤：先局部卸眼及唇、眉的妆，再面部整体卸脸妆，净面后正确护肤。

第二章　仪表服饰

服饰穿着的目的一般分为使自身舒适，装饰美化自身，辅助社交和商务、公务活动的开展三个层面。服饰搭配是身份的象征，也是一个人审美意识、文化修养、生活情趣的直接反映。服饰是文化的表征，也是思想的形象化。现今职场人士越来越重视自己的服装穿着和饰品的搭配，他们会去了解服饰搭配的知识以辅助自己的事业，为自我形象加分。

一、服饰的作用和意义是什么？

它是自身对外在美的一种设计，人体的又一层"皮肤"，是流动着的"软"雕塑，是人的气质、个性、丰采、情调、风格的亮相，也是人生舞台的道具。外观在人的各种社交场合中起着举足轻重的作用，而服饰就可体现出90%的外观。穿着、打扮不单是美化个人的仪表，也反映着个人的素质、修养、情趣、品位乃至尊严、人格，而且还反映着一个国家、民族的政治、经济、科技、文化的面貌，反映着全民族的整体素质。

二、什么是国际通行的着装TPO原则？

TPO原则是世界通行的着装最基本原则：时间原则（T），着装要与季节相吻合，符合时令；场合原则（P），与所处场合环境以及不同国家、区域、民族的习俗相吻合，符合着装人的身份；目的原则（O），根据不同的交际目的、交往对象选择服饰，给人留下良好的印象。

三、你了解服饰的起源吗？

文化学者推测百万年之久的人类历史，先民覆盖着身的服饰材料起源为草木花卉，以植物花叶、树枝、树皮为着装材料出现在大约万年以前。西方文化的元典《圣经》创世纪的神话故事中，人类的始祖亚当、夏娃用无花果枝叶编织衣服；格罗塞的《艺术的起源》一书中则记录安达曼群岛土著民以树叶为头巾、围裙。而后是树皮装，树皮装可谓是远古服装的活化石，它是由花草、叶枝向使用纤维迈进的重要一环（图2-1）。

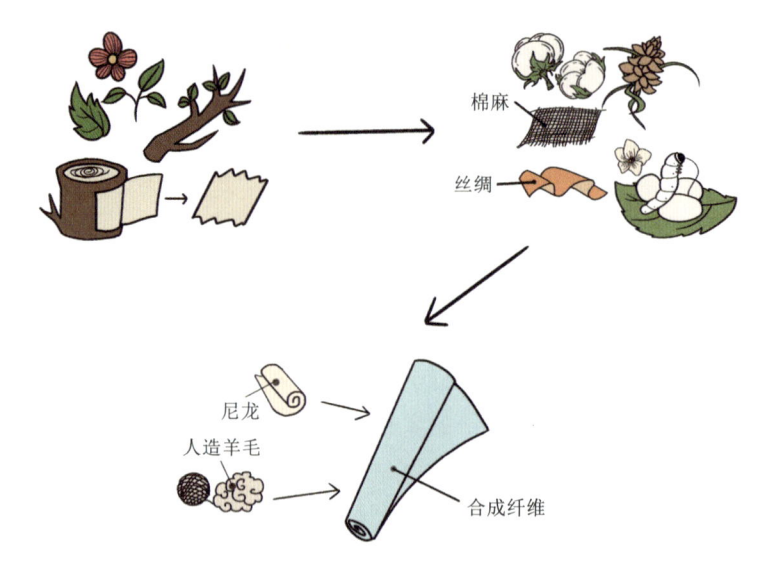

图 2-1

花叶、树枝树叶装，葛藤，麻，裘（动物皮毛），丝绸，缫丝，棉花，纺纱，尼龙，合成纤维等，都体现着服装原料和工艺的发展。

四、你了解传统中西服装的式样与形制吗？

服装的式样可分为中式服装和西式服装两大类。

中、西式服装经数千年的历史积淀，形成了各具特色的风貌和体系，在式样、外形、结构、局部特征、装饰、色彩、图案、审美文化方面均不相同，都有其鲜明的民族性和地域性。

从式样看，中国传统服装的主体形式是前开型的大襟和对襟式样。前开衣最早起源于中国，形成于黄帝时代。中国服装有两种基本形制，即上衣下裳制和衣裳连属制，两种形制在中国几千年的历史中交叉使用，相容并蓄。女子穿上衣下裳式样的较多，男子则多穿上下连属的袍衫。

西洋服装在样式上也有一个演变过程。古希腊的服装是披裹式，古罗马到中世纪，服装的式样以披裹式的非成型类衣和前开式的半成型类衣为主。到了公元 4 世纪，日耳曼民族南下，他们四肢分离的体形型服装逐渐渗入到欧洲服装的基本样式中，从 13 世纪开始至今，体形型服装逐渐占据了主体地位，其基本形制是男子上衣下裤，女子为上下连属的裙装。

五、为什么中国传统服装的外形强调纵向感？

这体现了服装与身材、脸型、性格、气质相宜的原则，从而呈现出中西服装不同的外形特征（图 2-2）。

中国传统服装的外形强调纵向感觉，自衣领部位开始自然下垂，不夸张肩部，常用下垂的线条、过手的长袖、筒形的袍裙、纵向的装饰等手法，使着装人体显得修长，特别是使四肢有拔长感，亚洲许多国家的服装都有类似特点。服装外形的修长感是对东方人较为矮小的身材之弥补，在感官上产生视错觉，在比例上达到完美、和谐。自然修长的服饰使男性显得清秀，使女性显得窈窕。平顺的服装外形与中国人脸部较柔和的轮廓线条相称。

而西洋古典服装的外形强调横向感觉，常采用横向扩张的肩部轮廓、各种硬领、轮状领、膨胀的袖型、庞大的裙撑、重叠的花边和花朵以及浆过的纱料和各部位的衬垫，使服装线条产生夸张和向外放射的效果。西洋服装的外形特点与西方人热情奔放的气质、起伏明显的脸部轮廓以及比东方人高大挺拔的体型相适应。

图 2-2

六、你了解汉服的组成吗？

汉服是通称，穿着比较烦琐和复杂，主要由以下几部分组成（图2-3）。

（1）首服：冠、巾、帻、帽。

（2）外穿衣的三种样式。

样式一：上衣下裳制：汉服最基本最原始最有代表性的制式，上下分裁，代表天地两极。"衣"指上衣，包括襦、衫、袄、半臂等，"裳"指下衣，包括下裙、胫衣、帷裳等。直到今天人们仍把服装称为"衣裳"。

样式二：上下连裳制（深衣制）：打破上衣下裳，上下连为一体，呈直筒式。在制作过程中，先将上衣下裳分裁，然后在腰部缝合。上下连裳制的汉服包括直裾、曲裾、曳撒、贴里等。

样式三：通裁制，即上下连裁，腰部无接缝。包括圆领袍衫、直裰、直身、道袍、褡护、褙子、披风等。

（3）亵衣：古代的内衣，包括抱腹、心衣、抹胸、主腰等。

（4）中衣：贴身保暖穿着，

首服　　足服

外穿衣的三种形式

图 2-3

类似现代的秋衣。中衣包括中衣裤和中衣裙。

（5）足服：舄、履、屐靴、鞋、袜。

七、汉服的典型特征与含义是什么？

（1）交领——衣服前襟左右相交，呈Y形。汉服以交领为基本，在此基础上发展出直领、圆领、U型领、立领、方领等。

（2）右衽——左前襟掩向右腋系带，将右襟掩覆于内，称右衽，反之称左衽。汉族以"右衽"谓华夏风习，除对襟款式外，皆为右衽。"左衽"一般指中原地区以外异族的装束。一些历史时期，汉族受外族影响，也有着左衽的情况。另外，汉族传统习俗死者之服（寿衣）用左衽，不用布纽，而是使用细布带系死结，以示阴阳有别。

（3）系带——汉服的系带，一般左侧系带藏在衣服里面，右侧系带则在腋下，并尽量隐藏在衣服内，外面只能看到一个小结。

（4）接袖——古代因为布料幅宽不够，袖子采用拼布的方式，久而久之形成了一种美感。

（5）中缝——前胸后背中缝，象征人前人后一样正直中庸。

八、什么是隋唐盛行的"品色衣"制？

品色衣，乃隋唐明确衣服的色彩来区别官品尊卑的服制。

"品色衣"制度起始于北周，形成于唐朝，宋元明清沿用时，只在局部做了一些小的调整。以唐代为例，官分九品，三品以上着紫色，四品深红，五品浅红，六品深绿，七品浅绿，八品深青，九品浅青。着紫穿红者便是身居高位者，而穿青色衣着者，官卑职微。唐代诗人白居易诗句"江州司马青衫湿"，便有遭贬后官职卑微之意。那些穿红着紫的达官贵人经常出入朝廷，于是人们便以红色作为发达的标志，而达到紫色便是位居皇帝之下的高官了。所以世人便以"红得发紫"来代替那些官运亨通、仕途畅达之人，而白色则在品色衣制中地位最低微，唐士子如没有进入仕途，都着白袍（图2-4）。

九品浅青　八品深青　七品浅绿　六品深绿　五品浅红　四品深红　三品以上紫色

图2-4

九、宋朝服饰有何特点？

宋朝的男装大体上沿袭唐代样式，一般百姓多穿交领或圆领的长袍，做事的时候就把衣服塞在腰带上，衣服有黑白二色。当时退休的官员、士大夫多穿一种叫作"直裰"的对襟长衫，有大袖子，袖口、领口、衫角都镶有黑边，头上再戴一顶方桶形的帽子，叫作"东坡巾"。宋装女服也继承唐装遗制。女服仍以衫、襦、袄、褙子、裙、袍、褂、深衣为主，都是命妇之服。

从种类上，宋代服装分三种（图2-5）：一为自皇后、贵妃至各级命妇所用的"公服"；一为平民百姓所用的吉凶服称"礼服"；一为日常所用的常服。宋代官服大部分沿袭初唐。在北宋初年因服饰没有定制，又受外来影响，也曾出现过着"钓墩"（形似袜），但无腰无裆，左右各一。穿着时紧束于胫，上达于膝，下及于脚踝，膝下用带系缚。这种服装是在北宋中期从契丹传入的，当时人们称之为奇装异服。宋徽宗时曾一度禁止。

宋代官家服饰普遍十分奢侈，民家着装也很讲究。一些京城的贵族闺阁们还别出心裁地设计出许多种装扮方法，追求出新与别致。

祎衣　公服　大袖服

图 2-5

十、你知道中山装的丰富寓意吗？

19世纪80年代之前中山装是中国男装一款标志性的服装，也是那时重要场合的男士礼服。中山装是由孙中山先生设计的，该服装的设计理念蕴含着深刻的政治思想含义：衣服外的四个口袋代表"四维"（即礼、义、廉、耻）；前襟的五粒纽扣和五个口袋（一个在内侧）分别表示孙中山的五权宪法学说（行政权、立法权、司法权、考试权、监察权）；左右袖口的三粒纽扣则分别表示三民主义（民族、民权、民生）和共和的理念（自由、平等、博爱）。衣领为翻领封闭式，表示严谨的治国理念；衣袋上面弧形中间突出的袋盖，笔架形代表重视知识分子，背部不破缝，表示国家和平统一之大义（图2-6）。

后背不破缝，表示国家和平统一之大义

紧闭式翻领表示严谨的治国理念

倒山字形"笔架盖"象征崇文兴教

四个口袋寓意中华民族的"礼、义、廉、耻"四大美德

前襟五粒扣代表"行政、立法、司法、考试、监察"五权宪法

右袖口上三粒扣表示"自由、平等、博爱"的共和理念

左袖口上三粒扣表示"民族、民权、民生"三民主义

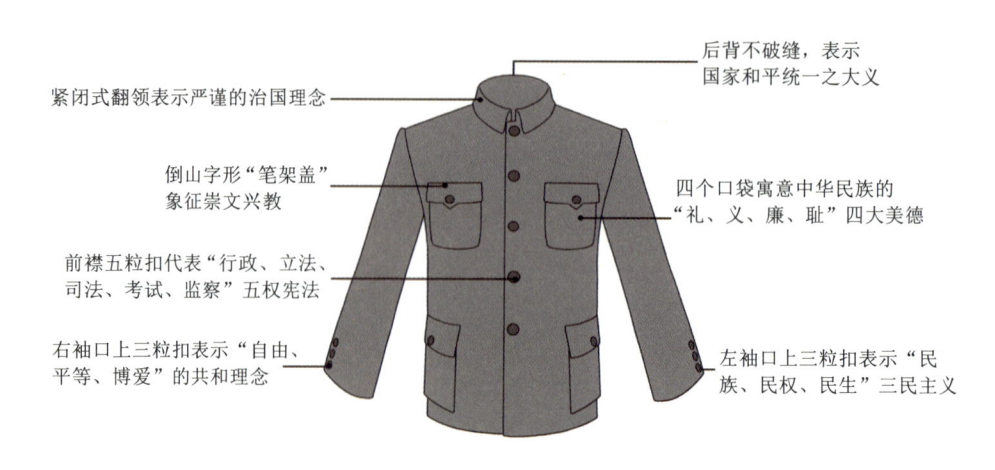

图 2-6

十一、何谓旗袍？

20世纪20年代末兴起穿旗袍之风。旗袍是我国妇女的传统服装。旗袍最初的样式是旗人女子所穿，样式较为宽松保守。后受西方文化的影响，"中西合璧"，改良后的旗袍线条明朗，贴身合体，充分展现女性的曲线美。现代旗袍更是女士最为理想的礼服选项之一（图2-7）。

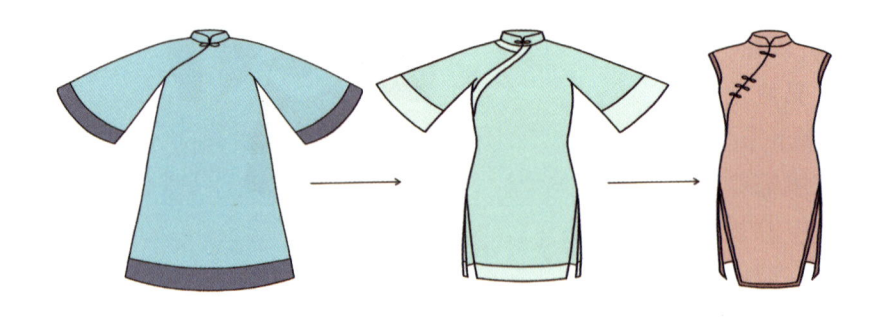

图 2-7

选择旗袍时，要考虑年龄、体型、季节等：或庄重文静、典雅大方；或富丽高雅、雍容华贵；或绚丽优美、活泼俊俏。

作为礼服的旗袍宜选择单一颜色，体现高贵；面料以典雅华丽、柔滑挺括的重磅真丝、锦缎、丝绒等为上。最佳旗袍长度是达到穿着者的脚背，而开衩的高度一般应在膝盖以上、大腿中部以下；穿旗袍适宜配穿高跟鞋，也可配穿面料高级、制作考究的绣花布鞋。旗袍穿着时佩戴的饰品十分讲究，搭配要和谐。同时注意自己的走姿，别让自己的走姿影响了旗袍应有的美感——高贵典雅。

十二、你了解西服的起源与类型吗？

西服产生于欧洲，已有一百多年的历史，清末传入我国。其优美的造型，体现了

男士的潇洒、女士的优雅和端庄，成为我国标准的礼仪服装，也是当今国际最标准通用的服装，在各种场合广泛穿着（图2-8）。

一般西服分为欧式（也称意大利式）西服、美式西服、英式西服等款式类型，各种款式都有其相应的特征，适合不同体型的人穿着。

欧式西服：垫肩夸张，不强调腰部，上衣偏长，没有开衩，双排扣居多，西裤不卷边。适合"倒三角体型"健美身材的男士穿着。

美式西服：肩型自然，较为宽松，领形略大，扣位较低，略有掐腰，后摆开衩。对身材的包容性较强，一般体型的男士都较为适合。

图2-8

英式西服：裁剪十分包身合体，肩部垫肩明显，领形比例适度简单，腰部收缩，身侧开衩，以高位三粒扣和低位三粒扣款式居多。适合身材修长、较为苗条的男士。

十三、为什么说西服"七分在穿，三分在做"？

俗话说，穿着西服，七分在穿，三分在做，有相当严格的统一模式和规范要求。现代职场人士应懂得西服、套装的穿着礼仪和规范。

西服，较为通行的有两件套和三件套，都具有统一的面料和色彩，是正式场合规范化的男装。得体穿着西服，尤其对职场人士而言体现着身份和所在企业的规范化程度。穿着西服时，必须了解衬衫、领带、鞋袜和公文包等与之组合搭配的一些基本常识。

十四、西服穿着的"三个三"是什么？

职场男士西服穿着讲究的"三个三"，是指"三色原则""三一定律""三大禁忌"。

三色原则：穿西服时，包括上衣、下裤、衬衫、领带、鞋子、袜子、皮带在内，全身颜色应该不超过三种。

三一定律：重要场合穿西服、套装外出时，鞋子、腰带、公文包三样男士主要的饰物应为同一颜色，同一质地，而且首选黑色和纯皮质，体现男士注重细节的品质。

三大禁忌：在正式场合穿着西服、套装时，应避免以下三个现象，否则会出洋相：

（1）袖口上的商标或纯羊毛标记没拆。

（2）在非常重要的场合穿夹克或穿短袖衫却打领带。

（3）男士在正式场合穿着西服套装时，鞋、袜与之不搭配（重要场合，白袜子和尼龙丝袜都不能与西服搭配；鞋应穿制式皮鞋，也就是系带的黑皮鞋）。

职业着装是视觉美学在商务礼仪中的具体运用。

十五、男士西服穿着包括哪七大件？

西服是职场男士的经典着装，尽显风度。男士穿上合体的西装会显出一种庄重与潇洒。在正式场合，男士应穿西装套装。

西服有两件套、三件套、单件之分，正式场合应穿套装，内穿衬衣，系领带，衬衣下摆放入西裤内。衬衣以单色为宜，白色为首选。三件套的坎肩要贴身，在室内可将西服上衣脱掉。单件西服一般较为厚实，选择花呢等面料会显得较随意些。一般天冷时可在西服内套一件鸡心领的羊毛衫，但不能过于臃肿而破坏线条美。穿鸡心领的羊毛衫系领带时应将领带放入羊毛衫内。

西服衣长以垂下手时与虎口齐平为宜，胸围以穿一件羊毛衫松紧适宜为好。西服要平整洁净，裤子要烫出裤线。

职场男士的西服穿着讲究七大件穿着合体，符合程序（图2-9）。

（1）西服上衣，深蓝色或炭灰色，单排扣。

（2）西裤，深蓝色或炭灰色，与上衣颜色一致。

（3）领带，红、蓝/经典图案。

（4）衬衫，白或浅蓝色/无图案或条纹，标准领或温莎领。

（5）鞋，黑色或深棕色、系带或无带鞋，制式皮鞋。

（6）袜子，比裤子深的颜色，忌穿浅色。

（7）腰带，与鞋子同色同质，黑色或褐色。

图2-9

十六、男士西服的具体穿着规范？

（1）西装上衣纽扣的扣法有讲究：在站着时一般应该扣好。穿两粒纽扣的西装，一般只扣上面一粒，千万不要只扣下面一粒。穿三粒纽扣的西装，可以全扣或只扣中间一粒或扣上面两粒，当然也可以全部不扣。穿双排纽扣的西装，应把全部扣子都扣上。

（2）坐下来时，可将西装上衣的扣子解开，等站立起来时再扣上，尽显西装的风格。

（3）搭配好衬衫，少穿内衣，穿出西装的"内涵"。

（4）衬衫袖子的长度与领子的高度应比西装上衣的袖子和领子稍长和稍高，一般衬衣的袖子应长出西服袖 1～1.5 厘米，衬衣的领子应高出西服领 1～1.5 厘米。既便于清洁，也体现着装的层次感，与西装最般配。看起来更有成功人士的风范。

（5）领带结要与衬衫领和谐搭配，西服内应穿长袖衬衣，系领带时，衬衫领部一定为闭合状态，也就是衬衣的第一粒纽扣应扣上，大小以合领后可插入一根手指为宜，否则会给人留下不正式的感觉，而不想系领带时，衬衣的第一粒纽扣不宜扣上，否则会让人觉得你是忘了系领带而不是不想系领带，故有失礼之嫌。

（6）领带（领结）是西装的灵魂，在西装的穿着中起着画龙点睛的作用。

（7）一般领带的长度为 130～150 厘米。领带长度的最宽部分（即在"最宽点"前）应位于腰部皮带处。领带的长度至皮带扣中间是系领带的潜规则。根据自己的身高条件将领带系得比例和谐，领带宽端的尖角最长可与皮带扣的下边沿齐平，而最短在皮带扣的上边沿位置，不可太长或太短。但穿坎肩时领带不要露出坎肩下面的边（图 2-10）。

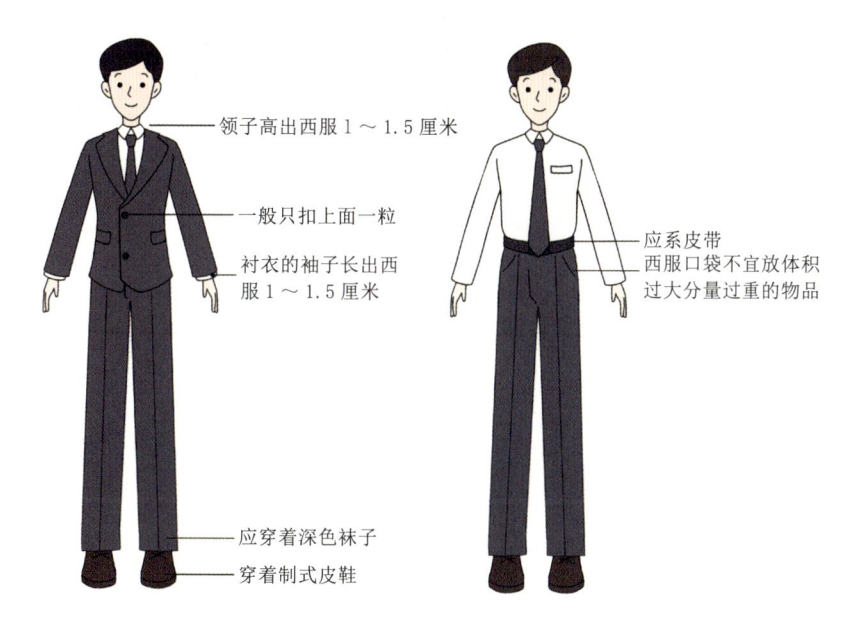

图 2-10

（8）在西装的口袋里面放太多东西会给人累赘、不雅的感觉，故不宜放置体积过大分量过重的物品。

（9）穿西装，一定要穿皮鞋，光亮的皮鞋会给人留下良好的整体感觉。

（10）黑色的皮鞋千万不要配白色或肉色的袜子。

十七、"男人的第一张名片"——领带有几种结型？

领带是西服的灵魂。领带也是全套西服中最重要的组成部分，是人们注视的焦点。领带，其重要性仅次于一个人的面部。领带的系法、结型、长度、图案的选择应与出席场合及自身气质协调，领带的风格也被称为"男人的第一张名片"。

领带一般有温莎结、半温莎结、标准结、单结等几种不同系法，形状稍有区别。其中，半温莎结、温莎结、标准结适合在任何场合使用，而单结则一般适合在社交场合使用。温莎结，结型宽度较一般结型宽些，适合使用在意大利式领口（八字领）的浪漫系列衬衫，也最适合与浪漫细致的丝质领带相搭配。而半温莎结，此款结型比温莎结小，十分优雅，系法亦较为简单，适合各种商务和社交场合。单结，则是所有领结中最容易上手的，适用于各种款式的浪漫系列衬衫及领带，是常用于社交场合的一种结法。

从事法律、金融、保险等工作的人士应选择适当的领带系法，给人以严谨、缜密、有条理及可信任的感觉，也有助于拉长男士脸部线条和脖颈线条。系领带要注重细节处理，展现男士的修养和经典风格。

在确定款式是否适合自己身材或体型的条件下，再来考虑质地、图案等。在正式场合采用色彩和样式尚佳的领带。一般领带用真丝以及其他混纺的面料制作，图案有纯色、条纹、圆点、花式和方格等（图 2-11）。纯色的领带最正式，适合于正式和隆重的场合；条纹、圆点的领带适合于商务及一般工作场合；而花式、方格复杂夸张的领带宜用于社交场合。

图 2-11

十八、领带——温莎结的系法是怎样的？

温莎结系法步骤如下：
（1）把大端跨在小端之上，形成三个区域（左、右、中）。
（2）把大端从小端之下由左翻到中。
（3）把大端翻下到左区域。
（4）把大端从小端之下由左翻到右。
（5）把大端翻到前面至中区域。
（6）把大端从领带结之下由中翻到左。
（7）把大端从领结中间往下。
（8）把大端从领带结左边从下往上翻到右。
（9）把大端翻到小端之下，由右至中。
（10）把大端穿过前面的圈，并束紧领带结。
（11）一只手轻拉着小端前端，另一只手把领带结移至衣领的中心。

十九、简约的半温莎领带结的系法你知晓吗？

半温莎领带结的具体系法如下：
（1）开始时领带的大端在右边，小端在左。
（2）把大端跨在小端之上，形成三个区域（左、右、中）。
（3）把大端从小端之下由左翻到右。
（4）把大端翻上至中区域
（5）把大端翻到领带结之下，到达左区域。
（6）把大端翻出，由左至右。
（7）把大端翻到领带结之下，到达中区域。
（8）把大端穿过前面的圈，并束紧领带结。
（9）一只手轻拉小端前端，另一只手把领带结移至衣领的中心。

二十、领带——单结系法是怎样的？

单结系法步骤如下：
（1）开始时领带的大端在右边，小端在左。
（2）将大端绕到小端之后。
（3）继续将大端在正面从右手边翻到左手边，成环。
（4）把大端翻到领带结之下，并从领口位置翻出。
（5）再将大端插入先前形成的环中，系紧。

二十一、男士西服配饰如何选择与搭配？

在穿着西服时，应选择与西服配套的皮带、皮包、手表等。穿着西裤时一定要配西式皮带，颜色以黑色为主，与皮鞋及手包的质地和颜色一致。皮带扣以简洁、金属色为首选。手包要求简单、大方，不要有过多的装饰，运动包、纸袋、提包等都不能与西服相配，否则破坏西服的整体美。在经济允许的条件下，可选择佩戴造型简单、没有过多装饰的名牌手表，而首饰则要减到最少，婚戒是男士唯一可佩戴的首饰，其他在穿着西服时一律不要出现，而且戒指以银白金属色和钻饰为佳。

二十二、何谓展现职业气质的女式西服？

（1）适合行业特点的、整洁挺括的、适合自己身份的服装，是职业人士的明智选择。
（2）女性上班适宜选择流行中略带保守的服装，而不宜穿着太标新立异的或太女性化的服装。

职场女性的着装要遵循职业化、女性化、以职位标准选择服装的基本原则，讲究整洁平整、服装与饰品配套齐全，充分发挥穿衣这一"形象工程"，塑造简约、素雅、端庄的职业女性形象,为有利于自身的发展而努力。

展现气质的女式西服是职业女性最佳的职业服装,也是职业精神的最好诠释。女式西服大致分为套裙、套裤、三件套,除正式、庄重的场合外,不一定穿成套的西装。合体的西装,能表现出女性流畅柔美的线条,展现出优雅的气质。美观大方的西装套裙,常常是品位高雅的选择,与优雅的举止相得益彰(图2-12)。女士在穿西装时一定要根据自己的身材特点选择,尽可能扬长避短,同时注意皮鞋、坤包、发型、妆容与西装的协调搭配。

图 2-12

二十三、女性职业套装穿搭的基本原则及要求是什么?

(1)整齐。女性着职业套装必须合身,袖长至手腕,裤长至脚面,裙长过膝盖,尤其是内衣不能外露;衬衫的领围以可插入一指大小为宜,裤裙的腰围以插入五指为宜。不挽袖,不卷裤,不漏扣,不掉扣;领带、领结、飘带与衬衫领口的吻合要紧凑且不系歪;如有工号牌或标志牌,要佩戴在左胸正上方,有的岗位还要戴好帽子与手套(图2-13)。

(2)干净。衣裤无污垢、无油渍、无异味,领口与袖口处尤其要保持干净。

图 2-13

(3)挺括。衣裤不应起皱,上衣平整、裤线笔挺。

(4)大方。款式简练、高雅,线条自然流畅,便于岗位接待服务。

(5)符合行业要求。依照自己所从事的行业来确定职业套装。如需要穿得更富有创造性,那浅色和裁剪更时尚的商务休闲西服或许恰如其分。其实,有时高层女性主管可以选穿最时髦的全套衣装,她们已经成功,现在能够决定她们自己的准则,而不是沿用业已建立的标准。

(6)树立形象。工作场合着装应给人以干练、简洁、庄重的形象。那种为引起男性注意的穿着方式，例如穿迷你裙、高跟鞋、紧身衫、露肤肉多等，会败坏你勤奋工作的表现，而一旦女人的性别成为人们注视的焦点，那她的工作就会退居其次，而黯然失色，所以一定要避免。

二十四、不可不知的八个职业女装穿着注意事项是什么？

（1）穿合身（不是紧身）的深色套装去面谈，以套裙为佳。

（2）深色职业女装中，深灰、海军蓝、黑、咖啡、酒红依次体现专业程度。有细若游丝暗纹的套装很有气质。浅色套装中，专业程度依次为白、米黄、湛蓝（比天蓝略深一点点的蓝色）、暗粉红。

（3）鞋子不要穿露趾鞋、平底鞋、超过7厘米的高跟鞋。在办公桌底层抽屉备一双不露趾细带高跟鞋，以备参加临时的晚宴、酒会之用。

（4）工作场合不是表现个性的地方，一切配饰简约为上，比如珍珠项链、耳钉或滴水形耳环、单粒宝石戒、简洁的白金指环等已经足够。艺术性强、民族异域浓的首饰，能免则免。

（5）不宜穿着太肥大的衣服，要选择剪裁合体的衣服，穿着让人看起来很舒服的衣服。

（6）平时工作时，应远离闪光发亮装扮。

（7）穿职业女装不可穿凉鞋套袜子。

（8）衣服的颜色应该与自身特质相吻合，同时注意尺寸，修身的直筒裙比长裙显得利落，但裙摆不应高过膝盖2厘米。

具体如图2-14所示。

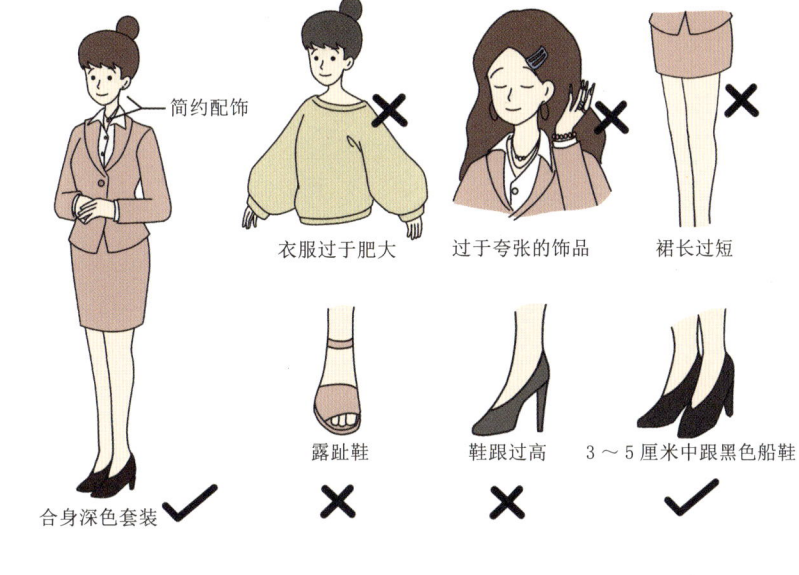

图2-14

二十五、职场着装"四不准""六不露"原则你知道吗？

（1）用色不准过分杂乱，需要遵守三色原则，即全身颜色不多于三种，也不能过分鲜艳，图案也要注意，重要场合尽量选择没有图案或者有规则几何图案的套装制服。

（2）着装不准过分暴露，即正式场合的"六不露"原则，是指不暴露胸部、不暴露肩部、不暴露腰部、不暴露背部、不暴露脚趾、不暴露脚跟。

（3）着装不准过分透视，重要场合需注意，内衣是不能让别人透过外衣看到的。

（4）着装不准过分短小和过分紧身，因为无论身体暴露的部位过多，还是身体部位过于凸显，都有失自己的身份，也失敬于他人，使他人多有不便。应根据不同的交往目的、交往对象选择服装，符合着装人的身份。

具体如图 2-15 所示。

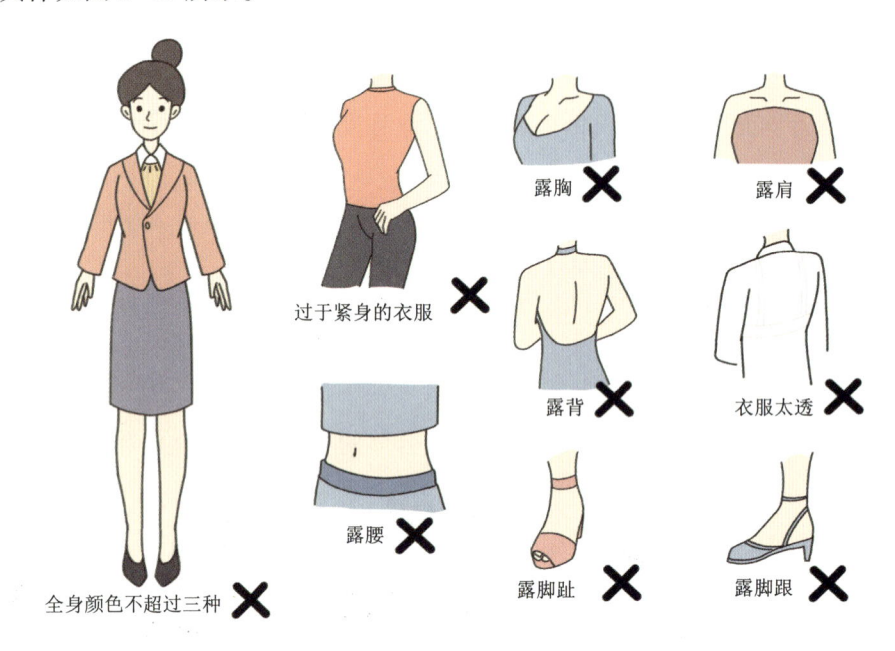

图 2-15

二十六、职业女性在选择套裙时需要兼顾哪七个基本问题？

（1）面料应选择纯天然、质地上乘的纯棉、毛麻等。

（2）色彩以冷色调为主，如中灰色、藏青色等给人以沉稳、干练的感觉。

（3）图案应朴素而简洁，一般以隐格、窄条纹为宜。

（4）点缀应少而精，不宜添加过多的装饰。

（5）尺寸的长短与宽窄，在选择套裙时应特别注意。职业套装的裙子长度以在膝盖上下变化为宜，个子高和中年女性的裙子可长一些，而个子矮和年轻女性的裙长可稍短些，但上下长度偏差不要超过 15 厘米。衣长最短的限度为在手臂高举时不能露出裙腰，否则就有不庄重之感。套装上衣和裙子的大小以合体为宜。

（6）板型，整体造型有 H、X、A、Y 几种，其中以 H 形最为正式。

（7）套裙的款式变化，主要体现在领型、纽扣和裙型上，虽然并无严格的规定，也没有男士西装那么多的规矩，但有一些细节还是必须注意和严格遵守的。

尤其要注意，选择适宜职业场合穿着的服装。

二十七、穿着套裙与鞋袜如何搭配？

皮鞋和丝袜是套装的最佳搭配，套裙的穿着有相应的穿着规矩。重要场合穿套装、套裙时要穿制式皮鞋。女士的制式皮鞋是黑色的高跟、半高跟的船形皮鞋，跟制服配套。一般皮鞋颜色为黑色或咖啡色，亮而无污。在正式场合，鞋跟高度不超过5厘米，鞋跟不能太细，也不能穿凉鞋或时髦的露趾鞋；细高跟的皮鞋只适合在社交场合穿着。裙装内应穿肉色长筒袜或连裤袜，不宜穿短袜。有洞或补过的袜子更不能外穿。在正式场合着裙装不穿袜子是不礼貌的行为。不能在公众场合整理袜子。

鞋袜的搭配应遵循"鞋跟越高袜越薄"的原则。在商务场合，套裙不宜与厚袜子和有图案花型的袜子搭配。

二十八、不同场合服饰的穿着规则如何由角色而定？

（1）在隆重的公务场合，适宜穿着正统、庄重的服装，不适合穿便服。

（2）在正规的社交场合，适宜穿着时尚、典雅和别致的服装（图2-16）。

（3）在轻松的休闲场合，适宜穿着舒适、随意、自由的休闲服（图2-17）。

（4）在温馨的家居场合，适宜穿着比较随意的、个性化甚至比较隐私性的居家服。

（5）在欢乐的喜庆场合，适宜穿着相对热烈、明快的服装。

（6）在公众场合，记住千万不要穿着只适合在家里穿着的居家服装。

（7）出席婚礼，穿着不宜过于出众、耀眼，但也不能太过随意，符合身份和场景，体现对新人的尊重和庆贺，且打扮也不宜过于怪异。

（8）在悲伤、肃穆的场合，切记只适合穿着以黑色或其他深色、素色为主的服装，不宜穿红着绿，也不宜穿有花边、刺绣或飘带之类装饰物的服装。鞋袜、帽子、围巾、包袋等配饰就简的同时，颜色上也应注意与服装颜色选择相同的原则。

图2-16   图2-17

二十九、饰物的作用与种类有哪些？

饰物是服装以外的与服装搭配、起装饰作用的物品。饰物的特点是体积小，但效果明显，有着点缀、美化整体形象的功能，在整套服装穿着时起增色、衬托以及画龙点睛的作用，使整体效果更加完美。因此饰物的选择和搭配不仅体现了人们的审美水平、欣赏能力，也反映了人们的文化素养，同时也是个性的体现。

一般所用的饰物大致可分为两大类：

一类是以美化作用为主的装饰性饰物，如耳环、手镯（手链）、戒指、项链、胸花等；另一类是具有实用性质的功能性饰物，如鞋袜、帽子、围巾、手套、腰带、皮包、眼镜等。

被称为职场"男士三件宝"的手表、钢笔、打火机都具有明显的实用功能。其实在某种意义上，很多人的手机、手表，既有实用性质，也有装饰作用。在利用手机、手表实用功能的同时，一定品牌、款式的手机、手表也是身份地位的象征和审美情趣的体现。

三十、饰物选择与佩戴有什么原则？

一是因饰物有着体积小、佩戴效果明显的特点，又具有点缀和美化整体形象的功能，故选择与佩戴就应遵循有利于表现整体形象原则，忌为显阔而将昂贵的饰物集于一身，只见物而不见人，本末倒置，掩盖了独具特色的自然美，破坏了整体形象的和谐感。

二是注重协调性。无论选择和佩戴哪一类饰物均须与服装主体风格相一致，搭配得当，起到锦上添花的作用。否则，非但不能美化整体效果，反而还有画蛇添足之嫌。饰物要与服装协调，也要与其他首饰协调。如：戴一枚高档的钻戒，得配名牌服装，相得益彰。又如，戴薄纱手套，穿无袖连衣裙，此时戒指应戴在薄纱手套里面还是外面？如果穿短裙配连裤袜，戴脚链，那脚链又应戴在袜子里面还是外面呢？标准做法是戴薄纱手套时戒指戴在手套的里面。戒指者，戒其行止，有约束之义。一般人戴戒指没必要戴在手套外面（除新娘外，意为出嫁），戴在手套外面有招摇之嫌。而穿丝袜时脚链应戴在外面，戴脚链是为了给美腿增色，引起他人注意，如果把它戴在丝袜里面看不见，就没了它应有的作用了。

但是根据着装的礼仪规范要求，穿制服、套装、套裙时，女士是不戴脚链的，体现的是爱岗敬业的精神和训练有素的服务，而不是展示漂亮的造型和优美的大腿。

三十一、职场人士佩戴装饰性饰物的礼仪有哪些？

在职场不仅着装有规范要求，佩戴的饰物也有件数、风格约定俗成的要求，佩戴首饰遵循"以少为佳，同质同色，符合习俗"的原则。

（1）以少为佳。在工作、生活中，一般场合，身上佩戴的饰物不超过三种，而每种不多于两件。如耳环可以戴一对，手镯也可以戴一对，但每种最多戴两件，多于三种就有弄巧成拙之感。只有新娘例外，因做新娘对大多数人而言一辈子只有一次。在平时，如饰物戴得过多，就失去了点缀增色的原意，也就谈不上美感。

（2）同质同色。色彩和质地要协调。例如穿黑色旗袍参加酒会，想戴一枚黄金质地的胸针，那么戒指或者项链也要首选黄金质地的，搭配更协调，更有品位。现流行佩戴白金首饰，而如戴白金戒指，项链也要首选白金，没有白金那就戴白银的，也比戴黄金的协调得多。

（3）符合习俗。"入境而问禁，入国而问俗。"首饰的佩戴一般是有寓意和习俗的，因此我们要在了解这些常识的基础上正确佩戴。现在戴珠宝首饰的人比较多，可能与珠宝辟邪的寓意有关。北方比较流行戴翡翠，且讲究男戴观音女戴佛。这就是一个习俗问题。还有十字架的挂件佩戴，在国内无所谓，但要是到欧美信仰基督教、天主教的国家去，可千万要注意十字架的挂件不能随便戴。再比如，我们祖先有个习惯，也是民俗，一般戒指戴在左手，不戴右手，那是因为右手干活多，戒指容易碰撞、磨损。目前，在国内外多数地方，人们左手无名指戴戒指的寓意是已婚。

三十二、你了解"心心相印"——戒指佩戴的寓意和习俗吗？

戒指，按照中国的传统风尚，姑娘有了婆家之后可戴一枚戒指，凡是待字闺中的女子均不可戴戒指。戒指是首饰中最明确的爱情信物。到了近代，当一个女子接受了男方馈赠的戒指之后，就说明她有了归属。当今，戒指的含义渐渐扩大，成为世界各国男女的一种装饰品。它之所以能被世人特别是广大女性喜爱，是因为它象征着友谊、爱情和幸福。同时，戒指的佩戴是一种无声的语言，暗示佩戴者的婚姻情况和择偶状况。把戒指戴在食指上表示无偶或求婚（另一说是守寡之意）；戴在中指上表示已有意中人，正处在恋爱之中；戴在无名指上，表示已订婚或已结婚；戴在小指上则暗示自己是独身者。在西方，人们把结婚戒指戴在左手的无名指上，这是因为古罗马人相信人们左手无名指上有一条静脉血管直通心脏，把结婚戒指戴左手的无名指上就可以获得真挚、永恒的爱情。所以欧美许多国家男女结婚举行婚礼时，新郎、新娘互赠戒指几乎成为一项不可缺少的仪式。

三十三、"反其道而行之"——项链与耳环的佩戴原则是什么？

项链、耳环是女性的主要饰品之一，象征平安、富贵。它们的种类很多，项链大致可分为金属项链、珠宝项链，佩戴时应与自己的年龄、体型及服装相协调和呼应，注重适当的款式和色彩。一般，项链与耳环的款式和颜色的选择应遵循与脸型、颈型、肤色"反其道而行之"的原则，同时也兼顾质地，与年龄、身份相协调。如着庄重的职业套装就应选择造型简洁、做工精致的金属项链、耳环。作为女性商务人士，有一条是要记住的，那就是在职场不宜佩戴珠宝饰品，最好佩戴白金（含钻）饰品，其次是黄金饰品，而且款式和造型以简洁大方、小巧精致为宜。

三十四、鞋子、袜子、帽子、围巾、腰带、手套等如何选择才更具美感？

鞋子、袜子、帽子、围巾、腰带、皮包、手套、眼镜等，原本是因其实用性而使用的，但随着人们对衣着审美品位的提高，这些物品的装饰作用越来越受到重视。

鞋子、袜子在与服装的搭配上具有非常重要的作用，尤其是与西服、套裙的搭配，其对颜色、质地、厚薄等都有要求，是形成整体美的一个要素。

帽子、围巾对服装的整体美影响很大，其风格应与服装一致，使整体更和谐，颜色上求得色彩上的平衡而起点缀作用，尤其是围巾的颜色选择和使用更应起到画龙点睛的作用，可采用撞色的原理打破沉闷等。帽子与脸型的关系很密切，帽子的形状，应遵循"方套圆"或"圆套方"等原则，以弱化脸型的不足。

腰带的选择与衣服、身材要相协调。女性要想使身材显得修长些，应采用同色腰带，个高腰细者应选与服装不同颜色、质地的稍宽些的腰带，而个矮腰又粗者可选择较有硬度、质感的细腰带并尽量系在高腰线上。在社交场合，男士的腰带则更不可忽视，它起到画龙点睛的作用，显示着身份和品位，是职场男士的重要饰物，彰显着职场人士的专业气质。

戴手套也应注意与服装的颜色、类型以及年龄、气质相协调。同时，在与人握手、谈话、吃东西、饮茶、吸烟时应脱下手套。不能把戒指、手镯、手表等戴在手套的外面，而穿短袖或无袖上衣参加舞会或宴会时一定不能戴短手套，但女士可戴纱手套。

三十五、包袋和眼镜怎样使用更协调有礼？

手提（背）包是实用性很强的饰品，在考虑其实用性的同时，在选择时还应重视其装饰作用和协调性。选择包的大小与身材有关，如近年来流行大包，身材高大的人可选择大型包袋，但个子矮小的则不宜选用，否则会与整体形象不协调，让人觉得其每天驮着一大包在旅行。包的造型应与体型相协调，而包的质地则与社交的目的、工作的性质密切相关，其颜色与季节和时令又需相吻合。如穿着正式套裙时，包袋不宜太休闲（质地应是皮质的，形状应是方形或长方形等有棱角的规则几何图形），色彩不宜过于艳丽，应选择较为中性和沉稳的颜色并与包括鞋、袜在内的服饰搭配协调，给人专业性强、外表形象得体的感觉。

眼镜不仅实用，而且装饰功能很强，在矫正视力的同时，也体现佩戴者的风度、气质和身份，因此在选择时应两者兼顾。选择时考虑佩戴者舒适适用的同时，还应考虑与脸型、肤色、气质、年龄及职业的协调，遵循使脸部曲线柔和、对比不宜强烈的原则。眼镜的镜架与脸型的关系，遵循"方套圆"或"圆套方"的原则；与肤色的关系，肤色深的不宜佩戴颜色过浅的镜架，颜色过渡要自然，以起到与整体形象协调、掩盖缺陷的效果。而墨镜，其实用功能是过滤紫外线，保护眼睛，同时其装饰功能也十分强大，起到修饰五官和提高整体形象效果的作用。但据配饰礼仪规范，除特殊情况（有眼疾等原因，事先说明）外，在室内不宜佩戴墨镜，应摘下，否则是失礼行为。

三十六、色彩丰富的小丝巾如何选、怎样系可是有技巧的，你知道吗？

穿着整体一色的服装时，在脖颈处使用亮色的丝巾做点缀，整套服装就不会过于沉闷而显得明朗起来。色彩丰富的小方巾，在上下同色的职业套装中起到点缀的作用。

各种颜色、各式花样的丝巾让人眼花缭乱，有何选择技巧？常常看到他人脖颈上的漂亮丝巾结，又是怎样系的呢？

（1）基础方巾结（小平结）（图2-18）。选用系基础方巾结丝巾的技巧：

·想要给人留下鲜明的印象，最好不要将方巾折得过细，要折得稍微宽一些。

步骤图解（图2-19）：

图2-18

①将小方巾对折。　②折成合适的宽度。　③绕在脖子上系一个活结。　④再系一个活结，成为平结，整理好即可。

图2-19

（2）金鱼结（图2-20）。选用系金鱼结丝巾的技巧：

·选择带有镶边的轻薄柔软的小方巾；

·微微翘起的方巾角可以增加活力动感；

·丝巾的尾端长度要对称，这样会让造型看起来更简单利落。

图2-20

步骤图解（图2-21）：

①将丝巾折至合适的宽度围上脖子，一端长一端短。　②将长的一端绕过短的一端，向上拉出一半，形成一个环。　③将两个丝巾角一起穿过预留的环，调整好结的形状即可。

图2-21

（3）蔷薇花结（玫瑰花结）（图2-22）。选用系蔷薇花结丝巾的技巧：

·蔷薇花结的方巾的材质不可太硬，太厚；

·适合颈部修长的女性，颈部较短的女性可以系在胸前；

·与V领搭配时可以柔化V领的线条，选择鲜艳的丝巾更具有女人味。

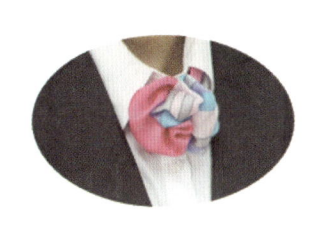

图2-22

步骤图解（图2-23）：

①将丝巾两个对角打平结，尽量打小一点。　②右边的丝巾角从结下穿过去。　③和左边的丝巾结一起扭转一下。　④把左边的丝巾角从结下穿回右边。

图 2-23

（4）小领带结（图 2-24）。选用系小领带结丝巾的技巧：

· 选用约 50 厘米边长，条纹、图案规则的小方巾；

· 注意里侧应该比外侧短 1～2 厘米，避免露出在外而影响美观。

步骤图解（图 2-25）：

图 2-24

①将丝巾折成合适的宽度，挂在脖子上，长的一端放在下面。　②绕一次包住短的一端，形成结眼。　③长的一端由内至外，从脖子前面的环穿出来。　④塞进结眼，整理好即可。

图 2-25

三十七、现代服装发展分为哪几个阶段？

第一阶段：1949 年新中国成立后，崇尚简朴实用。20 世纪 50～70 年代，中山装渐成男子主体服装，还流行过军便装、人民装；女装受苏联影响，连衣裙风靡城市，此外还流行过列宁装等。而在广大农村，上衣下裤一直是大多数农民的传统装束。

第二阶段：1978 年后，中国实行改革开放政策，体现时代精神具有中华民族特色的服饰发展迅速。

第三阶段：颜色丰富，款式新颖，面料多样的现代服装，追求个性化，自然化，环保化。

而少数民族服饰的特点整体性（形式美、装饰性、实用性的统一）和文化性（地域性和象征性）在这一时期也体现得更为明显。

第四阶段：舒适、个性、与众不同、色彩丰富。经过改革开放以来几十年的发展，迅速吸收国外各种流行的文化思想和服饰风格，随着生活水平的提高、对个性的追求的愿望体现得更为强烈，服饰的形式也越来越多样。随着科学技术的发展、环保理念的加强，提倡舒适、个性、与众不同，色彩的运用也更为大胆。审美标准也逐渐向发达国家看齐。

服饰是一门很高深的学问，不仅体现了一个时代的文化氛围，更体现了一个人的文化素养。

三十八、服装色彩有何意义？

在社交活动中，最引人注目的是服装的色彩。色彩是服装中最活跃、最积极的因素，对人的视觉刺激也是最直接的，会在不知不觉中映入你的眼帘，使你产生某种感觉并引起一定的联想。这是因为色彩能表达人们的审美情趣、心境和情感，从而引起丰富的联想，所以配色的和谐非常重要。服饰作为一种传情达意的媒介时，色彩的影响力和感召力远远超过服饰的造型和质料等其他因素，色彩是服装的灵魂。作为商务人士，如何进行服饰色彩的搭配，如何使自己服饰的色彩和搭配合乎服饰礼仪的标准和要求，了解一定的色彩知识及其象征意义，重视色彩在服饰整体美中的运用，是非常必要的。

三十九、何谓三基色、三间色？它们之间有何关系？

太阳光是由赤、橙、黄、绿、青、蓝、紫七种波长不同的色光组成的。我们称这七种颜色为标准色。红、黄、蓝三种颜色按一定的比例混合，可以产生自然界中的任何颜色，而它们本身却没有任何颜色能调出来，因此这三种颜色又称为三基色。把三基色中的任何两种混合，红配黄是橙色，黄配蓝是绿色，红配蓝是紫色，我们又把橙、绿、紫称为三间色。一种基色与三基色中的其他两色形成的间色之间的关系，称为补色关系（图2-26）。

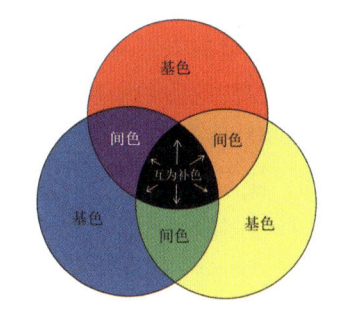

图2-26

四十、什么是色彩的三要素，它们与色彩又有什么关系？

色彩的三要素，即色相、明度、纯度。色相是指不同颜色质的区别，即色彩的相貌，以色彩的名称来命名和区别，如黄、蓝、红等。明度是指色彩的明暗程度或光的深浅程度。光源越强，明度越高，比如黄色的明度就比蓝色高得多。一般情况下，同一种颜色与白色混合，明度就高；相反，与黑色混合，明度就低。比如粉红色的明度就比红色高，而紫红色的明度就比红色低得多。纯度是指颜色的鲜艳度和饱和度。越鲜艳，纯度就越高；颜色混合次数越多，纯度就越低。比如，粉红色的纯度就远不及红色的纯度高（图2-27）。

黑色与白色我们称之为没有色彩的颜色，它们混合形成的灰色是中性色，而金银色则称为独立色。

四十一、什么是暖色调、冷色调？

在日常社会生活中，接触到不同的色彩会产生不同的联想，这就是色彩的心理感觉。如红、橙、黄等色相给我们的视觉刺激强，使人联想到温暖的太阳、火焰等，令人感到温暖，称为暖色；而青、蓝、紫使人联想到天空、大海、阴天等，令人感到寒冷，称为冷色。

暖色调中的红色，象征着热烈、活泼、兴奋，是一种富有激情和感情的色彩。在我国，红色是一种幸福和喜庆的象征。黄色，象征着明快、鼓舞、希望、富有朝气，是一种最明亮和引人注目的颜色，也是历代帝王服饰的专用色，具有至高无上权威的象征，而日常生活中米黄等浅黄色使用较多。橙色，则象征开朗、欣喜、活泼，也是一种较为明亮的颜色。在餐厅中，常为了增加顾客的食欲，口布、桌布及服务人员的服装就较多运用橙色。

冷色调中的黑色，象征寂寞、沉稳、严肃，富有神秘感，因此黑色服装往往会给人以干练、庄重之感。较胖的人穿着黑色服装可使身材显得苗条，但要注意脸色，皮肤黄黑者则不宜穿着。蓝色，象征深远、沉静、安详、清爽、自信而幽远，使人联想到大海、天空，蓝色也是黄种人选择较多的一种较为安全的颜色。青色，则象征高傲、神秘（图2-28）。

四十二、如何运用中间色、过渡色、中性色？

中间色中的黄绿色象征安详、活泼、幼嫩，让人联想到田野、草原和大自然的植物等。红紫色象征明艳、年轻、夺目。紫色象征华丽、高贵、优雅而神秘，但作为服饰与黑色相似，对肤色的要求较高，肤色青黄者不宜（图2-29）。

过渡色中的粉色象征活泼、年轻、浪漫，

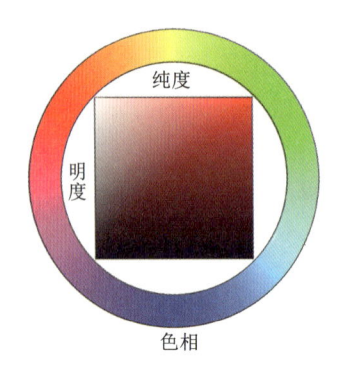

图2-27

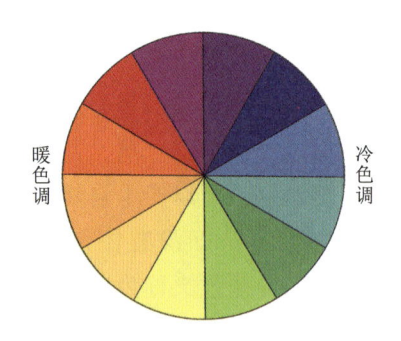

图2-28

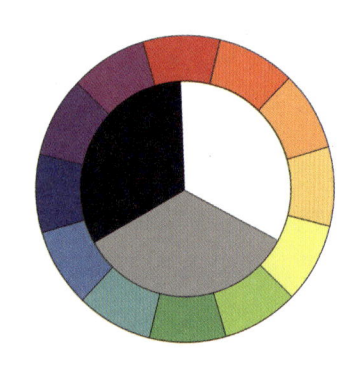

图2-29

有时也可衬托出肤色的柔和质感。白色象征朴素、高雅、明亮、纯洁，西方人有选白色为初婚者礼服颜色的习惯，而在我国也有把白色视为丧色的习俗，象征悲哀和忧伤。而淡绿色则被视为生命之色，象征生命、鲜嫩、愉快和青春，充满活力和朝气。

中性色灰色象征素静、朴实、稳重，穿着灰色的服装给人以可信、稳重之感，一般与其他的色彩均较易搭配。

四十三、颜色在职场带给人什么感受？

红色：充满胆量，在工作上表示蓄势待发，渴望新鲜感和刺激。
黄色：求知欲旺盛，有信心、自大，给人一种张扬的感觉。
绿色：安全保护色，和谐。
蓝色：诚实稳健，言行倾向保守，思维严密，自信力十足。
咖啡色：脚踏实地，富有责任心，做事讲究。
紫色：强烈的权力欲望与虚荣心。

四十四、服装的色彩如何搭配才能和谐？

没有不美的色彩，只有不美的搭配。大自然赋予的色彩极为丰富，服装色彩的选择范围很广，除了单一色彩最原始的特性，现实生活中呈现更多的是色彩相互搭配所产生的效果，这种多元色彩所产生的象征意义和给人的联想就更为丰富多彩。因此服装穿在某一个人身上必须适合穿着者且与场合、环境相匹配，进而形成最佳的色彩组合，也即最佳搭配标准的最高境界和关键所在——和谐。应注意以下几个问题：

（1）服装的色彩要与人的发型、肤色相协调。
（2）服装的色彩要与人的性格、体型、年龄、职业等相协调。
（3）服装的色彩要与人的性格、气质、精神面貌相协调。
（4）服装的色彩要与季节、环境、场合相协调。

和谐不是一种表面形式，而是一种"神"和"形"的高度统一。它不仅是服装自身多种色彩的整体和谐，而且是服装与人的和谐、服装与环境的和谐，是一种深层次的完美和谐。

四十五、服装色彩搭配有哪些小技巧？

在色彩搭配上，不同的颜色给人的第一印象是不同的。如深色系给人一种沉稳、干练的感觉，而浅色系让人有一种轻松活泼的活力。所以说，服饰的搭配是一个比较复杂的美学问题，只有讲究技巧，才能运用丰富的色彩达到完美的和谐统一，展现美好的形象。现代社会工作、生活的节奏加快，用色的主流是雅洁、自然、简练、朴实。用色要避免繁杂、零乱，做到少用色、巧用色。男性服装不宜有过多的颜色变化，以不超过三色为好，且有呼应。女性也要避免色彩的堆砌。色彩过多，会显浮艳和俗气。两种以上色彩相配时要有主色，并将此作为基础色，再配以一两种次要色，使整个服饰的色彩主次分明、相得益彰。

四十六、简单易学的服饰配色方法有哪些？

（1）相同色搭配。将同一色相，但明度、纯度有所不同的色彩进行搭配，如深红与粉红、橙色与黄色等，给人以柔和、自然之感。

（2）呼应式搭配。即服装的色彩上下呼应或内外呼应。如上穿黑底红花纹上衣，下着黑色裤子，红色内衣，配上黑色鞋子和皮包。这样的服装色彩给人以协调、统一、活泼的感觉。

（3）补色对比。补色之间是相互对抗的，如红与绿、黄与紫搭配在一起会过于醒目、刺激。因此补色之间的搭配要注意点缀和过渡，如红衣、绿裙之间增加一条白色的腰带，就可以使两种颜色变得协调，或在这两者中都加入白色，达到减红和减绿的效果（浅红和浅绿），就不会那么刺眼了。补色之间的搭配还要注意面积与分量的取舍，可在大面积的一种色彩上点缀一点它的补色，这样既鲜明又不刺眼，形成强烈的对比美。

（4）点缀配色。大面积地使用一种色彩，另外选一种色彩进行小面积点缀，如穿一身浅驼色的套装，露出红色的衬衣领，这一点红色使整个服装的色彩活了起来，起到画龙点睛的作用。又如深色的套装，在脖颈处使用亮色的丝巾做点缀，就可使整套服装不过于沉闷而显得明朗起来。

（5）同色系配色。利用同色系中深浅、明暗度不同的颜色进行搭配，整体效果较易协调。

四十七、非常重要的着装配色原则——兼顾肤色、年龄、体型和场合，你了解吗？

根据个人的肤色、年龄、体型选择颜色也是着装配色中一条重要原则。如：肤色偏黑者不宜着过深或过浅颜色的服装，应选用与肤色对比不太明显的颜色，色泽明亮的黄色、橙色或色调极暗的褐色、黑紫色等最为忌讳，因为色泽太明亮或太暗了，反衬得脸色更为暗沉；皮肤发黄暗沉者不要选土黄、灰等色的服装，否则会显得更为无精打采和萎靡不振；脸色苍白者不宜穿绿色服装，否则会更显病态；而肤色红润、粉白者穿绿色服装效果就会很好。白色是较为安全的颜色，配任何肤色的效果都不错，白色的反光衬托会使人显得神采奕奕。

从造型讲，体形瘦小的应穿色彩明度高的浅色，而体形肥胖的则应选色彩明度低的深色。大多数人的体形和肤色均属中间混合型，所以颜色的搭配没有绝对的原则，应在着装的实践中加以学习和掌握运用。

颜色的选择是一门重要学问，一个人的穿着品位与色彩观念可以折射出此人的工作态度。在商务场合，通用的颜色选择最高原则是素雅大方，而深浅搭配又具有平衡的效果。

我们在不同的社交活动中应选用相应的颜色，为实现社交目起到辅助作用。如谋职、应聘与面试，较为合适的颜色是白色、蓝色。而开会、谈判，则少用红色，强调理性的选藏蓝色服装，如要表现诚恳，那选灰色系和棕色系等中性色服装较为合适。约会、宴会及舞会等则既不能过于华丽，也不能太过灰暗。粉红色、淡紫色是情人约会最能表达爱意的色调，因此不可用作其他约会，否则容易引起误会。逛街、郊游与访友时应选明朗的颜色和活泼的色调，合时令的服装可尽显个人的风格，给人以清爽、亲切、时尚之感。

第三章 仪态举止

中华民族是一个注重礼仪的民族。《弟子规》中就曾写道:"步从容,立端正,揖深圆,拜恭敬;勿践阈,勿跛倚,勿箕踞,勿摇髀;缓揭帘,勿有声,宽转弯,勿触棱。"对于现代人而言,尤其是职场人士意义更为重大,举止端庄得体、行为优雅依然适用。

一个人仪态行为举止的日常表现有多种,但常见于公共场合的不外乎站、坐、走、表情和手势等。不同的仪态传递着不同的信息,良好的仪态易使人与人之间的信息传递产生积极的作用。无论何种举止行为,在人际交往和商务往来中,其表现都应尽可能给人以亲切、优雅之感,这是社会审美和商务工作的需要,也是仪态礼仪最基本的要求。

一、什么是仪态?

仪态是人在行为中的姿势和风度,一个人的仪态包括他所有的行为举止,而姿势是指身体所呈现的样子,风度则属于内在气质的外化。每个人总是以一定的仪态出现在别人面前,一举一动、一颦一笑、站立的姿势、走路的步态、说话的声调、对人的态度、面部的表情等。这些虽是外部表现,但却正是内在品质、学识、能力等的真实流露。

仪态在社交活动中有着特殊的作用。潇洒的风度、优雅的举止,常常令人赞叹不已,给人留下深刻的印象,受到人们的尊重。在与人交往中,我们可以通过一个人的行为举止来判断他的品格、学识、能力,以及其他方面的修养程度。

仪态的美是一种综合的美、完善的美,也是仪态礼仪所要求的。这种美应是身体各部分器官相互协调的整体表现,同时也包括一个人内在素质与仪表特点的和谐。与容貌和身材的美相比,行为举止得体的仪态美是一种深层次的美。也是一种无声的语言。

二、什么是体态语?它有什么作用?

日常交往中,人们可通过语言交流信息,但在说话的同时,面部表情、身体的姿态以及手势和动作也在传递信息,而对方在接收信息时,不仅"听其言",也在"观其行",这就是体态语,也叫"势态语"。因此在与他人沟通交往过程中应注意自己的行为举止,重视体态所呈现的含义,让自身更为有效地运用体态语,同时也应更为准确地理解他人的体态语。

体态语言是一种极其丰富、极其复杂的语言。据研究，世界上至少有 70 万种可以用来表达思想意义的态势动作，这个数字远远超过当今世界上最完整的一部词典所收集的词汇数量。信息的传递与反馈，从表面上看，主要是嘴、耳、眼的运用，事实上，表情、姿态等所起的作用远远超过自然语言交流本身。仪态是一种很广泛、很实用的语言，比有声语言更富有魅力，往往具有"此时无声胜有声"的效果。

使用和理解体态语时还应注意，体态语往往与其个人性格、当时特定的情境具有一定的关系，且大都整体协调，相互呼应，不太可能孤立地出现。理解他人的体态语，需因人而异，而确认他人每个体态语的本意，应从整体上考察其体态语着手。只有在真正体验到他人内心情感的前提下，才有可能准确地理解其体态语，真正做到"善解人意"。

三、何谓站姿？

当一个人处于站立姿势时最容易表现其姿势特征，在中华民族的礼仪要求中，"站有站相""站如松"是对一个人礼仪修养的基本要求，站着既要像松树一样挺拔，又须注意姿态的优美和典雅。由于性别的不同，男、女站姿的美感是不同的：女性应亭亭玉立，文静优雅；男性应刚劲挺拔，气宇轩昂（图 3-1）。

站姿是人们生活交往中最基本的姿势，是指人的双腿在直立静止状态下所呈现出的姿势。站姿是步态和坐姿的基础，一个人想要表现出优雅得体的姿态，需要从规范站姿开始。得体的站姿给人以健康向上的感觉，不良的站姿，如低头含胸、双肩歪斜、倚靠墙壁、腿脚抖动等，会给人以萎靡不振的感觉。站姿是一个静态的造型动作，不仅要挺拔，还要优美和典雅。

图 3-1

四、你知道不同站姿所反映的心理特征吗？

不同的站姿所反映的心理特征也是不同的。心理学测定得出：自然状态下，双腿并拢站立者，给人的印象是可靠、意识健全、脚踏实地而且忠厚老实，但表面上有时显得有点冷漠；两腿分开尺余，脚尖略朝外的站姿，表现出站立者果断、富有进取心，不装腔作势；双腿并拢站立，一脚稍后，两脚平置地面，则体现出站立者有雄心，性格暴躁，是个积极进取、极富冒险精神的人；站立时一脚直立，另一脚弯置其后，以脚尖触地，则说明站立者情绪非常不稳定，变化多端，喜欢不断的刺激与挑战（图 3-2）。

站立姿势还有正面与侧面之分。正面姿态所反映的特征，是人们通过学习和对自身经验的总结、积累而形成的；而侧面姿态，一般被认为是仍然保留着出生时的原始的姿态倾向和特征，表现出原始的感情和幼年、少年时期的心理活动以及与生活有关的心理倾向。如那种挺胸直背、身体后倾、膝盖绷直的侧面姿态，就是一种充满力量和紧张感的姿态，暗示着站立者积极努力地适应现实的倾向。

可靠、　　果断、富　　积极进取　　变化多端
意识健全　有进取心

图 3-2

五、什么是基本站姿（即标准站姿）？

标准的站姿：端正、庄重，具有稳定性。站立时，从正面看应以鼻为点向地面做垂直线，人体在垂直线两侧对称，表情自然明朗（图 3-3）。

图 3-3

具体要求：全身笔直，精神饱满，两眼平视前方（而不是斜视），面带微笑，两肩平齐，两臂自然下垂，两脚跟并拢，两脚尖张开 45°～60°，呈 V 字形（男士也可两脚略分开，但不宜超过肩膀宽度），身体重心落于两腿正中；从侧面看，两眼平视，下颌微收，挺胸收腹，腰背挺直，手中指贴裤缝，整个身体庄重挺拔。

站姿的要领是：一要平，即头平正、双肩平、两眼平视；二是直，即腰直、腿直，后脑勺、背、臀、脚后跟成一条直线；三是挺拔，即重心上拔，给人以力度感。

六、常用的几种变化站姿你知道吗？

一般有以下几种变化站姿，可根据具体情况加以选择：

外交官式站姿：双腿微微分开，挺胸抬头，收腹立腰，双臂自然下垂，下颌微收，双目平视。

服务员式站姿：挺胸直立，平视前方，双腿适度并拢，双手在腹前交叉。男性左手握住右手腕部，女性右手握住左手的手指部分。双腿均匀用力。

双手背后式：挺胸收腹，两手在身后交叉，右手搭在左手腕部，两手心向上收。

体前单屈臂式：挺胸收腹，左手臂自然下垂，右臂肘关节弯曲，右前臂至中腹部，右手心向里，手指自然弯曲。

无论哪种变化站姿，男士在站立时，要表现出男性刚健、潇洒、英武、强壮的风采，力求给人一种壮美感。如餐厅、酒店的男性服务人员、保安等在站立服务时多采用后背式站姿，其要领是双脚稍分开，两脚平行，双脚间距离不应超过肩膀的宽度，双手轻握放于后背腰处。

女士站立时，则体现女性轻盈、妩媚、娴静、典雅的韵味，给人一种"静"的优美感。站立时，可将双手相握采用右手在前、左手在后的方法将两手相叠放于腹前，双脚可呈小八字形或丁字形。其中丁字形站立的重心应落在后脚上，因此女性丁字形站立太累时，可变换姿势，将身体重心移在左脚或右脚上。

站姿可随时间、地点、身份的不同而变化，但一定要自然大方。无论哪种姿势，切忌双手抱胸或叉腰，也不可将手插入衣裤的内袋，更不要将身体东倒西歪地靠在物体上，这些动作都是傲慢和懒散的表现。在正式场合，注意控制不做下意识的小动作，如摆弄打火机、香烟盒，玩弄衣带、发辫，咬指甲等，这样不但显得拘谨，还会给人缺乏自信和经验的感觉，而且有失仪态的庄重（图3-4）。

图3-4

七、特定场合宜采用的实用站姿是怎样的？

（1）在升国旗、奏国歌、接受奖品、接受接见、致悼词等庄严的仪式场合，应采用严格而规范的标准站姿，而且神情要严肃。

（2）在发表演说、新闻发言、做报告宣传时，为了减少身体对腿的压力，减轻由于较长时间站立造成的双腿疲乏，可以用双手支撑在讲台上，两腿轮流放松，但身体仍要保持挺直。

（3）主持文艺活动、联欢会时，宜将双腿并拢站立，女士也可站成丁字步，让站立姿势更加优美。站丁字步时，上体微前倾，腰背挺直，臀微翘，双腿半叠合，亭亭玉立于众人间，富于女性魅力。

（4）门迎人员因站立时间很长，男性双腿可以稍平分站立，但双腿分开不宜超过肩宽；女性应保持丁字步站立，在保持身体直立的基础上，以更换左右丁字步的方式使身体重心在双腿间交换，使一条腿暂作休息。手位动作根据性别不同，双手以交叉或相叠垂放于腹前，或可以背后交叉，右手放在左手的掌心上，但要注意收腹。

（5）礼仪活动中的站立，应比日常门迎更趋于艺术化和优雅，一般可采取立正的姿势或站成丁字步。如双手端执物品时，上臂应靠近身体两侧，但不必夹紧，下颌微含，面带微笑，给人以优美亲切的感觉。

（6）交通工具上的站立，头部以正为佳，最好目视前方，身子要挺直，双腿应尽量伸直，膝部不宜弯曲，双脚之间可以适宜为原则张开一定的距离，重心放在脚后跟与脚趾中间，不到万不得已，叉开的双脚不宜宽于肩部，双手可以轻轻地相握于胸前，或者一手拉着吊环、扶手。在交通工具上采用此种站姿站立时，应尽可能地与他人保持一定的距离，保持自身的稳定性，免得误踩、误撞他人。

（7）在非正式场合，男性可用"随意式"或"潇洒式"的站姿。比如，遇见亲朋好友，就可以随意些，在一些娱乐场所也可不必局促不安、畏畏缩缩，应潇洒、活泼。总之，在较轻松、较随和的场合，随意些才能很融洽地与你的朋友进行交流；否则，一本正经，拒人于千里之外，会让人觉得你很难接近。但尽管是随意些，仍然要注意抬头、挺胸、收腹，保持身体的直立。对女性而言，当站的时间长，太累时，可变换为调节式站立。比如，身体重心偏移到左脚或右脚上，另一条腿微向前屈，可以稍稍弯腰，腿部放松等，但上身须保持正直。

总之，刚劲挺拔、气宇轩昂、亭亭玉立、文静优雅的站姿是个人情趣、品格、性格的直观反映，如果不加注意就会让人觉得你缺乏教养（图3-5）。

八、工作生活中有哪些不良站姿我们应避免？

不良的站姿，即不应当出现的站立姿势或姿态不雅而缺乏敬人之意，往往无意中会使本人形象和组织形象受损，使交流受阻、服务质量下降。不良站姿大致有如下几种情况（图3-6）：

| 致悼词等庄严的仪式场合 | 发表演说、新闻发言 | 主持文艺活动 | 门迎人员 |

| 门迎人员 | 礼仪活动 | 交通工具 | 随意式 | 弯腰，腿部放松 |

图 3-5

身躯歪斜：站立时身躯出现明显的歪斜，例如头偏、肩斜、身歪、腿曲，或是膝部不直，看上去东倒西歪，直接破坏人体的线条美，令人觉得颓废消沉、萎靡不振、自由放纵。

弯腰驼背：这是身躯歪斜时的一种特殊表现。除去腰部弯曲、背部弓起之外，大都还会同时伴有颈部弯缩、胸部凹陷、腹部挺出、臀部撅起等一些不良体态。凡此种种，显得一个人缺乏锻炼、无精打采，往往对个人形象的损害会更大。

趴伏倚靠：在工作岗位上，职场人士要确保自己"站有站相"，在站立之际，自由散漫，随便偷懒，随便地趴在一个地方或伏在某处左顾右盼，倚着墙壁、货架而立，靠在桌柜边上，或者前趴后靠，都是不允许的。

双腿大开：不管是采取规范站姿还是变化站姿，均应切记：双腿在站立时分开的幅度要适当，尽可能双腿并拢，如要分开也越小越好。尤其是女性在着裙装工作或在公共场合，双腿应尽量并拢，否则有不雅之感。而男士也随时要注意双腿之间的距离不宽过本人的肩部，使自己的站姿富有美感，切勿使其过度"分裂"。

脚位不当：职场人士在工作岗位上站立时，在正常情况下，双脚呈现出 V 字式、丁字式、平行式等脚位，通常都是允许的。不允许采用人字式、蹬踏式等脚位。人字式脚位，也称"内八字"，是指站立时两脚脚尖靠在一处，而脚后跟之间却大幅度地分开。而蹬踏式，则是指站立时为图舒服，一只脚站立的同时，将另一只脚踩在鞋帮上，或踏在椅面上，或蹬在窗台上，或跨在桌面上。

手位不当：在站立时，与脚位不当一样，同样会破坏站姿的整体效果。站立时，不当手位主要有以下几种：一是将手插在衣服的口袋内，二是将双手抱在胸前，三是将两手抱在脑后，四是将双肘支于某处，五是用两手托住下巴。

半坐半立：在公共场所，该站就站，该坐就坐，一般不允许在需要自己站立之时，贪图安逸，擅自采取半坐半立的姿势，尤其是职场人士在工作时。

浑身乱动：在站立时，虽允许略做体位变动，但站立是一种相对静止的体态，不宜在站立时频繁变动体位，甚至浑身上下乱动不止。手臂挥来挥去，身躯扭来扭去，腿脚抖来抖去，都有失稳重，且站姿不雅。

身躯歪斜✘　弯腰驼背✘　趴伏倚靠✘　　脚位不当✘　蹬踏式✘

双肘支于某处✘　两手抱在脑后✘　两手托住下巴✘　半坐半立✘　浑身乱动✘

图 3-6

九、自我矫正不良站姿的方法有哪些？

仪态行为举止具有习惯性的特点，每个人的仪态行为举止都是在成长过程和生活环境中长期形成的，一旦形成较难改变，所以应重视良好习惯的培养。站姿是仪态的基础，良好的站姿可通过积极科学和循序渐进的方式训练获得，从而使仪态举止更为优雅（图 3-7）。

| 采用靠墙站立 | 两人一组 | 面对壁镜 | 将正确的站姿体现在个人的工作中 | 身体挺拔 |

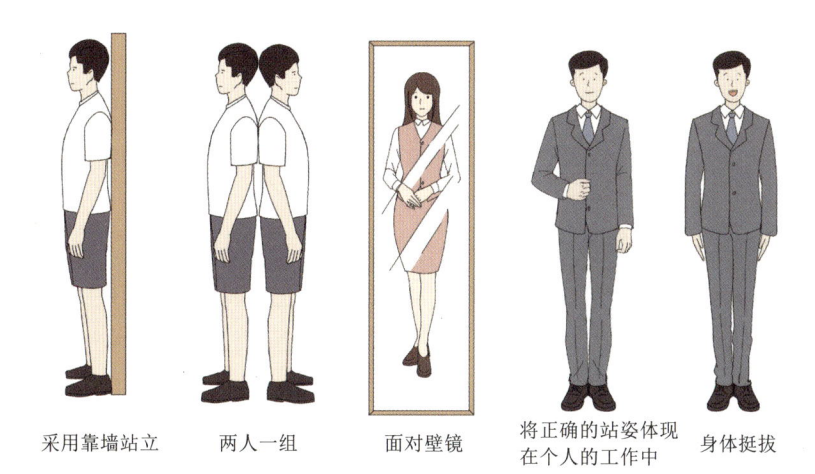

图 3-7

（1）采用靠墙站立和两人一组的方式进行站立动作持久性和稳定性的练习，加强良好仪态的有效训练。靠墙站立练习要求：脚跟、小腿、臀部、双肩、后脑勺都紧贴墙，每次坚持 15～20 分钟。两人一组练习要求：背靠背，双方的臀部、肩背、后脑勺为接触点，每次坚持 15～20 分钟。

（2）面对壁镜的练习是站姿的综合性训练，要求在正确的站姿基础上，结合脸部表情练习（重点是微笑），通过壁镜完善整体站姿的形象。练习过程中，注意肌肉张弛的协调性，挺胸立腰，呼吸自然均衡，面带微笑。同时，以标准站姿的形体感觉为基础，进行整体规范动作训练。

（3）将正确的站姿体现在个人的工作、生活中，融入自身日常的行为举止中，养成良好的习惯。只有正确的动作与自然相结合，才能运用自如、分寸得当，使人感到既有教养又不造作的良好风度。

（4）在不良站姿的矫正过程中，注意站立时应身体挺拔。首先，身体肌肉既紧张又放松，如头顶上悬、肩下沉，腹肌、臀肌形成夹力，与髋上提、脚趾抓地等协调配合；其次，不断提高自身的修养，加强内在素质的培养，性格、意志上的磨炼，使自己的体态能给人一种挺拔向上、舒展健美、庄重大方、亲切有礼、精力充沛的印象。

十、坐姿也有讲究吗？

坐姿是人际交往中最重要的人体姿势和举止，也是职场人士工作中常用的一种姿态，反映着非常丰富的信息。端庄优美的坐姿，给人以文雅、稳重、自然大方的美感。坐姿是指人在就座以后身体所保持的一种姿势。"坐如钟"，即坐有坐相，要像钟那样端正，这不是一项简易的技能。正确的坐姿是仪态的主要内容之一，良好的坐姿给人以庄重、安详的感觉。人们的工作、学习、生活中都离不开坐，当然坐姿也是一种静态造型，有美、丑及优雅、粗俗之分。

十一、坐姿——"无声语言"传递的信息你知道吗?

不同的坐姿所反映的不同心理特征就像是无声的语言,极其丰富(图3-8)。心理卫生专家认为:

坐时跷起一条腿的人显示出他相当自信,但个性懒散,不好幻想,任何私人问题或烦恼都不能使之困扰,信心形之于外。

坐时双腿并拢、双脚平放在地上的人表现出坦率、开放和诚实的特征,具有洁癖和守时的习惯,喜欢有规律的生活,按照时间表行事会觉得比较自在。

坐时双腿前伸,双腿在踝部叉起,反映出坐者希望成为中心人物,比较保守,凡事求稳。

个性懒散　　坦率、开放和诚实　　比较保守,凡事求稳　　得人缘,个性好静

不善夸耀或虚饰　　疑心较重　　自负之心颇高　　性子较急

图 3-8

坐时一脚盘在另一脚下的人个性独特,凡事漠不关心,无责任感,喜欢被人关注,有创新力,作风拘于传统。

坐时两膝并拢,两脚分开大约半尺,说明坐者对周围事物非常敏感,观察细致,深谙人情世故,能体贴别人,也能原谅别人。

坐时双脚在膝部交叉,一脚勾在另一脚后,显示出坐者非常得人缘,个性好静,容易与别人相处,不善夸耀或虚饰。

坐下后摸下巴的人,往往情绪不安,猜疑心较重;摸膝盖的人,往往以为将有好事临身，自负之心颇高；坐下来就不断抓头发的人，性子较急，喜欢速战速决，并且情意不一，容易见异思迁；坐下后喜欢由下往上摸额的人，能言善辩，说服力强，这种人往往比较狡诈。

由"无声语言"——坐姿所传递出的不同信息，将会给我们带来不同的影响，了解这些有助于控制自己的不良举止，更好地了解服务和交往对象的心理。

十二、这种基本坐姿你了解吗？

"坐如钟"，是指坐姿要像钟一样端庄沉稳、镇定安详。常用的得体坐姿，要领是：上身挺直，两肘自然弯曲或靠在椅背上，双脚接触地面（跷脚时单脚接触地面），双腿适度并拢。女性一般要求双腿并拢，而男性双腿之间可适度留有间隙。双腿自然弯曲，两脚平落地面，但都不宜前伸，大小腿之间保持小于或等于90°（图3-9）。

在日常交往的非正式场合，男性可以跷腿，但不可跷得过高或抖动。女性大腿并拢，小腿交叉，但不宜向前伸直。女性如着裙装，应养成在就座前从后面抚顺一下裙子再坐下的习惯。根据不同的场合和不同的座位，坐的位置可前可后，但上身一定要保持直立。

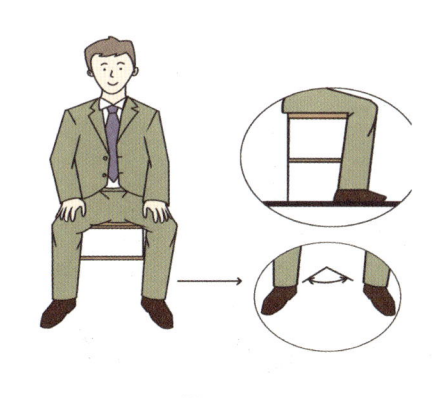

图 3-9

入座起坐时，要轻、稳、正。从座位的左边入（左边出），一般只坐椅面的2/3，不要坐满或只坐一点边儿。女性入座时，若是裙装，应用单手或双手将裙子稍微拢一下，使裙平整。坐定后，身体重心垂直向下，上身保持自然正直，两眼平视，目光柔和，可将右手搭在左手上，轻放于腿面，双膝自然并拢，双腿正放或侧放，双脚并拢或交叠。男性可双手掌心向下，自然地放在膝上，亦可放在椅子或沙发扶手上，双脚可略微分开，但不超肩宽。在与左右两边的客人谈话时，应有所侧重，即上体与腿同时转向一侧，以示尊重。起身时，右脚向后收半步，而后站立。女性起身时，若是裙装，也应用手将裙子稍微拢一下，以保持平整。

坚持端坐的前提下，坐姿也是可以变化的。无论哪种坐姿始终保持腰立直，头、上体与四肢协调配合，都是优美自然的。因性别的不同，男女坐姿有所区别。在正式场合，男性应"坐如钟"，给人以一种四平八稳的感觉，而女性坐姿应注意阴柔之美，就座时要缓而轻，如清风徐来，给人以典雅之美。

十三、典型的坐姿有哪些？

（1）正襟危坐式。上身与大腿、大腿与小腿、小腿与地面，都应当成直角。双膝、双脚适度并拢。适用于大部分的场合，尤其是正规场合，是最传统意义上的坐姿。

（2）大腿叠放式。两条腿在大腿部分叠放在一起，位于下方的一条腿垂直于地面，脚掌着地，位于上方的另一条腿的小腿适当向内收，同时脚尖向下。注意女性着短裙不宜采用这种姿势。一般在较为轻松的非正式场合使用。

（3）双脚交叉式。双脚在踝部交叉。交叉后的双脚可以内收，也可以斜放，但不宜向前方远远直伸出去。可在一般场合使用。

（4）前伸后屈式。双腿适度并拢，左腿向前伸出，右腿向后收，两脚脚掌着地。可在一般场合使用。

以上坐姿男女均可采用，以下为只适用女性的坐姿（图3-10）。

双腿斜放式。双腿完全并拢，然后双脚向左或向右斜放，斜放后的腿部与地面约成45°夹角。

双腿叠放式。双腿一上一下交叠在一起，两腿之间没有间隙，双腿斜放于左侧或右侧，腿部与地面约成45°夹角，叠放在上方的腿的脚尖垂向地面。女性着裙装可采用这种方式。

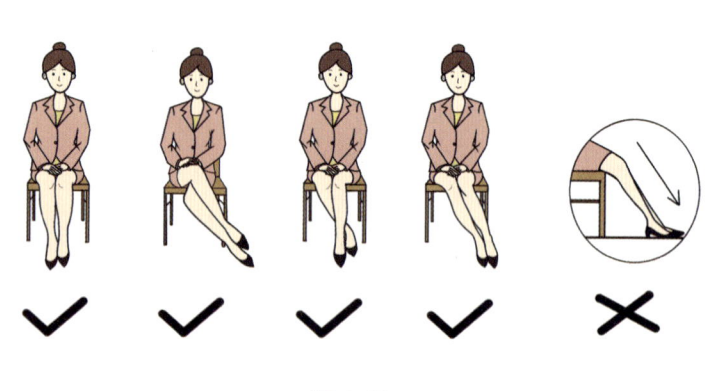

图3-10

十四、谈判、会谈等工作场合可采用的几种变化坐姿你知晓吗？

（1）谈判、会谈时，场合一般比较严肃，适合正襟危坐，但不要过于僵硬。要求上体正直，端坐于椅子中部，注意不要使全身的重量只落于臀部，双手放在桌上、腿上均可，双脚以基本坐姿摆放。

（2）倾听他人教导或传授知识时，对方是长者、尊者、贵客，坐姿除了要端正外，还应坐在座椅、沙发的前半部或边缘，身体稍向前倾，表现出一种谦虚、迎合、重视对方的态度。

（3）在比较轻松、随便的非正式场合，可以坐得轻松、自然一些。全身肌肉可适当放松，可不时变换坐姿，以作休息。一味地正襟危坐，双手放平，会给人以很呆板的感觉。此时男性如有需要可交叠"小二郎腿"和"大二郎腿"。"小二郎腿"是把一条腿放到另一条腿上。当年龄较大的男士在与比较年轻的人说话时，可以选择这种坐姿。而"大二郎腿"则是把脚的踝部放在另一条腿上，在庄重的正式场合，绝不要使用这一姿势。而女性在轻松的场合，也可右脚（左脚）在前，将右脚跟（左脚跟）靠于左脚（右脚）内侧，双手虎口处交叉，右手在上左手在下，轻放在一侧的大腿上，给人以文静、雅致、可亲可敬的感觉。当端坐较长时间很累时，也可适当换为侧坐坐姿或跷"小二郎腿"，但脚尖应朝地面，两小腿贴紧，切忌脚尖朝天或指向对方及抖动。

总之，坐姿也应根据身份、场合等加以选择，男女有别，做到得体自然、轻松舒适，又能表现出自己的优美仪态（图3-11）。

会谈时，适合正襟危坐　　倾听他人教导时，表现出一种谦虚、迎合、重视对方的态度　　小二郎腿　　大二郎腿　　小二郎腿

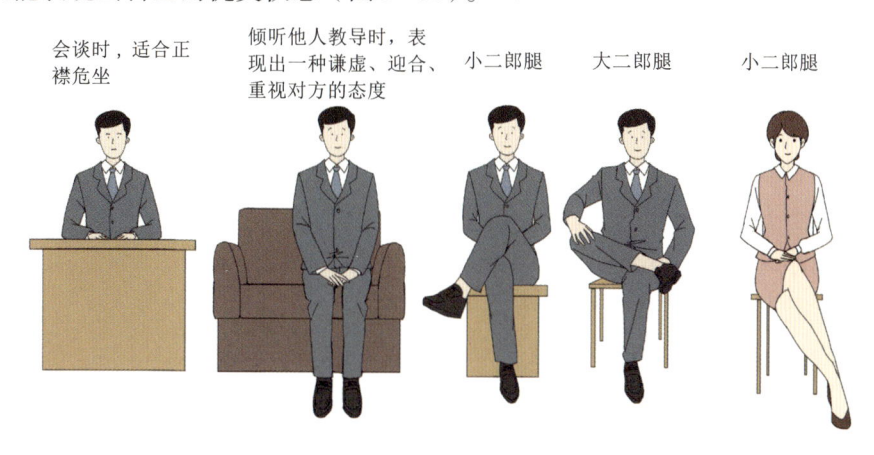

图 3-11

十五、什么是职场人士的入座礼仪？

就职场人士而言，坐姿是工作生活中常采用的姿势之一。有意识地学习与训练自己正确坐姿很有必要。有两点需特别注意：一是在工作场合开展商务活动时允许自己采用坐姿时，方可坐下；二是坐下之后，尤其是在外人面前，务必自觉采用正确的坐姿。入座时需遵循"入座的八要求"。

入座，又称就座或落座。是指人们坐到座位上去的行动。职场商务人士在入座时的基本要求有八个。

（1）在他人之后入座。出于礼貌，与他人一起入座，或与对方同时入座，而对方是自己的客户时，一定要先请对方入座，而自己切勿抢先入座。

（2）在适当之处就座。在大庭广众之下就座时，一定要坐在椅、凳等常规的位置。坐在桌子上、窗台上、地板上，往往是失礼的。

（3）在合"礼"之处就座。与他人同时就座时，应当注意座位的尊卑，并且主动将上座相让于人。

（4）从座位左侧就座。若条件允许，就座时最好从座椅的左侧接近它。这样做是一种礼貌，而且也易于就座。

（5）向周围的人致意。就座时，若附近坐着熟人，应主动与对方打招呼。若不认识身边的人，也应向其先点头示意。在公共场合，若想坐在他人身旁，还须先征得对方首肯。

（6）悄无声息地就座。就座时，要减慢速度，放松动作，尽量不要坐得座椅乱响，噪声扰人。

（7）以背部接近座椅。在他人面前就座，最好背对着自己的座椅，这样就不至于背对着对方。得体的做法是：先侧身走近座椅，背对其站立，右腿后退一点，以小腿

确认一下座椅的位置，然后随势坐下。必要时，可以一只手扶座椅的把手。

（8）坐下后调整体位。为使自己坐得舒适，可在坐下之后调整一下体位或整理下衣服。但是这一动作不可与就座同时进行。

十六、什么是职场人士的离座礼仪？

职场人士的仪态礼仪中不仅坐姿有要求、入座有礼仪，离座也有要求，离座礼仪主要有以下五个方面：

（1）先有表示。起身离座时，如身旁有人就座，须以语言或动作先向其示意，随后方可站起身来。一蹦而起，有时会让人受到惊扰。

（2）注意先后。与他人同时离座，须注意起身的先后次序。地位低于对方时，应稍后离座。地位高于对方时，则可首先离座。双方身份对等时，才允许同时起身离座。

（3）起身缓慢。起身离座时，最好动作轻缓，无声无息，尤其要避免拖泥带水，弄响座椅，或将椅垫、椅罩弄得掉在地上。

（4）站好再走。离开座椅后，先要采用基本的站姿，站定之后方可离去。要是起身便跑，或是离座与走开同时进行，则会显得自己过于匆忙。

（5）从左离开。如有可能，起身后宜从左侧离去。与"左入"一样，"左出"也是一种礼节。

十七、职场人士的工作坐姿对头部、躯干、手臂摆放的具体要求有哪些？

职场商务人士就坐姿而论，除了下肢的体位之外，上身的体位，即坐好之后，头部、躯干与上肢的具体位置也极其重要。

（1）注意头部位置的端正。千万不要在客户面前就座时出现仰头、低头、歪头、扭头等情况，这点很重要。坐定之后的标准头位，应当头部抬直，双目平视，下颌内收。整个头部，如同一条直线，与地面垂直。出于实际需要，在办公时允许低头俯瞰桌上的文件、物品，但在回答问题或与人谈话时，则务必抬起头来，不然就带有爱搭不理的意思。在与人交谈时，可以面向正前方，或者面部侧向对方，但不准将后脑勺对着对方。

（2）注意躯干位置的直立。坐定之后，身体的躯干部位也应端正。注意以下几点。一是椅背的倚靠。倚靠主要用来休息，因工作需要而就座时，通常不应将上身完全倚靠座椅的背部。可能的话，最好不靠椅背。二是椅面的占用。既然不宜经常倚靠椅背，那么就同时存在椅面的占用问题。在尊长面前，一般不宜坐满椅面。从礼仪的角度，一般的椅子，只坐3/4左右是最为适当的，而宽大的沙发只能坐1/2，甚至更少。三是身体的朝向。当与他人交谈时，为表示对其重视，不仅应面向对方，且同时应将整个上身朝向对方。侧身而坐时，应注意躯干不要歪扭倾斜。四是基本的轮廓。在大庭广众下就座时，身体躯干的基本轮廓应力求美观，最重要的是做到躯干挺直，胸部挺起，腹部内收，腰部与背部一定要直立。

（3）注意手臂位置的摆放。根据实际需要，商务人士在坐定后手臂摆放的正确位置主要有如下五种：

一是放在两条大腿上，具体做法有三：双手各自扶在一条大腿上、双手叠放后放在两条大腿上及双手相握后放在两条大腿上，切记不可将手放在小腿上。

二是侧身与人交谈时，通常宜将双手置于自己所侧一方的那条大腿上，具体做法有二：双手叠放或双手相握。

三是当穿短裙的女士面对男士而坐，而身前没有屏障时，为避免"走光"，一般可将自己随身携带的皮包或文件放在并拢的大腿上，随后，可将双手或扶或叠或握置于其上。

四是放在身前桌子上。将双手平扶在桌子边沿，或是双手相握置于桌上，都是可行的，有时也可将双手叠放在桌上。

五是放在身旁扶手上。坐定后，将手摆放于座椅的扶手之上。具体做法：正身而坐时，宜将双手分扶在两侧扶手上；侧身而坐时，则应当将双手叠放或相握后，置于侧身一侧的扶手上。

十八、有失端庄、应避免的腿脚动作有哪些？

在职场落座时，商务人士应遵循律己敬人的礼仪，绝对不宜采用不良的坐姿，以下9种动作都应避免（图3-12）。

（1）双腿叉开过大。面对客户时，双腿如果叉开过大，不论是大腿叉开还是小腿叉开，都极其不雅。

（2）架腿方式欠妥。坐下后将双腿架在一起，不是说绝对不可以，但正确的方式应是两条大腿相架，并且一定要使二者并拢。如果将一条小腿架在另一条大腿上，两者之间还留出大大的空隙，就显得过于放肆。

（3）双腿直伸出去。坐下后，不宜将双腿直直地向前伸出。那样做不仅可能会有碍于人，而且有碍观瞻。身前若有桌子，双腿尽量不要伸到外面来。

（4）将腿搁上桌椅。有人坐定后，为图舒服，喜欢将双腿或单腿置于高处，有时甚至还会将其抬到身前的桌子或椅子上。商务人士在工作岗位上要是这样做了，会给人留下极为不佳的印象。把一条腿或双腿盘上本人所坐的座椅上，亦为不当。

（5）腿部抖动摇晃。坐在别人面前，反反复复地抖动或摇晃腿部，不仅会令他人心烦意乱，而且会给人留下极不安稳的印象。

（6）脚尖指向他人。不管具体采用哪一种坐姿，都不宜将本人的脚尖指向别人，因为这一做法是非常失礼的。

（7）仅以脚跟接触地面。坐下后如以脚部触地，通常不允许仅以脚跟接触地面，而将脚尖翘起。双脚都这么做时，更是一种严重的违规坐姿。

（8）以脚蹬踏他物。坐下后，脚部一般都要放在地上。要是用脚在别处乱蹬乱踩，甚至将其蹬踩于高处，通常是不合适的。

（9）以脚自脱鞋袜。脱鞋脱袜，属于个人隐私和"卧房动作"，绝对不宜当众表演。在别人面前就座时以脚自脱鞋袜，显然也是不文明的。

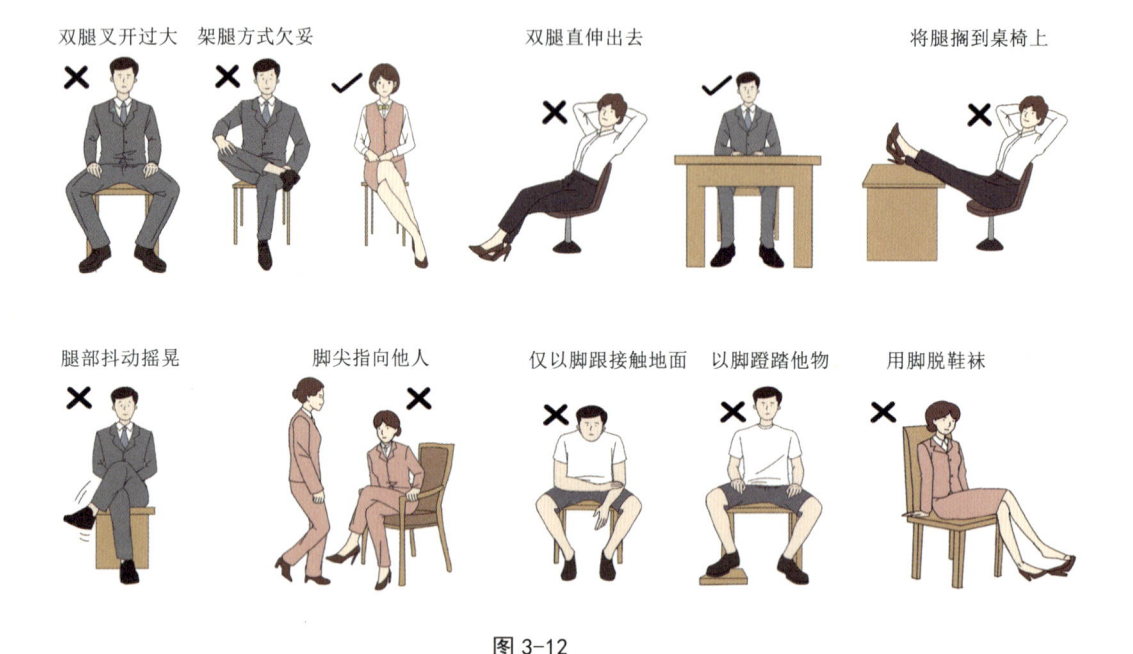

图 3-12

十九、不应在工作场合出现的不雅手部、头部动作有哪些？

（1）以手触摸脚部。在就座以后用手抚摸小腿或脚部，都是极不卫生的，有此不良习惯者，务必自觉克服。

（2）手部置于桌下。就座后，双手应在身前，身前有桌时应置于其上，单手或双手放于其下，都是不允许的。

（3）肘部支于桌上。用双肘支在面前的桌子上，对于同座之人是不够礼貌的做法。

（4）双手抱在腿上。双手抱腿，本是一种惬意、放松的休息姿势，故而在工作场合不可取。

（5）将手夹在腿间。个别人坐下来之后往往将双手夹在两腿之间，这一动作会令人显得胆怯或害羞。

（6）上身向前趴伏。坐下后上身趴伏在桌椅上或本人大腿上，都仅能用于休息，而不宜在工作场合出现。

（7）头部靠于椅背。头靠在椅背，自然是为了稍事休息，但在工作场合不宜这么做。

二十、什么是职场人士优雅坐姿的具体做法流程"七部曲"？

第一步，左侧入；

第二步，稍站定；

第三步,侧身看;

第四步,入座(表情轻松);

第五步,坐姿得体;

第六步,谈话时变化坐姿;

第七步,平稳离座。

二十一、如何练习掌握优雅坐姿,提升形象?

端庄优雅的坐姿给人以职场精英训练有素、涵养良好的专业人士之感。通过练习,掌握方法,娴熟运用,使自己的坐姿更得体、更有礼(图3-13)。

(1)背对镜子,练习入座前的动作。入座时,走到座位前面再转身,转身后右脚向后退半步,然后轻稳地落座。动作要求轻盈舒缓,从容自如。

(2)面对镜子,练习入座前的动作。以站在座位的左侧为例,先左脚向前,迈出一步,右脚跟上并向右侧移步到座位前,左腿并右腿,接着右脚向后退半步,轻稳落座;入座后右腿并左腿成端坐状,上手虎口处交叉,右手在上,轻放在一侧的大腿上。

(3)练习入座后的端坐姿势。在正确坐姿的基础上,配合面部表情,练习坐姿的直立感、稳定性等综合表现(男、女各按要求练习)。

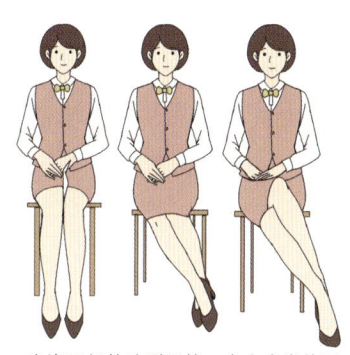

练习入座后的端坐姿势

坐姿腿部的造型训练:在上身姿势正确的基础上,练习腿部的造型,强调女性双膝不能分开,可以用一张小纸片夹在双膝间,做到起身时不掉下

图3-13

(4)坐姿腿部的造型训练。在上身姿势正确的基础上,练习腿部的造型,强调女性双膝不能分开,可以用一张小纸片夹在双膝间,做到起身时不掉下。男性练习两腿开合动作,女性练习平行步、丁字步、小叠步的动作。要求动作变换轻、快、稳,给人以端庄大方、舒适自然的感觉。

(5)离座动作训练。离座起立时,右腿先向后退半步,然后上体直立站起,收右腿,从左侧还原到入座前的位置。

二十二、如何才能走出协调而富有韵律感的优美姿态?

行走是人生活中的主要动作,在生活中有的人精心打扮、穿着入时,但如果行走姿态不美,也会逊色三分。而有的人尽管服装样式简单,优美的行走姿态却使之气度不凡。走姿是一种动态美的体现,也称步态,是指一个人在行走过程中的姿势,它以人的站姿为基础,始终处于运动中。对走姿的要求"行如风",即走起路来要像风一样轻盈,行走动作连贯,从容稳健。生活中正确地使用标准走姿,也是给人留下美好印象的关键之一。

抬头挺胸，上身直立，双肩端平，两臂与双腿成反向位自然交替甩动，手指自然弯曲，身体中心略微前倾。步幅、步速要以出行的目的、环境和身份等因素而定。而协调和韵律感是走姿的最基本要求。

女性在较正式的场合，行路轨迹应该是一条线，即行走时两脚内侧在一条直线上，两膝内侧相碰，收腰提臀，挺胸收腹，肩外展，头正颈直收下颌（图3-14）。

男性在较正式的场合中的行路轨迹应该是两条线，即行走时两脚的内侧应是在两条直线上。

二十三、为什么说走姿是一面"镜子"？

与站姿及坐姿一样，不同的走姿所反映的心理特征也不同的。一般走路时，步子大且有弹性，摆动手臂，显示一个人自信、快乐、友善及富有雄心；走路时，步子小或速度时快时慢，则相反；喜欢支配别人的人，走路时倾向于脚向后踢高；性格冲动的人，就像鸭子一样低头疾走；而拖着步子走路的人，通常不快乐或内心苦闷；女性走路时手臂摆得高，则显示出她精力充沛和内心快乐。

不雅的步态（走姿）会给人留下很不好的印象，如左右摇晃、弯腰驼背、左顾右盼、鞋底蹭地、八字脚、碎步等。

图3-14

二十四、何谓标准走姿（也称为步态）？

标准走姿：上身基本保持站立的标准姿势，挺胸收腹，腰背笔直，面带微笑，双臂以肩关节为轴，前后自然摆动，前摆约35°，后摆约30°，肘关节略弯曲，手掌朝向体内，手指自然弯曲，起步时身子稍向前倾，重心落于前脚掌，膝盖伸直，脚尖向正前方伸出。女性行走轨迹要呈一条线，而男性行走轨迹则呈两条平行线。此外，还要注意步幅、步高、步速。

二十五、什么是行走时的步幅、步高、步速，具体又有何要求？

步幅，指前脚中心与后脚中心之间的距离，性别、身高不同会有一定差异。男性穿西服时，走路的步幅可略大些，以体现出挺拔、优雅的风度；而女性着套裙、旗袍和中高跟鞋时，步幅宜小些，以免显得不雅。

步高，指行走时脚抬起的高度，一般不宜过高，就如走军姿的正步，但也不宜过低，显得拖沓，没有精神。

步速，指人们行走时的具体速度，男士一般为110步/分钟左右，女士一般为120步/分钟左右。根据具体情况，步速固然可以有所变化，如遇急事，可加快步速，但也不能奔跑。但如在某一特定的场合，一般应保持相对稳定和均匀，而不宜过快或过慢，或者忽快忽慢。

二十六、行姿最能展现气质，你知晓职场人士在工作场所如何行走才得体吗？

（1）方向明确。在行走时，须保持明确的行进方向，尽可能使自己在一条直线上行走。给人以稳重之感。具体的方法是：行走时应以脚尖正对着前方，形成一条虚拟的直线，每行进一步，脚跟都应当落在这一条直线上。

（2）步幅适度。商务人员在行进之时，最佳的步幅应为本人的一脚之长。男子每步约40厘米，女子每步约35厘米。与此同时，步子的大小还应当大体保持一致。

（3）速度均匀。行进时的具体步速固然可有所变化，但在某一特定的场合，一般应当使其保持相对稳定和均匀，而不宜使之过快或过慢，或者忽快忽慢。

（4）重心放准。在行进时，能否放准身体的重心极其重要。正确的做法应当是：起步之时，身体向前微倾，身体的重心要落在前脚掌上。在行进的整个过程之中，应注意使身体的重心随着脚步的移动不断地向前过渡，切勿让身体的重心停留在后脚上。

（5）身体协调。一般行进时，身体的各个部分之间必须完美配合，保持身体的协调，走动时要以脚跟首先着地，膝盖在脚部落地时应当伸直，腰部要成为重心移动的轴线，双臂要在身体两侧一前一后地自然摆动。

（6）造型优美。行进时，保持自己整体造型的优美是商务人员不容忽视的一大问题。行走时做到昂首挺胸，步伐轻松而矫健。最重要的是，行走时应面对前方，两眼平视，挺胸收腹，直起腰、背，伸直腿部，使自己的全身从正面看上去犹如一条直线。

行走中的姿态，男性应显出阳刚之美，在工作场合给人以充满自信及镇定自若的印象，而女性要显示出阴柔之美，步态轻盈的同时，注意体现稳健、自然、大方，还要体现出力度与弹性（图3-15）。

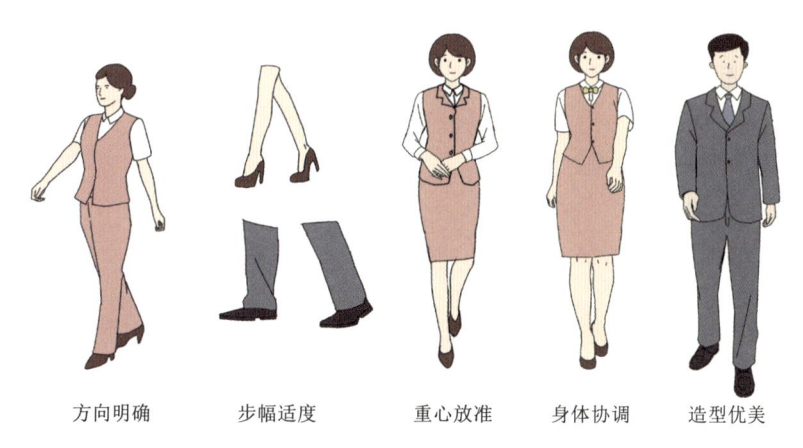

| 方向明确 | 步幅适度 | 重心放准 | 身体协调 | 造型优美 |

图 3-15

二十七、行走细节——变向行走姿态，你了解吗？

在行进之中，人们经常有必要变换自己的行进方向。所谓变向行走，指的就是在行进之中变换自己的方向。一般变向行走，主要指除常规前行之外的后退、侧行、前行转身和后退转身等。

（1）后退。扭头就走是失礼的行为，一般可采用先面向交往对象后退几步，方才转体离去的做法。通常面向他人后退两三步，后退时步幅宜小，脚宜轻擦地面。转体时，应先转身再转头，先转头或头与身同时转向，均为不妥。

（2）侧行。在行进时，一般有两种情况需侧身而行。一是与同行者交谈或引导来宾之时。正确做法是：上身宜转向交谈对象，距对方较远一侧的肩部朝前，距对方较近一侧的肩部朝后，双方的身体之间保持一定的距离。二是与他人狭路相逢时。此时宜两肩一前一后，胸部转向对方，而不应背向对方，以示礼貌。

（3）前行转身。即在向前行进之中转身而行，可分为两种。一是前行右转。在前行中向右转身，应以左脚掌为轴心，在右脚落地时，向右转体90°，同时迈出右脚。二是前行左转。与前行右转相反，在前行中向左转身，应以右脚掌为轴心，在左脚落地时，向左转体90°，同时迈出左脚。

（4）后退转身。即在后退之中转身而行，可分为三种。一是后退右转。先退行几步后，以左脚掌为轴心，向右转体90°，同时向右迈出右脚。二是后退左转。先后退几步后，以右脚掌为轴心，向左转体90°，同时向左迈出左脚。三是后退后转。先退行几步，以左脚为轴心，向右转体180°，然后迈出右脚；或是以右脚为轴心，向左转体180°，然后迈出左脚。

二十八、一些特定场合的走姿，你了解吗？

参加喜庆活动，步态应轻盈、欢快、有跳跃感，以反映喜悦的心情。
参观吊丧活动，步态要缓慢、沉重、有忧伤感，以反映悲哀的情绪。
参观展览、探望病人，展馆和病房通常环境安静，故脚步应轻柔。
进入办公场所、登门拜访，在室内这种特殊场所，脚步应轻而稳。
走入会场、走向话筒、迎向宾客，步伐要稳健、大方、充满热情。
举行婚礼、迎接外宾等重大正式场合，步伐要稳健，节奏稍缓。
办事联络、往来于各部门之间，步伐要快捷而稳重，以体现办事者的效率、干练。
陪同来宾参观，要照顾来宾行走的速度，并善于引路。

二十九、什么是职场人有效矫正不良走姿的简易训练法？

（1）稳定性练习。在保持正确站姿的基础上，两臂侧平举，两手各持一碗水或头顶一本书，先慢后快进行行走的稳定性训练，并及时矫正不良的走姿。

（2）动作表情的协调性练习。加强和巩固练习者上下肢动作的协调配合，同时结合面部表情进行练习。

（3）各种变化走姿的练习。根据动作规范要求进行前行步、后退步、侧行步、前行左右转身步、后退左右转身步的动作练习。以上走姿练习过程中，不论是朝哪个方向行走，都应注意形体的变化，做到先转身、后转头，再配合相应的体态语及礼貌用语，以达到整体动作的完美。

（4）注意矫正不良走姿。走路最忌内八字步和外八字步，其次忌弯腰驼背，歪肩晃膀。走路时，不可大甩手，扭腰摆臀，大摇大摆，左顾右盼；双腿不要过于弯曲或走曲线；步子不宜过大或过小；脚蹭地面、双手插裤兜或后脚跟拖着地走都应避免。职场男性应注意既不可像小脚女人走路那样，一步一挪，也不要像闲人一般迈着八字步，否则就会给人以萎靡不振的感觉。不正确的走姿，将影响一个人的形象，应及时注意矫正。

三十、优美的蹲姿犹如一道风景，你了解吗？

正确蹲姿的基本要求：当需下蹲取物时，上体尽量保持正直，两腿合力支撑身体，靠紧向下蹲。女士无论采取哪种蹲姿，都应将双腿靠紧，臀部向下。举止自然、得体、大方、不造作，体现蹲姿的优美。

捡拾地上东西或低处取物品是人们日常生活中常遇到的。如果姿势不雅，不仅仅是美丑的问题，有时不小心会"闪到腰"，严重者甚至造成腰椎间盘突出症。有的人低头捡物品时，弯腰弓背，低头撅臀，或者双膝分开。尤其是穿裙子的女性，蹲下的时候膝盖分开，在国外被视为"卫生间姿势"，一不小心还会春光乍泄，这种姿势既不雅观，更不礼貌，是很不合适的。恰当的蹲姿，会给人留下美好的印象。蹲姿在日常生活、工作中的很多地方都将用到，如蹲下捡取物品或者系鞋带时要注意自己的姿态，尽量迅速、美观、大方，保持大方、端庄的蹲姿。

也有一些欧美国家的人认为"蹲"这个动作是不雅观的，因此一般只有在非常必要时才蹲下来做某件事情。

三十一、常用的蹲姿有哪些？

一般工作和生活中常用的蹲姿有高低式和交叉式两种（图3-16），男士多采用高低式蹲姿。

（1）高低式蹲姿，男女均可采用，且使用范围较广，一般场合都适用。

方法：自然站定，下蹲时右脚在前，左脚稍后（不重叠），两腿靠紧向下蹲。右脚全脚着地，小腿基本垂直于地面，左脚脚跟提起，脚掌着地。左膝低于右膝，左膝内侧靠于右小腿内侧，形成右膝高、左膝低的姿势，

图3-16

臀部向下，基本上以右腿支撑身体。男性选用这种蹲姿时，两腿之间可有适当距离。

（2）交叉式蹲姿，此蹲姿一般只限女性采用，且大多用于拍照等需下蹲时。相对采用者的身体协调和柔韧性要求较高。

方法：下蹲时右脚在前，左脚在后，右小腿垂直于地面，全脚着地。左腿在后与右腿交叉重叠，左膝由后面伸向右侧，左脚跟抬起，脚掌着地。两腿前后靠紧，合力支撑身体。臀部向下，上身稍前倾。

无论哪种蹲姿，作为女性着裙装时都应格外小心，以免走光。

三十二、下蹲时怎样的姿势才是优雅的？

无论哪种蹲姿，下蹲时都应注意不要有弯腰、臀部向后撅起的动作；不要两腿叉开平行下蹲；下蹲时不能露出内裤。当要拾起落在地上的东西或拿取低处物品的时候，应先走到要捡或拿的东西旁边，再使用正确的蹲姿，将东西拿起（图 3-17）。

（1）站在所取物品的旁边，屈膝蹲下去拿，而不要低头，也不要弓背，要慢慢地把腰部放低，两腿合力支撑身体，掌握好身体的重心，臀部向下。

（2）一脚在前，一脚在后，两腿向下蹲，前脚全着地，小腿基本垂直于地面，后脚跟提起，脚掌着地，臀部向下。男士两腿间可留有适当的缝隙，女士则要两腿并紧，穿旗袍或短裙时需更加留意，以免尴尬。

图 3-17

（3）若用右手捡东西，可先走到东西的左边，右脚向后退半步后再蹲下来。脊背保持挺直，臀部一定要蹲下来，避免弯腰翘臀的姿势。特别是穿裙子的女士，如不注意背后的上衣自然上提，露出臀部皮肉和内衣很不雅观。即使穿着长裤，两腿展开平衡下蹲，撅起臀部的姿态也不美观。

三十三、为什么说"手势是体态语言"的传递者和表达者？

手是人体上最富灵性的器官。如果说眼睛是心灵的窗户，那么手就是心灵的触角，是人的第二双眼睛，其变现力异常丰富。

手势是指表示某种意思时用手所做的动作，也是人们工作和日常交往时不可缺少的动作，是一种表现力较强的"体态语言"，在传递信息、表达意图和情感方面发挥着重要作用。恰当地运用手势可以增强表情达意的效果，并给人以感染力，加深印象。手势在日常工作中的作用也不可忽视。

无论是在日常生活还是开展商务公务活动，得体适度的手势，可增强感情的表达，起到锦上添花的作用。而尤其是作为职场人士，手势的运用要给人一种庄重含蓄、彬彬有礼、优雅自如的感觉。

三十四、如何才能拥有手势美？

手势美是一种动态美，了解手势动作的规范标准和基本要求是基础，掌握正确使用手势的具体要求的同时再加以练习，才能得体、娴熟地使用（图3-18）。

（1）手势动作的规范标准：五指伸直并拢，掌心斜向上方，腕关节伸直，手与前臂形成直线，以肘关节为轴，弯曲140°左右为宜，手掌与地面基本形成45°角。

（2）手势动作的基本要求：自然优雅，规范适度，适度是指手势不宜过多，幅度不宜过大。

图3-18

三十五、为什么说只有准确、规范、适度地使用手势才是正确的？

（1）手势的使用必须准确。不同的手势，表达不同的意思。现实生活中，还应使手势与语言表达的意思一致。如，鼓掌也是一种手势，在欢迎客人到来、他人发言结束或观看体育比赛、文艺演出时，应用右手手掌拍左手掌心，但不要过分用力或时间过长，使用不当则有起哄、捣乱之感，让人尴尬。只有注意手势运用的准确，才能避免因使用不当而引发交际双方沟通障碍甚至误解。

（2）手势的使用须规范。每一个手势在一定的社会背景下都有其约定俗成的动作和要求，不能只凭自己的意向乱加使用，以免产生误解而引起麻烦。如介绍某人或为宾客引路指示方向时，应掌心向上，四指并拢，大拇指张开，以肘关节为轴，前臂自然上抬伸直。指示方向时，上体稍向前倾，面带微笑，自己的眼睛看着目标方向，并兼顾宾客是否意会到目标。切忌用手指来指点，因为这样含有教训人的味道，是不礼貌的行为。又如在谈到自己时，可用右手掌轻按自己的左胸，显得端庄、大方、可信；为他人"介绍"的手势、"递名片"的手势、"请"的手势等也是如此。

（3）手势的使用要适度。一般与人交谈时，可随谈话内容有一定的手势动作，有助于双方的沟通，但幅度不宜过大，一般手势高不过耳际，低不及腰部，横向宽度男士不超过80厘米，女士不大于60厘米，更不要手舞足蹈，以免适得其反，显得粗俗缺乏修养。同时，手势的使用应有节制不宜过多，并非多多益善，使用太过、滥用手势，都会让人反感。尤其是切忌手势与语言、面部表情以及身体其他部位的动作不协调，给人装腔作势的感觉就更不好。

手势的运用只有准确、规范、适度，才能给人一种优雅大方、彬彬有礼的感觉，才能真正体现出尊重和礼貌。

三十六、眼神与目光如何运用才是正确的？

俗话说，眼睛是心灵的窗户，要学会用眼睛说话。人的视线活动概括了 70% 的态势语言表达领域。（目光）眼神是最富有表现力的体态语，不仅在态势语言中处于首要地位，在社交活动中也具有非常重要的作用。

三十七、什么是目光注视的"PAC 定律"？

PAC 是家长、成人、孩子三个英文单词的首字母，用三个名词代表三种目光注视的视线角度，也即注视的方法，分别代表着不同的心态。

P—PARENT，指用家长式的、教训人的目光与人交流，视线是从上到下，打量对方，试图找出差错（俯视）。

A—ADULT，指用成人的眼光与人交流，互相之间的关系是平等的，视线从上到下。

C—CHILDEN，一般是小孩的眼光，目光向上，表示请求或撒娇（仰视）。

三十八、什么是目光注视的"三角定律"？

这是指人们目光注视的区域，应根据不同的相互关系、问题的重要程度等而有所区别（图 3-19）。

距离远、关系一般：对方前额到肩膀的大三角区域。

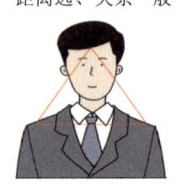

距离较近、关系较熟：对方前额到下巴的三角区域。

距离很近、关系亲昵：对方前额到鼻子的三角区域。

图 3-19

三十九、目光注视的时间控制怎样才是有礼貌的表现？

一般人沟通交流中，人与人之间每次目光接触的时间不超过三秒钟；交流过程中用 60%～70% 的时间与对方进行目光交流；而少于 60%，则说明你对对方的话题、谈话内容不感兴趣；多与 70%，则表示你对对方本人的兴趣要多于他所说的话。

四十、如何利用笑容消除彼此的陌生感？

微笑，使人感到亲切，可打破交际的障碍，为沟通与交往创造更好的有利氛围。在日常交往中，合乎礼仪的笑容大致可以分为以下几种。

含笑：不出声，不露齿，只是面带笑意，表示接受对方，待人友善，适用范围较为广泛；

微笑：唇部向上移动，略呈弧形，但牙齿不外露，表示自信、诚实、友好，适用范围最广；

轻笑：嘴巴微微张开一些，上齿显露在外，不发出声响，表示欣喜、愉快，多用于会见客户、向熟人打招呼等情况；

浅笑：笑时抿嘴，下唇大多被含于牙齿之中，多见于年轻女性表示害羞之时，通常又称为抿嘴而笑；

大笑：表现太过张扬，一般不宜在职场中使用。

四十一、微笑的练习方法和要领有哪些？

日常进行微笑的练习，可通过自我对镜和两人对视练习等方法进行。同时平时经常发"一""七""茄子""威士忌"练习嘴角肌的运动，使嘴角露出微笑，注意动作要领，如对视练习，也可与相互点评相结合，提高对微笑的理解和运用（图3-20）。

图 3-20

第二部分　人际篇

第四章　社交会面

不同场合的见面是交往的开始，而见面礼仪会给对方留下深刻的第一印象，对交往的顺利进行起着决定性的作用。举止谈吐在交往之初，往往会使对方形成较为固定的心理定式（第一印象也即首因效应），对以后的交往产生积极或消极的影响。

一、职场称呼有哪几类？

无论在工作还是生活中，与人见面时，致意打个招呼是很有必要的，否则就显得很没礼貌，有时还会有点尴尬。如何称呼他人大有讲究，蕴藏着很多信息。称呼是人们在日常交往应酬中，彼此之间所采用的称谓语。在人际交往中，选择正确、适当的称呼，不仅反映了自身的教养，也体现着双方关系的亲疏程度和社会风尚（图4-1）。根据场合的不同一般可分为职场中的称呼、社交中的称呼和生活中的称呼三大类。而职场称呼又可分为职务性称呼、职称性称呼、学衔性称呼和行业性称呼四类，见图4-2和表4-1。

图 4-1　　　　　　图 4-2

表4-1　职场称呼一览表

序号	类别	含义及具体情况	具体适用
1	职务性称呼	这是一种最常见的称呼，具体可分为三种情况	仅称职务，如："总经理"
			姓氏+职务，如："张总经理"
			姓名+职务，此类适用于极正式的场合。如："张明远总经理"

续表

序号	类别	含义及具体情况	具体适用
2	职称性称呼	这是一种对具有技术职称人士在工作中可用的称呼，具体可分为三种情况	仅称职称，如："教授"
			姓氏＋职称，如："方教授"
			姓名＋职称，适用于极正式的场合，如："方玲教授"
3	学衔性称呼	这是一种以学术头衔作为称呼，具体可分为四种情况	仅称学衔，如："博士"
			姓氏＋学衔，如："张博士"
			姓名＋学衔，如："张铭刚博士"
			将学衔具体化进行称呼，如："法学博士张铭刚"
4	行业性称呼	这是对从事某些特定行业人士的称呼	直接以被称呼方的行业或职业作为称呼 如："医生""老师""律师"等
			在其行业或职业前加上姓氏或姓名，如："欧阳医生""欧阳丽医生""张老师""张峰老师"等

二、社交中如何称呼他人才是礼貌的？

人们在开展社会交往活动场合，根据身份、地位、年龄、性别等的不同称呼也是有明显区别的，必须了解和使用规范的称呼，才符合见面礼节，体现对被称呼者的尊重。社交中的称呼一般分为以下几种情况（图4-3）：

（1）一般性称呼，使用比较普遍。如是称呼女性，无论婚否，均可统称为"女士"，也可在"女士"前冠以她自己的姓名；但是要注意，在称呼"小姐"时应加上姓氏；当不清楚女性的婚姻情况时，一般称"女士"或"小姐"，如"方女士""张小姐"等。

图4-3

称呼成年男性，最普遍使用的称呼是"先生"，有时也冠以姓名或职称、衔称等，如"孙先生""警察先生"等。

（2）姓名性称呼。适用于年龄、职务相仿的同事、好友、熟人之间。如称呼"王刚""张芳菲"等。

（3）特殊性称呼。主要指在一些涉外社交和特殊环境中，应遵循交往对象的国情、身份标识的称呼。如"牧师""威尔士公爵"等。

（4）敬称与谦称。对德高望重的年长者称呼时，可用姓氏＋"公"或"老"，如"汪公""张老"等。称呼自己，一般用谦词。

三、日常生活中的两种主要称呼你知晓吗？

（1）亲属性称呼。日常生活中，对亲属的称呼已约定俗成，人所共知。对辈分或年龄高于自己的应使用尊称，而低于自己的亲属可直呼其名，或使用其爱称。

（2）亲近性称呼。对于邻居、熟人，可采用类似于亲属性称呼，使人感到亲切。如"张叔""李婶"等（图4-4）。

图 4-4

四、称呼他人时必须知晓的忌讳有哪些？

（1）没有称呼。不使用称呼，或直接呼"喂""哎"，这是极不礼貌的行为。

（2）误读姓名。一般表现为念错被称呼者的姓或名，常会令人尴尬。

（3）使用不规范的称呼。是指在正式的社交场合和有一定层次交往中使用随意性、习惯性的称呼。

称呼他人时，还应避免错误称呼、过失性错误称呼、不通行的称呼、不当的行业称呼、使用庸俗低级的称呼以及称呼绰号等（图4-5）。

图 4-5

五、当你想认识他人时应该怎么做？

介绍是人与人之间相识的一种手段，也是一个沟通的过程，介绍最显著和重要的作用就是能够缩短人与人之间的距离。正确的介绍可以使人相识，也可以通过介绍宣传和展示自我，显示良好的交际风度（图4-6）。

在交往中，相互介绍是在人们接触的最初几分钟进行的，决定着在他人眼里自己的交际形象。也

图 4-6

即心理学中的"首因效应"。介绍的方式可分为自我介绍和为他人介绍。

自我介绍是人际交往中常用的一种介绍方式，通常在需要让他人了解、认识自己或欲结识某些人或某个人，而又无人引见时可使用的一种见面礼节。自我介绍应把握时机、控制时间、讲究态度、善用体态且内容真实，适时得体地将自己介绍给对方。

六、礼貌得体的自我介绍应是怎样的？

自我介绍一览表如表 4-2 所示。

表 4-2　自我介绍一览表

类型	适用场合	介绍的主要内容
应酬式	某些公共场合、一般社交场合	姓名
工作式	工作场合	姓名、单位及部门、职务或从事的具体工作
交流式	社交活动	姓名、工作、籍贯、学历、兴趣、与交往对方的某些熟人的关系
礼仪式	讲座、报告、演出、庆典、仪式	姓名、单位、职务加入适当的谦词、敬语
问答式	应试、应聘、公务交往	有问必答：求职、应聘时，应详细介绍：姓名、籍贯、年龄、毕业学校及专业、工作经历、特长爱好等
自我介绍时，可同时递上名片。有时，自我介绍还可以通过直接使用介绍信和名片进行		

七、为他人介绍时，"尊者有优先知情权"如何体现？

顾名思义，为他人介绍是通过第三方为彼此不相识的双方引见、介绍的一种介绍方式。在为他人介绍时，注意介绍的时机很重要，应适时，避免误会；而被他人介绍时应表现出热情，正面面对，一般应起立（会谈或宴会等不必起身，只微微欠身致意即可）。

为他人介绍的顺序是见面礼节的关键所在，遵循"尊者有优先知情权"的原则，尊者应居后介绍，一般介绍的顺序如下：

· 先将职位低者介绍给职位高者。
· 先将男士介绍给女士。
· 先将年轻者介绍给年长者。
· 先将主人介绍给客人。
· 先将未婚者介绍给已婚者。
· 先将家庭成员介绍给对方。
· 先将同事介绍给客户。

八、什么是集体介绍，怎样做才符合规范？

集体介绍时是他人介绍的一种特殊形式，被介绍者其中一方或双方不止一人，甚至多人。原则上应参照他人介绍的顺序进行。

但也有以下特殊之处：

·被介绍双方地位、身份大致相似时：先介绍人数较少的一方或个人。

·被介绍双方地位、身份之间存在明显差异：先介绍位卑者，后介绍位尊者。

·被介绍双方均人数较多时：先介绍位卑的一方，后介绍位尊的一方；先介绍主方，后介绍客方；介绍各方人员时，应由尊到卑，依次介绍。

·被介绍者多方时：应确定各方的尊卑，由尊而卑，按顺序介绍各方；介绍各方成员时，也应按位次尊卑顺序依次进行介绍。

九、为什么说"小名片，大学问"？

名片，在人际交往中起着重要的桥梁作用。名片记载着个人和组织的重要信息，是一个人身份的外显。具有自我介绍、业务推广、信息储存、简短留言等多种功能，是一种书面自我介绍，也是口头介绍的延续和补充，在职场各类活动开展过程中使用频率很高。

小小名片的使用、一递一接之间，都有礼仪规范，名片虽小，可其中的学问却大着，也是自己个人社交形象的展示窗口。

名片可又分为应酬名片、社交名片、公务名片和单位名片。

十、如何把握递名片的时机？

在职场，无论是社交还是商务活动，把握时机，适时递上自己的名片既尊重他人又可避免尴尬和误会，使见面更愉快、交流更顺畅。

递送名片的时机一般有以下几种：

（1）初次登门拜访时。

（2）自我介绍或被介绍给对方时。

（3）对方提议交换名片时。

（4）对方向自己索要名片时。

（5）想获得对方的名片时。

（6）通知对方自己的变更情况时。

十一、递送名片时怎样的顺序才是符合礼仪规范的？

在工作和社交中名片的递送讲究顺序，体现着对他人的尊重，一般应由：

·地位低的人先向地位高者递送名片；

·年轻人先向长辈递送名片；

·男士先向女士递送名片；

·客人先向主人递送名片。

若同时与多人交换名片，递送的次序应由尊到卑或由近到远递送，依次进行。

十二、递送名片的礼仪有哪些？

递送名片时：

（1）事先将名片准备好。

（2）呈递名片给他人时，为表达对对方的尊敬，一般应双手递上名片。

（3）国际场合单手递名片时，应用右手。

（4）递送名片时正确的操作方法是：用双手或右手的大拇指和食指轻轻捏住名片上端，文字正面正对对方，面带微笑，并用诚挚的语调说道："这是我的名片，请多关照"（图4-7）。

图 4-7

十三、接收名片时怎样做才是得体的？

（1）当他人递送名片或交换名片时，应起身站立，面带微笑，目视对方。

（2）接受名片时，宜双手捧接，或以右手接过。

（3）接过名片后，应说声"谢谢"，并认真仔细地看一遍，阅读内容，以示对名片赠送者的尊重（图4-8）。

（4）看完名片后要郑重地将其放入名片夹，放进上衣口袋或手提包里，不宜放入腰部以下的口袋，男士放置西服内侧的口袋就是个不错的选择。

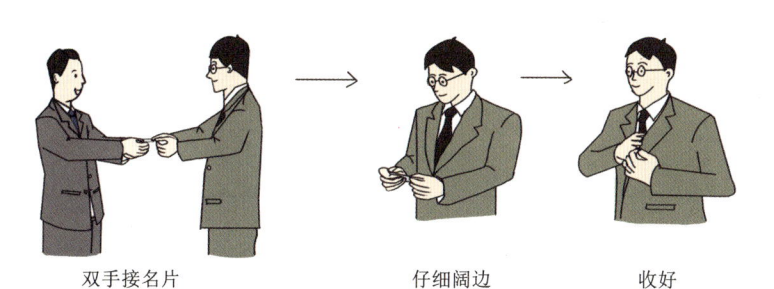

双手接名片　　仔细阅边　　收好

图 4-8

十四、递送名片的禁忌与注意事项有哪些？

在名片使用过程中，递送名片的禁忌主要有以下几点（图4-9）：

（1）忌没准备好。包括名片的张数要够，以免递

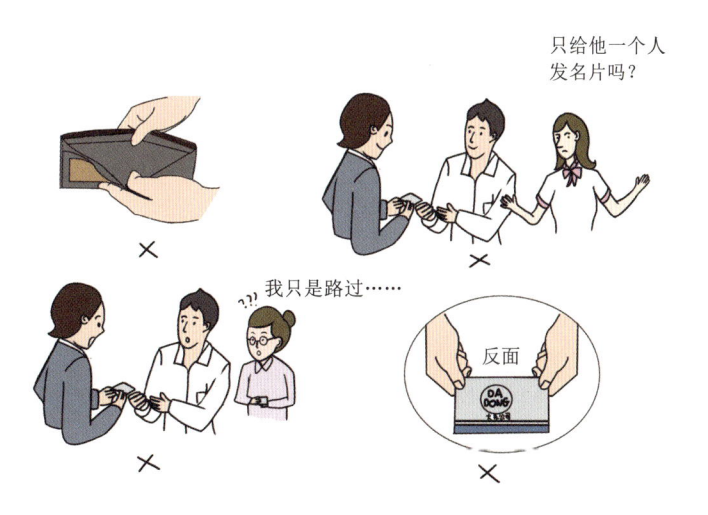

图 4-9

送时出现尴尬。

（2）忌厚此薄彼。注意名片递送的顺序。

（3）忌滥发名片。名片象征着自己的身份。

（4）忌背面朝着对方递送。这是不礼貌的行为。

（5）忌同一个人重复递送名片。更改了名片内容时除外。

在日常交往中，名片虽小，却是人脉管理中的重要资源。因此应注意：既要使用好自己的名片，让自己的名片受到重视；也要管理好朋友、客户的名片，让你的人脉得以积累和扩展，从而使自己的事业更加亨通兴旺。

十五、握手礼的来历与含义你知道吗？

握手起源于西方半野蛮、半文明时期，为了表示自己的诚意和友好的一种伸出手掌让对方摸手心的动作演变而来的，现已成为见面、告辞时使用的礼节。握手礼不仅如此，而且还作为一种祝贺、感谢、致歉或相互鼓励的表示。不同场合可表达致意、亲近、友好、寒暄、道别、祝贺、感谢、慰问之意。

十六、如何行握手礼才正确？

一般在自我介绍或经他人介绍之后，互致问候的同时，双方各自伸出右手，彼此之间保持一步左右的距离，手掌略向前下方伸直，拇指与手掌分开并前指，其余四指自然并拢并微向内曲，握手时两人伸出的掌心都不约而同地向着左方，然后用手掌和五指与对方相握。伸手的动作要稳重、大方，态度要亲切、自然。右手与人相握时，左手应当空着，并贴着大腿外侧自然下垂，以示用心专一（图4-10）。

注意一般要站着握手，除老弱残疾者外，不能坐着握手。握手时间的长短可因人因地因情而异，太长使人局促不安，太短又不够热情。

初次见面时，握手时间以3秒左右为宜。

十七、握手的顺序是怎样的？

（1）在长辈与晚辈见面握手时，应是长辈先伸手，晚辈先问候。

（2）在上级与下级见面握手时，待上级伸手后，下级才能伸手相握。

（3）在平辈的朋友见面握手时，相见时先出手为敬。

（4）男士与女士见面握手时，女方伸手后，男方才能伸手相握，如女方无握手之意，男方可点头或鞠躬致意；倘若男方已是祖辈年龄，则男方先伸手也是适宜。

（5）接待外宾见面握手时，无论对方是男是女，主人都应先伸手以示欢迎。

（6）社交和商务场合见面握手时，当别人不按先后顺序的惯例而已经伸出手时，应毫不迟疑地立即回握，拒绝他人的握手是不礼貌的。

（7）当同许多人握手时，应当先同性后异性，先长辈后晚辈，先职位高者后职位低者，先已婚者后未婚者。

（8）在多人相聚的场合，不宜只与某一人长时间握手，以免引起他人误会。

十八、什么叫致意？见面时的致意礼有哪几种？

通常用于相识的人之间在各种场合招呼示意，以表问候的礼节，称为致意礼。

常用的致意方式有以下几种（图 4-11）：

（1）起立致意。常用于重要来宾到场或离场时的致敬。学生在老师授课前后，下级、晚辈在上级、长辈进出时，服务工作人员在宾客进门或离开时，应起立致敬。

（2）举手致意。适用于距离较远时致敬。不出声，抬右臂，掌心向对方，四指并拢，轻轻向左右摆动一两下即可。

（3）点头致意。适用于不宜交谈场合的致敬。头微微向下一动，幅度不必太大。

（4）微笑致意。适用于不便交谈时的致敬。目视对方，微微一笑，表达尊重、友善与问候。

（5）欠身致意。适用于不便起立时致敬。上体微向前一躬，以示恭敬。

（6）脱帽致意。适用于见面时戴有檐帽，应一只手脱下帽子，拿到约与肩平行的位置或胸前，微笑问好。若迎面而过，可轻掀帽子。若戴的是无檐帽，则不必脱。

致意的方式，往往同时使用两种，如点头与微笑并用，起立与微笑并用。遇到对方向自己致意，应以同样的方式向对方致意，以充分显示对对方的尊重。

图 4-11

十九、欠身致意与鞠躬礼的要求你了解吗？

鞠躬适用于商务、社交等场合，使用较为广泛，是表示对他人恭敬的一种东方礼节，一般由地位、职务、年龄较低的或提供服务的一方先行礼（图4-12）。

行鞠躬礼时的基本要求：

（1）鞠躬时须脱帽。

（2）双腿立正，保持身体端正，目光注视受礼者，距受礼者约二到三步。

（3）以臀部为轴心，将上身挺直地向前倾斜，目光随着身体的倾斜向下，以示谦恭。

（4）双手放在身体两侧或在体前相握。

图4-12

（5）应面带微笑，同时问候"您好""欢迎光临"等，并与动作协调。

（6）鞠躬完结，恢复站姿，目光再回到对方脸上。

二十、鞠躬的种类有哪些？

鞠躬礼可分为90°、30°～45°、15°等鞠躬礼（图4-13）。

（1）90°鞠躬礼，一般用于感谢、谢恩或悔过、谢罪，以及三鞠躬等特殊情况，属最高礼节。

（2）30°～45°鞠躬礼，通常是下级向上级，学生向老师，晚辈向长辈，服务人员向来宾，表示致意。

（3）15°鞠躬礼，用于一般的应酬，如问候、介绍、握手、递物、让座、让路等。

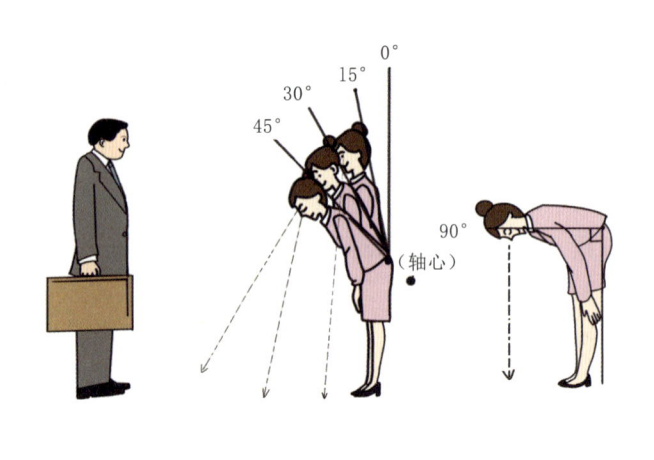

图4-13

二十一、如何行亲吻礼？

亲吻礼是一种西方国家常用的会面礼。有时，它会与拥抱同时采用，即双方会面时既拥抱又亲吻。在行礼时，双方关系不同，亲吻的部位也会有所不同。长辈吻晚辈，应当吻额头；晚辈吻长辈，应当吻下颌或吻面颊；同辈之间，同性应该贴面颊，异性应当吻面颊。接吻仅限于夫妻与恋人之间。注意：行亲吻礼时，非常忌讳发出亲吻的声音。如果将唾液弄到对方脸上，是非常尴尬的事情。

二十二、正确的吻手礼是怎样的？

吻手礼主要流行于欧美国家。行礼地点一般宜在室内进行；吻手礼的受礼者只能是女士，而且应是已婚女士，行礼者则是男士。应注意的是，手腕及其以上部位是行礼时的禁区。

正确的吻手礼是：男士行至已婚女士面前，首先垂首立正致意，然后以右手或双手捧起女士的右手，俯首用自己微闭的嘴唇，去象征性地轻吻一下其指背或手背（图4-14）。

图 4-14

二十三、拱手礼与作揖礼有区别吗？

拱手礼和作揖礼多数观点认为是一样的，没有区别，但部分资料也提到在使用场合和动作上还是有细微区别的，但都起源于周代以前，约有3000年以上的历史。

揖礼，根据对象的地位、年纪、身份又分为土揖、时揖、天揖、特揖等，动作大多相似。

揖礼行礼手态：左右手食指、中指、无名指、尾指四指并拢，左掌抚托右掌背交叉或平叠，掌心朝内，左右拇指相扣，两手合抱，拱手为礼。此礼节文官武将或君臣均可使用，多用于文官。在现代，右手握拳，左手在外，身体立正，双臂如抱鼓伸出，双手在胸前握或重叠，自上而下，或由内而外，有节奏地摇晃（图4-15）。

图 4-15

拱手与作揖的区别：

（1）拱手与作揖都是见面待人之礼，将自己的双手握住，向来宾不断摇晃。将两手掌互抱，称为拱手礼；将两手掌平合，则是作揖礼。

（2）拱手用于迎送宾客，是一般性礼节；作揖，用于敬神，尊长，是更诚厚之礼仪。

（3）拱手一般为庶民多用的万能性生活礼节；而作揖礼是士以及贵族相见常用的隆重性的礼节。

（4）男、女行揖礼的动作也有所不同，女子行揖礼时为右手在前左手在后。

二十四、什么是跪拜礼？

跪拜礼是古代的一种交际礼仪。也是旧时使用年代最长、最频繁的一种礼节。拜，在古代就是行敬礼的意思。跪拜礼分稽首、顿首、空首，称为"正拜"。行稽首礼时，拜者必须屈膝跪地，左手按右手，支撑在地上，然后，缓缓叩首到地，稽留多时，手在膝前，头在手后，这是"九拜"中最重的礼节。按照周代礼仪的规定，当时对跪拜的动作和对象有严格的规范，一般用于臣子拜见君王和祭祀先祖的礼仪。

"顿首"也叫叩首，俗话"磕头"，是九拜之一。行顿首之礼时，先下跪，再拱手下至于地，头碰地即起，因其头接触地面时间短暂，故称顿首。顿首是平辈之间的拜礼。通常用于下对上及平辈间的敬礼。如官僚间的拜迎、拜送，民间的拜贺、拜望、拜别等。也常用于书信的开头或末尾，如"顿首再拜"等。稽首是称扬之辞，顿首是请罪之辞，是主要用于丧葬场合的跪拜礼。

空首礼，应是尊长者对卑幼者先行的稽首礼或顿首礼后而作出的回拜礼。行空首礼，跪拜时，头不叩地，仅向对方拱手，同时头俯至手。这种跪拜礼，是君答臣、上答下的礼仪。

二十五、什么是宋代常见的叉手礼？

叉手礼，也是古代见面时的一种礼节。叉手礼是由西域波斯单手抚胸礼演变而来。后因我们中华都是双手行礼，所以就把单手抚胸礼改为了双手的叉手礼。相见时两手在胸前相交，也是宋代相见时示敬致意的一种流行仪礼。

叉手礼的具体做法是左手抱着右手大拇指，然后大拇指朝上，小拇指伸出，其余三指环抱。右手的四根手指都是伸直的，直到宋代叉手礼还很常见，到了明代才逐渐慢慢消失。在古代叉手礼使用的时候还应分清场合和身份，以免闹笑话。

二十六、古人是如何行抱拳礼的？

抱拳礼，来源于古代的军礼，古代行军礼时，右手可能还拿着兵器，所以是右手握紧，左手盖于右手背上，两手环抱，从胸前向外推出。除了军人之外，很多江湖人士也喜欢用这种礼节，看起来更加潇洒不羁（图4-16）。

图4-16

二十七、万福礼是怎么来的？

"万福"二字，出自《诗经》，最早是表示祝福的吉祥语。基于"万福"的意思，所以后来"万福"发展为祝颂的话。

到唐代时，武则天称帝，重新制定了一套女子拜礼，用于提高女子地位。以前，女人要跪拜，但武则天规定，女子"正身下立，两手当胸前，微俯首，微动手，微屈膝"即可，不须跪拜。在当时叫"女人拜"。唐代"万福"已经逐渐成为女人行礼用语，女人在行"女人拜"之礼时，也会口称"万福"。"女人拜"之礼和口称"万福"的结合，就是"万福礼"。

二十八、什么是标准的"万福礼"行礼动作？"万福礼"是女子的专属礼节吗？

最初的万福礼，女子双手放在胸前正中间，双手是握拳的动作，且右拳在左拳上，上下稍微动动即可。然后再微微低头，稍微弯曲一下膝盖即可。这就是完整的一套万福礼的动作，做动作的时候，口说"万福"，便是万福礼了（图4-17）。

87版的《红楼梦》中，林黛玉初见贾宝玉时，贾宝玉行的是揖礼，林黛玉行的就是"万福礼"。她双手抱拳，放在胸腹部中间，右手在上，左手在下，双腿微屈，头微微低下，这是标准的万福礼。

唐宋时期，万福礼与叉手礼，二者可结合使用。而到了宋元明清，万福礼其实也有"大小轻重"之分。

一般人常认为万福礼的出现是女子的礼仪专用语。其实并不完全是这样的，唐宋元时期，男人同样可以用万福。直到元朝以后，"万福"才算是被女性所"垄断"。

图4-17

二十九、满、汉女子的"万福礼"一样吗？男士能行"万福礼"吗？

前面讲的是汉族女子的万福礼，到了清代中后期，由于被汉化，满族女子也开始行万福礼。不过，她们的万福礼和汉族不一样。满族女子在行万福礼时，左腿在前，右腿在后，并拢手指，双手手指相握，置于身体左侧，同时下蹲，幅度不要太大。从这里可以看出来，无论是腿、手的动作、位置还是屈膝幅度，满族的万福礼都和汉族女子不同。这种万福礼，其实是和她们蹲礼的结合。在清宫剧《步步惊心》和《甄嬛传》中，能看到这种万福礼的行礼动作。

第五章　网联通信

当今社会是一个信息化的社会，信息就是资源、信息就是财富，信息也如生命。随着经济社会的发展，各种现代化通信手段和工具层出不穷，也为人们获得、传递和充分利用信息提供了更多的选择和便捷。通信是指人们利用一定的电信设备来进行信息的传递。被传递的信息可以是文字符号，也可以是表格图像等。在日常生活当中，目前使用较为普遍的通信手段主要有电话、电子邮件以及微信等。通信礼仪则是指在利用上述各种通信手段、工具时所应遵循的礼仪规范。

科学技术的进步，智能手机的功能越来越丰富多样，俨然已成为人们沟通联系的主要工具，因此，我们更应注重遵循通信中的通话礼仪及网络邮件、微信等的使用礼仪规范，尊重他人，避免不必要的误会产生。电话、手机、网络的沟通虽然不是面对面的，但却真实体现着沟通的形象。

一、什么是"电话形象"？

所有的电子通信手段中，电话出现最早，也使用较为广泛。与日常的会话及书信联络等相比，电话具有及时、经常、便捷、双向等突出的特点（图5-1）。

电话不仅是一种传递信息、获得信息、保持联络的工具，也是人们所在单位和个人形象的一个载体，在接打电话过程中会给他人留下深刻的印象，也即"电话形象"，其真实地体现了个人的素质、待人接物的态度，体现着通话者所在单位的整体职业水准。故应特别重视和注意自己的电话形象。

图 5-1

二、拨打电话前应考虑哪些问题？

使用电话通信，可分为主动拨打电话与被动接听电话。就电话礼仪而言，拨打电话与接听电话各有礼仪规范（图 5-2）。

拨打电话前，首先应该考虑以下三个问题：

第一，这个电话该不该打？在打电话之前，首先确定是否有必要一定要使用电话，内容毫无意义的、没话找话的电话最好不打。注意不在单位打私人电话，也不要在公共场所目中无人地"煲电话粥"。

第二，这个电话应当何时去打？公务商务电话最好在上班时间拨打。双方已约定的通话时间，尽量不要轻易更改，通话应选择在周一到周五，尽量不要在周末，也不要在对方上下班时间、午休等不方便接听的时候拨打。如因紧急事宜需打电话到别人家里，通话之初一定要先说声"对不起"和问声"您方便接听电话吗"。当与海外人士通电话时，还应考虑时差及顾及对方的作息时间特点等。

第三，电话的内容应当如何准备？电话常被称为无形造访的"不速之客"。可能会出其不意地打扰到他人的正常工作或生活。因此，一般每次打电话的时间最好不要超过三分钟。这在国外，被称作"通话三分钟原则"而被商界人士所广泛遵守。因此，打电话前应先厘清思路，准备好提纲，再拨打他人电话。若拨打电话时对方正忙，不应强人所难，可另约时间再联系。

考虑该不该打　　周一～周五，工作时间打　　准备好提纲，厘清思路，最好不要超过三分钟

图 5-2

三、哪些时间段不宜打电话？

（1）8：00—10：00，大多数人都在紧张地完成上一天顺延下来的工作，并开始当天的新工作，最好利用这个时间安排一下自己的工作，而不是贸然地打电话（图 5-3）。

（2）10：00—10：30，此时可根据事情的轻重缓急分批次拨打电话。

（3）14：00—15：00，不宜打电话，尤其是夏天。

（4）15：00—下班前 15 分钟，如

8：00～10：00

14：00～15：00

15：00～下班之前

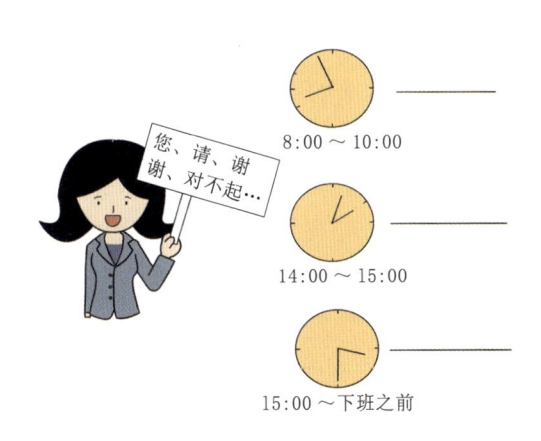

图 5-3

果是为了取得联系、邮寄资料等目的,简短的电话可以打,否则就尽量不要打。

四、拨打电话时应注意哪些问题?

正确选择谈话内容很重要,叙述重要内容之前,应用笔先列出提纲。在给对方拨打电话之前应做好以下准备工作(图5-4):

1. 不要超过3分钟
2. 预备好提纲
3. 适当使用:您好、劳驾、请
4. 会说"对不起"

图 5-4

(1)资料准备。电话机旁备好电话记录簿、记录笔、电话号码本以及常用的电话号码表簿。

(2)核实信息。准确核查或记下通话对方的电话号码、联系地址、姓名等。

(3)培养习惯。养成一听到铃声便右手持笔,左手摘机。拨号前和摘机前都清楚为什么打电话,记清有关时间、地点、缘由、事情和结果等。

(4)选择时间。拨号之前,应先考虑清楚,此时此刻与对方通话是否合适。如有可能,尽量选择在对方方便的时候通话。

(5)注意保密。在一般电话里不要涉及保密事项。

(6)打好草稿。内容重要、数据复杂、时间约定严格的电话,须先打好草稿,经核对无误后方可拨打。

(7)思虑周全。在某些特殊情况下,拨打电话前还必须做好一些思想上的准备,假如要找的人不在或对方电话号码变更,或通话方曾有误解,或发生争执,或讨论敏感问题等,应避免由于受情绪影响而可能造成的通话障碍。

(8)用普通话。通话时使用普通话,方便交流,也体现自己的素质。

(9)配备录音设备。配备电话录音设备,方便将重要的电话内容及时录下,以作凭证时使用。

(10)注意选择接听电话人。根据电话内容的不同注意确定接听电话人员,如领导不在单位,来电找领导,考虑由谁代为接听电话;打电话若涉及保密内容或重要事项,应考虑由谁回答较为适宜等。

五、拨打电话如何既遵循原则又因人因事而异?

接通电话后,对熟悉的人简单问候后,即谈主题;而对不相识的人应先言明自己的身份、目的后再谈正题;适时使用"您好""请""谢谢""对不起"等礼貌用语(图5-5)。

拨打电话中，表达全面、简明扼要；谈论机密或敏感话题时，应先询问对方此时接听是否方便；谈话中如自己有紧急事情确需处理，应礼貌告知对方，并致歉，以免误解，并另约时间以便履行诺言；如想要找的人不在，应委托他人，简要说明缘由，主动留言，留下联系方式和自己的姓名，同时请记住委托人的姓名并不忘致谢。

通话时，声音应清晰而柔和，吐字准确、句子简短，语速适中，语气亲切自然。打电话时最好左手握话筒，讲话时嘴部与话筒之间应保持三厘米左右距离。语言应礼貌而谦恭。

图 5-5

六、为什么说"拨打电话过程中意外情况的得体处理体现着你的素养"？

拨打电话有时难免出现一些状况，得体处理体现着你的礼仪素养。

（1）如果电话是由总机转接或对方的秘书代接，在双方礼节性问候之后，应使用"您好""劳驾""请"之类的礼貌用语。

（2）如对方不是自己所要找的人，要找的人又不在，可请代接电话者帮忙叫一下。通话时，如电话中途中断，应由打电话者再拨打一次，并稍做解释。

（3）一旦自己拨错了电话，切记要对无端被打扰的对方致歉，说声"对不起"，不能直接把电话挂断。

七、接听电话的礼仪与技巧有哪些？

拨打电话有礼仪，接听电话也讲究礼仪与技巧（图 5-6）。

接电话时的"前言"，首先使用得体的语言进行问候。接听电话应及时，铃响三声内接起，先问好。如接电话稍迟，应先致歉，说声"让您久等了"，接外线电话应报单位名称，接听转来的内线电话，应报部门名称及自己的姓名。

通电话过程中，注意自己的神情和语调，因为对方从与自己的通话中能听出表情，故避免有厌烦的情绪。应仔细倾听对方的讲话，一般不要在对方话没有讲完就打断对方，如实在需要打断时，应说"对不起，不好意思打断一下"。如在通话时有他人过来，不得目中无人，应点头致意，如需要与来人讲

图 5-6

话，应对通电话的对方先说"对不起，请您稍等"，然后捂住话筒，小声交谈。

通话结束后，别忘了向对方道别，说声"再见"，并在对方挂断后再轻轻放下话筒；留言或转告要立即执行，将来电所托事项填写在电话留言本或便条上，以口头形式传达或以便条形式传递，视情况均可，但切不可忘记。

八、几个实用的电话接听小技巧你知晓吗？

（1）接听电话三大禁忌：让对方久候、问题重复、谈话不得要领。

（2）上司如果不愿接电话，应设法圆场，不让对方感到难堪和不安。

（3）对于自己不了解的人或事，不能轻易表态，尤其是不能轻易否定，应具备不拒绝任何可能机会的意识。

九、正确转接电话与电话留言的方式是怎样的？

接听他人电话时，首先确认对方所找之人是否在办公室，并说"请您稍等"，一般不要让对方等太久；如对方要找的人不在，应主动询问对方是否希望留言、转告或回电，电话机旁应备有纸和笔，可供随时做好详细的电话记录。按Who、When、Where、Why、What、How询问并记录。复述内容务必准确全面，尤其是记下的人名、地名、电话、邮箱、日期与数字等，避免不必要的信息错误。待同事回来后立即转告并督促回电（注意不要随便将同事的电话号码告诉他人。）切记不要直接回答"不知道"或"他（她）不在"，避免引起误会，显得很不热情。谈话结束时要表示感谢，并让对方先挂断电话，不要忘了说"再见"。

十、拨打电话时应如何正确选择时间？

拨打电话前，应选择适当的时间与时机，选择合适的时间打电话反映了一个人的素养和礼仪，在不合适的时间打电话就会较易受排斥。因此在打电话的时候要注意以下几个方面（图5-7）：

（1）避开一天中禁止打电话的时间，不要在他人休息时间内打电话。上午七点之前，晚上十点之后，午休和用餐时间都不宜打电话，而且一天的工作时间内打电话次数的多少也应控制。

（2）掌握一周内打电话的时间规律。

（3）考虑对方所在地区的时差和工作时间的差异。打电话前先弄清时差及各国各地的工作时间差异。尽量不在休息日

图5-7

打电话谈公务、生意，以免影响他人休息。即便客户已经将家中的电话号码告之于你，也尽量不要往他人家中打电话。

（4）打公务电话，不要占用他人的私人时间，尤其是节假日时间。非公务电话应避免在对方的通话高峰和业务繁忙时间段内拨打。

十一、手机使用有哪些禁忌？

智能手机的使用日益广泛，其功能也越来越丰富多样和强大，已成为人们沟通的主要工具和手段，注重手机使用的礼仪规范，尊重他人，避免产生误会，就显得尤为重要。应注意以下禁忌（图5-8）：

（1）不要在剧院或医院的特定科室使用手机，以免影响他人观看演出和医院的电子设备。

（2）禁止在加油站使用手机。

（3）不使用手机时，应锁住手机按钮，以防意外拨打类似119、110、120等特殊的电话号码。

图 5-8

（4）手机音量大小应适宜，双方能听到即可，不宜旁若无人地大声通话。

（5）作为专业的职场人士不宜设置怪异的手机铃声。

（6）信号不良时可改换通话的位置或改用其他通信方式。

（7）不在驾驶汽车时拨打或接听手提电话。

十二、手机铃声如何设置更显专业？

手机铃声设置的忌讳：作为职场人士不应设置稀奇古怪的声音作为手机的铃声，这样既影响个人的形象也损害企业公司的形象。一般在工作状态，尤其是进行重要的交谈时应静音（图5-9）。

十三、工作中电话如何收线更专业？

有时，我们在工作中会碰到这样的情况：没有什么重要的事情，但因

图 5-9

为不好意思挂断电话，因此浪费了很多时间，直接挂断电话又非常不礼貌，那怎样既不浪费时间又不会得罪人呢？这样的方式比较好——"对不起，我现在有另一个电话打进来，待会我立刻回电话给你"。第一，我第一时间说了对不起，说明是我要挂线，而不是对方要挂线，是我的错，对方没错；第二，我说了立刻回电话给对方，说明对方的电话也很重要。但一般没有什么重要的事的话，对方就会说不用打来了。

十四、使用微信面对面添加好友功能时，到底该谁扫谁的二维码呢？

常有朋友问起"面对面添加别人微信的时候，到底谁扫谁的二维码比较符合礼节？"这是微信使用过程中体现礼仪素养、表示对他人尊重的问题，不能小瞧。日常很多晚辈、下属会先打开微信二维码，让长辈、上级等尊者扫码添加，大家觉得合适吗？其实这种添加微信的方式并不得体。

添加微信的正确做法是，当需要面对面添加微信时，如果对方是尊者，建议由晚辈、下级扫描尊者的二维码，发送添加好友的申请，这样更得体和尊重他人（图5-10）。

图5-10

十五、头像如何选择更能展现出你的专业形象？

记得有位恐怖片爱好者朋友，之前的微信头像是一张比较"惊悚"的剧照，有时晚上收到他的消息都会被吓一跳。于是在一次朋友聚会上，大家就集体建议他更换一张头像。后来再次见到时，他说，听你们的建议换了头像后，加别人微信的通过率都比之前高多了。

微信头像虽说选择自由，并没有严格的规定，但也是你工作、生活、心态甚至审美、爱好的缩影，大多数人都喜欢和积极向上的人做朋友，而在职场无论同行、客户都喜欢和专业的人士打交道，所以微信头像的选择也是一门学问。

十六、添加好友时，如何给对方留下良好的第一印象？

在主动添加好友时，简单备注介绍及添加的理由，会提高通过的概率。同时，在对方通过申请后，要第一时间发消息问候，简单介绍下自己，这样做会给他人留下良好的第一印象，也可使以后的沟通交流更顺畅。

十七、消息如何发送才不打扰人？

工作生活节奏日益加快的信息时代，微信联系跨越时空的便捷和迅速，是人们选择它的主要原因。可依然有些在微信上发信息的人真的很让人困扰，需要数条甚至数十条信息看完，才大致明白他的意思，不知大家有没有碰到过？为什么不一件事情一次性说清楚呢？如果只是一味按自己的说话方式来表达，不梳理信息和考虑他人的阅读方式，不仅给人留下没有礼貌的不良印象，还会打扰到他人，尤其是在讲究效率的现代职场也是不受欢迎的（图5-11）。

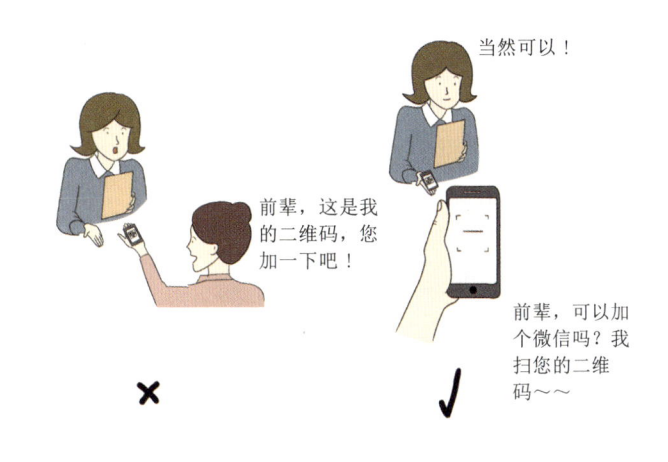

图 5-11

因此给人发消息时，信息最好表达完整、清晰，尽量一次性把事情说清楚。表达富有逻辑性和条理性，会给人留下更加专业的印象。

十八、什么时候可以发语音？你能否接受"60秒语音"？

微信中语音功能，大家都使用过，很方便。但如何使用才是恰当的？特别是在很忙或者开会时，收到长语音，信息接收者可能不会第一时间点开听，如果还是好多条语音一起，可能真的会令人抓狂，因为这样真是太影响效率了，有时不方便听，可能后来也就忘记回复了。

微博上曾有一个"你能否接受60秒语音"的话题，很多人表示不喜欢这样的交流方式；可能有人会说微信不是有语音转文字的功能吗？但现实中除非专业播音员，谁又能保证自己的普通话会被翻译得一字不差呢？

所以说如果没有特殊情况，最好不要发语音，而打字的过程本身就是个整理思路、优化表达的过程，也是最高效的方式。

以下几种特殊情况可以除外：

领导、上司，或者父母等尊者可以给晚辈发语音；如遇非常着急的事情，没时间打字（但其实这种情况或许打电话更好）；朋友之间闲聊，双方又都比较空闲；特殊情况，比如在开车，打字不方便时。但须注意给客户、上级发信息时尽量避免发送语音信息，以示尊重。

十九、使用微信邀请他人进群时，怎样做更得体？

大家都遇到过这样的情况吧，微信消息显示："您被××邀请进××群"，但没有群公告，也没有群功能等的介绍，过了几天才发现，是一个和自己工作业务毫不相关、对群主题也不感兴趣的群。遇到这样的情况，多数人都会选择直接退出并且删除群组。

未经他人允许随意拉人入群，是不尊重他人的不礼貌行为，应避免。如确定想要邀请某人进群，那最好事先征得对方的同意。另外，群主也应向群成员对群的功能做简单介绍，如果人数不多，比如一个部门、项目工作群，最好也介绍一下群成员，介绍时应遵循介绍的礼仪注意顺序，先把晚辈介绍给长辈，把下级介绍给上级，把男士介绍给女士。这些细节会让群成员的感受好很多，也有助于工作的顺利开展（图5-12）。

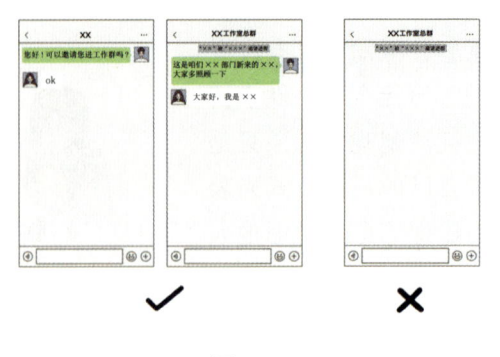

图 5-12

图 5-13

二十、"微信必回复"的原则是什么？

微信信息的及时回复不仅体现着通信工具的及时性，也体现着对他人的尊重。重要信息应及时回复，日常交流信息，24 小时内回复。这已是不成文的规定，因此使用微信的朋友自己在发朋友圈前，一定要仔细检查下，是否有该回复而还未回复的信息，留下一个良好的有信誉的微信形象（图5-13）。

二十一、如何合理设置"消息免打扰"？

现代人的微信通讯录尤其是职场的商务人士，为了业务活动的开展，积累人脉，有数百上千的联系人，数十个群都是很正常的。但除了几个重要的核心亲朋好友、重要工作群，其他平时联系并不是很多，因此为了提高效率，也为了重要消息能及时看到，可将大多数不重要群的消息设置为"消息免打扰"。

二十二、如何设置"微信群发布信息的特别提醒"？

用好 @ 和收到请回复，也是很重要的微信礼仪。日常在群里，特别是内外部的工作群、项目沟通群、商务交流群等，有事需要特别跟某人说时，应特意"@某人"，以便提醒他（她）及时查收；而重要事项需要跟所有人说时，需请群主发公告"@所有人"，并且还应在重要事项需要回复时补充说明"收到请回复"，而收到信息的群成员也应及时回复。

二十三、如何适当使用微信的文件发送功能？

微信的文件发送功能使用时应注意，平时如无必要，不要在微信中向他人发送重要的及需存档保存的相关文件。与正确使用微信，懂得微信社交礼仪的人相处，因其总会替对方考虑和换位思考而让人如沐春风，愿意与之沟通，深受同事、合作伙伴和亲朋好友的欢迎。

二十四、为什么说"微信是不见面的沟通，却能向交往对象传递出自己的形象和素养"？

这是每位职场人士都应关注的问题。职场微信之所以普及，是因为微信可以帮助实现沟通的快捷和便利，但也需要注意微信沟通也将折射出你是否具有积极、严谨的工作态度，是否是训练有素的专业人士，需要我们自觉遵循微信礼仪。细节决定成败！职场是商务人士的竞技场，最终还是靠能力和业绩说话，只有真正创造价值才是对企业、对个人职业最大的尊重。而礼仪就像润滑剂，让你的职业生涯少了许多无谓的颠簸（图5-14）。

无论是何种沟通方式，其礼仪的内核都是一样的，那就是尊重他人，懂得控制自己，让与你沟通的人感到舒服自在，努力使沟通变得更真诚、有效。

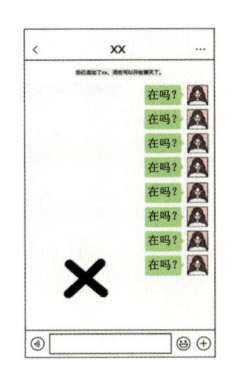

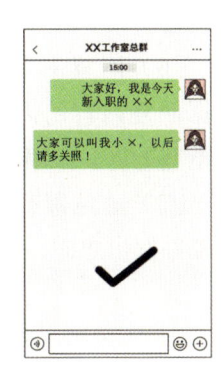

图5-14

二十五、邮件的使用礼仪包括哪几个方面？

随着电子化、信息化的不断普及，无论在日常工作还是个人生活中，电子邮件因其便捷性作为一种交流的工具和方式，使用已日趋普遍和不可或缺。

在使用电子邮件进行工作和交流沟通时应遵循相应的邮件使用礼仪。主要包括以下几个方面：

（1）邮件主题的确定。
（2）邮件称呼与问候的表述。
（3）邮件正文的撰写。
（4）邮件附件添加规范。
（5）邮件结尾签名得体。

二十六、电子邮件的主题确定应注意什么？

邮件的主题应明确，这是收邮件人了解邮件的第一信息。可使收件人迅速了解邮件的主要内容，并判断其重要性（图5-15）。

（1）一定不要空白无标题，这是最失礼的。

（2）标题应简明扼要。

（3）正确反映邮件的内容和重要性。

（4）一封邮件只能有一个主题，不要在一封邮件内谈及多件事情或有多个主题。

（5）可适当使用大写字母或特殊字母进行标注，引起收件人的注意，但不可随意使用紧急之类的字眼。

（6）回复对方邮件时，可根据回复内容的需要更改标题，但不宜重复一大串。

（7）避免带有情绪的邮件，在邮件发出之时，再检查一遍，避免出现让自己后悔的内容。

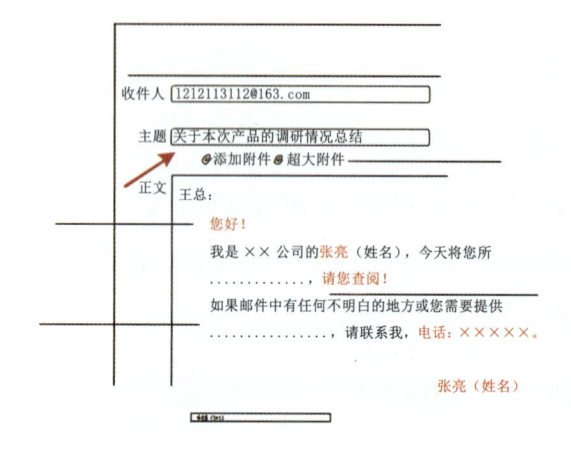

图 5-15

二十七、邮件中的称呼怎样才恰当？

邮件的称呼恰当很重要。他人阅读邮件如同与人见面，因此邮件的开头，要正确称呼收件人，既是礼貌，也是提醒；如有多个收件人的情况，可称呼大家；如果对方有职务，应按职务尊称对方。如不清楚称呼，通常可用泛称，如"某某先生""某某女士"，但要确定性别。

问候不能少，也即要有问候语。但可简单些，开头可写"你好"或"您好"，结尾用"祝您顺利"之类即可。

二十八、邮件的正文撰写有何要求？

正文是电子邮件的主要内容和关键所在，很重要。须注意以下几个方面：

（1）邮件正文要求简明扼要、行文通顺，说清楚事情即可。如果内容较多，可只作摘要介绍，后续单独文件作为附件进行详细具体阐述。尽量使用简单的词汇和短句，表达清晰准确。

（2）需注意根据邮件收件人与自己的熟悉程度、等级关系以及邮件是对内还是对外的不同性质，选择恰当的语气表述，尊重对方，尽量多用"请""谢谢"等礼貌用语。

（3）如遇需要说明的事情较为复杂，最好分几个段落进行说明，每个段落应简短而不要太长；且最好在一个邮件中把相关内容信息说清楚，避免几分钟后再发邮件进行补充或者更正之类，尽可能不要出现拼写错误或错别字，在邮件发出之前务必再仔细阅读一遍，检查行文是否通顺，拼写是否有误。

（4）合理提示重要信息，慎用大写字母、斜体粗体、颜色字体、加大字号，而过多的提示会让人抓不住重点进而影响阅读和理解。

（5）对于带有较多技术性或讨论性质的邮件，有可能单纯以文字形式很难描述清楚、准确，可配图表加以阐述；在商务信函邮件中尽量少用或不用笑脸等表情符号字母，以示慎重。

二十九、添加邮件附件有什么讲究？

平时使用电子邮件传输文件时，添加附件也是常有的事。为了便于收件人阅读，附件的添加应主要注意以下几个问题：

（1）内容较为复杂或较多的邮件带有附件，应在正文中提示收件人查看附件。

（2）附件文件应用正文关联的名字命名，并应在正文中对附件的内容有简要说明，尤其是带有多个附件时。

（3）附件数目不宜过多，数目较多时应该打包压缩成一个文件。

（4）如附件是特殊格式的文件，还应在正文中说明打开方式，以免影响使用。

（5）如附件过大，应拆分成几个小附件文件分别发送。

三十、邮件结尾签名怎样才是正确的？

电子邮件的签名是一种负责人的态度，正确的签名应注意以下几个方面：

（1）每封邮件结尾都应签名，可使对方清楚知晓发件人信息。

（2）电子邮件消息末尾加上签名档是必要的，但签名信息不宜过多，可包括姓名、职务、单位电话、地址等信息，一般不超过四行。

（3）对内对外应区别使用签名档，对熟悉的对象或群体的邮件往来签名应当简化，过于正式的签名会显得疏远，所以可设置多个签名档，灵活调用。

（4）签名档文字应与正文文字匹配，中文简体、中文繁体或英文，以免出现乱码。

第六章　沟通交谈

人们无论在职场工作中还是日常生活过程中，人与人之间的交往难以避免和必不可少，但其就如同机器转动的润滑剂，如处理不当，就会出现尴尬和障碍。所以人际交往，并不仅仅只是笑容可掬便可，过分的热情做作会令人生厌，需讲究沟通艺术和技巧。在工作生活中，懂得合理使用交谈的技巧，提高沟通的有效性，有助于职场的发展更顺畅、生活体验更美好。

运用自如的说话技巧也是成功的要素。在造就一个有修养人的教育中，有一种训练必不可少，那就是优美、高雅的谈吐。

一、什么是沟通？

沟通就是传达所有消息、观念、态度与意思的程序，并经此程序，以达到人与人之间的了解，沟通双方有共同的话题，最后达成共识及一致的行动。而一般的对话、交谈都不是真正意义上的沟通。沟通需通过提问、聆听、观察、表达的结构，达到相互理解的目的。

二、沟通的基本原则及要素是什么？

1. 沟通的基本原则

（1）简单明了。
（2）合时宜。
（3）有应变性。
（4）沟通者要有倾听的雅量。
（5）表达要正确而迅速。

2. 沟通的要素

（1）声调讯息：多样性、音质、音量、口头语。
（2）视觉讯息：眼神、姿态、手势、脸部表情。
（3）语言讯息：简单扼要、举例说明、用字浅显直接、尊重对方、重复重点、询问对方是否充分了解。

三、什么样的声音可使沟通更有效？

沟通中管理自己的声音很重要，包括声音的以下几个要素的合理运用：
- 多样性：高、平、尖、细、沉稳、愉悦、单调。
- 音质：应悦耳、有感情、具信服力。
- 音量：控制音量，阐述重点时应调整音量更大，且稳重有力。
- 口头语：有效控制不合身份的用语。

训练悦耳、动听的声音，在沟通中使自己的语言更清晰自然、更热诚、更亲切、更生动也更富有活力，最终也使沟通更为有效。

四、需要熟记的常用谦语有哪些？

微笑着说下列常用谦语会使沟通交谈更顺畅：
- "您好"或"你好"。
- "欢迎光临"。
- "对不起，请问……"
- "让您久等了""麻烦您，请您……"
- "不好意思，打扰一下……"
- "谢谢"或"非常感谢"。
- "再见"或"欢迎下次再来"。

同时在日常学习工作中，试着留意微笑着使用以下语言时的感觉：

请、对不起、麻烦您……劳驾、是、打扰了、好的、您、××先生或小姐、××经理或主任、贵公司、××的父亲或母亲（称他人父母）、您好、请问……哪一位、请稍等（候）、抱歉……没关系、不客气、见到您（你）很高兴、请指教、请多关照、拜托、非常感谢（谢谢）、再见（再会）……

五、有时我们总会感到很难与人沟通，是否以下原因？

是因为我们——
- 常说了不该说的话。
- 没听懂别人真正想说的。
- 说话时，没有充满关爱地望着他。
- 常不报以鼓励的微笑。
- 没有感受到别人的快乐与悲伤。
- 不尝试跨上另一个梯子来接近他人。

六、话应该如何说？

说话时应问自己，注意以下问题了吗：

（1）音量适中、速度平稳、散发热情。
（2）容易听懂的语言，简洁明了（避免专业用语）。
（3）强调重点，并有条理。
（4）用敬语、谦虚、富有朝气、充满诚意的话语。
（5）配合对方的立场、个性，适合对方的言辞。

七、如何让说话有魅力？

说话时应该注意以下几个方面：
（1）多倾听不打岔。
（2）多讲对方感兴趣且积极乐观的话题。
（3）合适的时机谈合适的事。
（4）诚心诚意并利用适时的机会去赞美，不要夸张及矫揉造作。
（5）避免在大庭广众下纠正别人或与人争论。
（6）避免的话题：健康、争论、哀伤、谣言与闲话等。

八、怎样才能驾驭你的谈吐？

沟通成功的百分比：你在说什么（7%）、你是怎么说的（38%）、你的身体语言（55%），因此表达的方式重于所表达的内容。

尊重言谈的基本原则：良好的语言、准确的语感、节奏的安排、适当的肢体语言、丰富的脸部表情、懂得礼貌用语及避讳原则等，都很重要。

同时请检查有无下列情况：
·你是否用鼻音说话？
·你是否爱用尖音说话？
·你的速度是否需要调整？
·你是否有口头禅？

九、沟通中不可忽视的视觉因素有哪些？

沟通中的视觉因素，也叫视觉沟通，主要包括以下几个方面（图6-1）：
（1）眼神——表达信心与重视。
（2）姿态——适度的姿态产生尊敬及权威感。
（3）手势——不宜过多，避免出现抖脚、玩弄头发、扭捏不安、双手交叉等。
（4）表情。

看懂下表，善于利用肢体语言进行有效沟通。

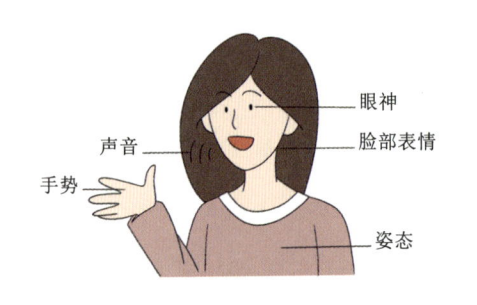

图6-1

肢体语言含义表

肢体语言表述	行为含义
手势	柔和的手势表示友好、商量，强硬的手势则意味着："我是对的，你必须听我的。"
脸部表情	微笑表示友善礼貌，皱眉表示怀疑和不满意
眼神	盯着看意味着不礼貌，但也可能表示感兴趣，寻求支持
姿态	双臂环抱表示防御，开会时独坐一隅意味着傲慢或不感兴趣
声音	演说时抑扬顿挫表明热情，突然停顿是为了造成悬念，吸引注意力

十、一般对与人交流的距离有何要求？

一般分为四个区域：分别适用与不同亲疏程度人员、适合不同的交谈内容（图6-2）。

亲密区域：小于0.45米，亲人、伴侣、密友的交谈。

个人区域：0.45～0.75～1.2米，一般朋友、个人问题的讨论。

社交区域：1.2～2.1～3.6米，办公室人员等较正式的交谈。

公众区域：大于3.6米，演讲者与听众之间、极为生硬的非正式交谈。

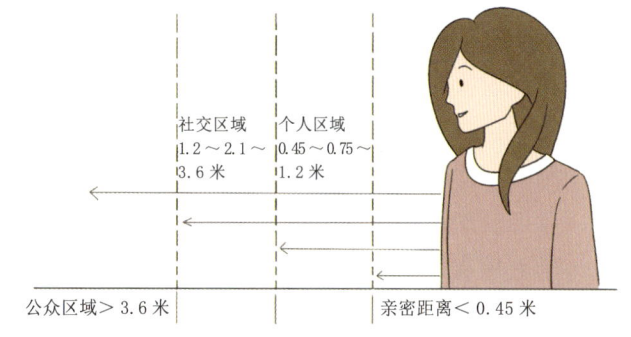

图6-2

十一、为什么说"沟通是职场最有价值的技能"？

沟通也泛指在职场活动中，人与人之间使用语言、文字或其他方式交流信息和思想，表达情感以达成各种活动的双向互动过程。而在职场有效的职业沟通已成为人们生存与发展所必需的基本能力。拥有了沟通能力，就等于掌握了成功的钥匙。

平常一个人一般每天花在听说读写的沟通活动中的时间约占60%～80%。有关问卷调查结果表明，85%的人认为在当今的人才招聘中，最有价值的技能是沟通，其中包括语言表达、倾听和书面表达能力等。良好的沟通，对于任何企业和组织有效运作都十分重要。因为有70%以上的问题来自沟通不畅，包括企业外部以及内部的部门之间等。因此，有效的职业沟通既是企业利润的源泉，也是职业人士获得成功的核心能力。

在职场中，有的人与他人相处融洽和谐，人际关系处理得游刃有余，合作愉快；而有的人到处碰壁、受挫，甚至被辞退。有关调查表明，超过85%的被解聘者是由于他们的人际关系处理不当和沟通能力欠缺，而因知识和技能不称职被解聘的不到15%。

十二、有效沟通的基本步骤有哪些？

第一，事先准备，其中最重要的是要有一个目标，只有双方有共同的目标，沟通才更成功。

第二，确认需求，通过倾听确定对方的需求是什么。

第三，阐述观点，不要直接表达观点，可以先说明其带来的好处，最后引出自己的观点。

第四，处理异议，若遇到异议，可利用对方观点中对自己有利的部分说服对方来达成协议。双方最终达成一致，就是沟通成功的标志。

十三、如何倾听？

高超的谈话者首先学会倾听，学会积极地倾听。所谓积极地倾听是积极主动地倾听对方所讲的事情，掌握真正的事实，借以解决问题，并不是仅被动地听对方的谈话。

倾听技巧——耐心与全神贯注。

第一层次：完全漠视。

第二层次：假装在听。

第三层次：选择性倾听。

第四层次：积极地倾听。

第五层次：带着同理心去倾听。

十四、为什么说"倾听是一种修养，而主动反馈能使倾听更有效"？

如果说一个人会说话是一种能力，那么会倾听则更是一种修养。伟大的哲学家们在关于人际沟通的阐述中都认为，倾听是沟通的基础，与说话同样重要。

俗话说："说三分，听七分。""会说的不如会听的。"如能全神贯注地聆听他人倾诉，并善解人意，那就能较易赢得对方的好感和信任，给对方留下良好的第一印象。礼仪的核心是尊重。倾听是理解和尊重，也是包容和接纳，既分担痛苦也分享快乐，它是一种与人为善谦虚姿态的呈现，体现着海纳百川的广阔胸怀；而反馈则是倾听的进一步深入与补充，通过反馈将沟通引向深入，从而最大限度地达到彼此的沟通目标，也是有效沟通必不可少的重要环节。所以说一个成功的社交者和谈判者，首先应该是一个优秀的倾听者。

十五、有效倾听的技巧是什么？

"有效倾听的技巧"分为三个层次：分别是听清、听记、听辨。

集中注意力，听清对方表达的是什么；只听不记或前听后忘，那就失去了"听"的意义；辨析说话者语音的正误、内容的正确与否、观念的是非辩证、意图的真假等，适时做出正确反应。听的最终目的就是要听懂，辨析、理解内容的内涵和外延，而不是只了解表面或一知半解。可以从环境及说话者的语气、语调、语速、重音、停顿、目光、手势、体态等多方面真正领悟其真实的本意，做出有利的回应（图6-3）。

图 6-3

十六、什么是沟通中的"三明治效应"？

"三明治效应"也称"汉堡包沟通术"，是指与人沟通时，先表扬别人（正面反馈），然后中间指出需要改进的地方（负面反馈），最后再包裹上溢美之词。强调先表扬特定的成就，给予真心的肯定，然后提出需要改进的"特定"的行为表现，最后以肯定和支持结束。这种方法的目的就是一开始给对方一颗蜜枣，让他放松，然后指出不足，最后再加上溢美之词，抹平批评时候的尴尬。

在批评心理学中，人们把批评的内容夹在两个表扬之中从而使受批评者愉快地接受批评的现象称为"三明治效应"。这种现象就如三明治，第一层总是认同、赏识、肯定、关爱对方的优点或积极面，中间这一层夹着建议、批评或不同观点，第三层总是鼓励、希望、信任、支持和帮助，使之回味无穷。因此，这种批评法不仅不会挫伤受批评者的自尊心和积极性，而且还会令其积极地接受批评，并改正自己的不足之处（图6-4）。

图 6-4

十七、你了解沟通中的"漏斗理论"吗？如何减少沟通中的信息损失？

沟通需要提高效率，一个人通常只能说出心中所想的80%。但是别人接收到的有效信息却只有60%，而能听懂的部分却只有40%，在执行中就只剩下了20%，这种现象就称为"沟通的漏斗"（图6-5）。

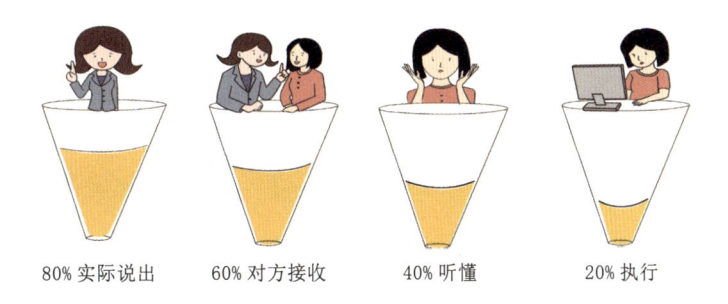

80% 实际说出　　60% 对方接收　　40% 听懂　　20% 执行

图 6-5

在我们的工作和生活中，这种漏斗现象具有普遍性，因为心中所想与说出的话之间有偏差。

任何沟通都是信息与情感的传递。作为信息的传递者，首先把信息加以组织，然后通过相应的通道传递给接收者。由于传递者与接收者之间在知识水平、态度行为、环境因素、兴趣、需求、年龄性别以及对沟通的认识程度、沟通方式、目标、文化背景、身份地位等的不尽相同，就会存在沟通的障碍，漏斗理论便很好解释了这一切。

分析造成这几个20%损失的原因，可能是：

第一个20%，是因为没有重点或没有条理；

第二个20%，是因沟通中有干扰或者没有进行记录；

第三个20%，是因为没有听懂或假装懂了；

第四个20%，缺少方法与技巧或缺少监督。

通过分析，为了漏得少些，我们在整个沟通过程中应：

第一，要进行沟通前的准备，明确重点，分层叙述；

第二，要避免干扰，进行记录；

第三，沟通中要反复确认；

第四，沟通要讲究技巧与方法，并加强监督。

掌握沟通的技巧，让漏斗漏得越来越少。在职场能否准确表达出心中所想的信息、情感尤为重要。出现这样那样的问题，往往是在沟通之前没有做好充分的准备，导致沟通时，就只能凭借记忆"临场发挥"，所以遗漏信息也就在所难免。因此，在沟通之前，要先写个提纲，逐条地记录下自己所要表达的内容，经过多次这样的反复训练，提高沟通中信息传递的效率也是可以实现的。

十八、与人沟通的十五个小技巧是什么？

（1）面带笑容，语态温和。

（2）言谈举止要有礼貌。

（3）找到共同话题。

（4）同一个话题不要讲太久。

（5）不要谈论别人的伤心事。

（6）说话不要带脏字。

（7）勇敢承认错误。

（8）事先亮出自己的想法。

（9）不要带着情绪沟通。

（10）直截了当，开门见山。

（11）懂得服软。

（12）学会恭维别人。

（13）充满自信。

（14）要有耐心，懂得运用智慧。

（15）知己知彼百战不殆。

如图6-6所示。

图6-6

十九、怎样的沟通才有效？"沟通黄金定律"又是什么？

有效沟通是为了一个设定的目标，将信息、思想和情感在个体或群体间传递，并且是双方或者多方达成一致的过程，为的是沟通具有质量，我们要学会与不同风格的人进行信息交流的传递模式，减少障碍。掌握沟通技巧，始终坚持和遵循自信、尊重、目标双赢的原则。

沟通黄金定律，就是不要用自己喜欢的方式去对待别人，而要用别人喜欢的方式对待对方。

二十、如何才能提升沟通能力？

自信是有效沟通的基础。自信能够使我们按照最佳的方式行使维护自己的权利，而不会过于焦虑，从而能够从容地表达自己的感受；自信就是在正确认识自己的基础上，知晓自己的优缺点，并能愉快地接受和接纳。认可自己的能力和才干，是一种积极健康的心理品质，可以通过确定目标法、自我暗示法、想象成功法、预先确定法、模仿榜样法等多种方法来培养和加强自己的自信，提升自身的沟通能力。因此，提高自信心的训练是提升沟通能力的有效途径。

二十一、职场中与同事沟通常用的技巧有哪些？

在工作中与同事沟通时应有意识地学习和运用沟通技巧，使人际关系更为融洽，合作更愉快，事业的成功率也就更高。一般可运用以下沟通技巧：

（1）沟通的语言应以不伤害他人为原则，多用鼓励的语言，不用斥责的语言。

（2）灵活表达观点，尤其是在意见相左的时候。

（3）使赞美成为习惯，关注同事的进步和微小变化，适当赞美，只有这样别人才愿与你交往。

（4）少争多让，不与同事争荣誉，不做伤害他人的事；互相帮助，体现大度令人感激，从而增添人格魅力。

（5）同事之间常联系，在与同事交往中可能会有相处比较融洽的，这就形成了自己的交际圈。

二十二、工作中与领导沟通的技巧有哪些？

在职场工作中不可避免地要向上级、领导汇报工作、表达自己的意见建议等进行沟通联系，合理得体地使用以下沟通技巧可以使我们与上级、领导的沟通更顺畅。

（1）了解上级、领导的个性与工作作风，学会调整自己的态度适应领导；了解上级的需求，根据领导需求的不同，制定相应的政策策略；了解上级的好恶，避免不必要的麻烦。

（2）树立与上级、领导主动沟通的意识：多沟通、勤汇报。经常与上级、领导沟通，有助于建立起与上级、领导的融洽关系。

（3）向上级、领导提意见时，不要否定和批驳上司的意见，不擅自越权越位；要懂得灵活变通，让自己的想法被上级接受；必要时要对上级说"不"。

二十三、职场沟通的主要禁忌有哪些？

了解职场沟通的禁忌，能避免不必要的麻烦，所以不仅要了解，而且应谨记。

（1）告黑状，应该与同事沟通的却与上司沟通，这叫"告黑状"，小的事情双方沟通就可以，不用告黑状。

（2）越级汇报，应该向主管自己的上司沟通的，却向更高一级领导直接反映了，这就叫"越级汇报"。

（3）家丑外扬，应该与自己上司沟通的，却与其他部门上司沟通，这样对内沟通就变成了对外沟通，这也就是所谓的"家丑外扬"。

二十四、何谓寒暄问候，你会吗？

寒暄者，应酬之语是也。而问候，也就是人们相逢之际打招呼所问的安好。在多数情况下，二者应用的情景比较相似，都是作为交谈的"开场白"来被使用。二者之间的界限也不明确。

寒暄的主要用途，是在人际交往中打破僵局，缩短人际距离，向交谈对象表示自己的敬意，或借以向对方表示乐于结交的意愿。在与他人见面时，选用适当的寒暄语，可为双方进一步交谈作良好的铺垫。反之，如在本该与对方寒暄几句的时候，一言不发或言语不当，则极其无礼；当被介绍给他人后，应与对方寒暄的，却只点个头或只握下手，通常会被理解为不愿与之结交，不想与之深谈。平时路遇熟人，也应与其寒暄两句，如视若不见，不置一词，难免显得自己妄自尊大，会留下不好的印象。

第六章　沟通交谈

二十五、如何说对寒暄语？

寒暄语不一定具有实质性内容，且可长可短，需因人、因时、因地而异，但都应具备简洁、友好与尊重的特征。寒暄语应删繁就简，不过于程式化，而像写八股文。例如，两人初次见面，一个说"久闻大名，如雷贯耳，今日得见，三生有幸"，另一个则道"岂敢，岂敢"，搞得像演出古装剧一样，就大可不必。不同的场合应选用适合的寒暄语，如：

（1）初次见面寒暄，最标准的说法是："您好！""很高兴能认识您""见到您非常荣幸"等；如想比较文雅一些，则可说："久仰"，或者"幸会"；要想表现得自然而随意一些，也可以说："早听说过您的大名""某某人经常跟我谈起您"，或是"我早就拜读过您的大作""我听过您做的报告"，等等。

（2）跟熟人寒暄，用语则不妨显得亲切、具体一些。一般可以说"好久没见了""又见面了"，也可以讲："您气色不错""您的发型真棒""您的小孙女好可爱呀""今天的风真大""上班去吗？"……

寒暄语应带有友好之意、敬重之心。既不容许敷衍了事般地打哈哈，也不可以戏弄对方，如"来了""瞧你那德性""喂，你又长胖了"等，自然都应禁用。

二十六、怎样的问候才是合时宜的？

问候，多见于熟人之间打招呼（图6-7）。西方人爱说"嗨！"中国人则爱问"去哪儿？""忙什么？""身体怎么样？""家人都好吧？"等。

图 6-7

在职场及商务、公务活动中，为节省时间，人们往往将寒暄与问候合而为一，以一句开场"您好！"也未尝不可。

问候语具有非常鲜明的民俗性、地域性特征。比如，老北京人爱问别人："吃过饭了吗？"其本意就是"您好！"您要是答以"还没吃"，意思就不大对劲了。若以之问候南方人或外国人，常会被理解为："要请我吃饭""讽刺我不具有自食其力的能力""多管闲事""没话找话"，容易引起误会。

而在某些阿拉伯国家里，也有一句与"吃过饭没有？"异曲同工的问候语："牲口好吗？"您可别生气，人家这样问候您，绝不是拿您当牲口，而是关心您的经济状况如何。在以游牧为生的阿拉伯人中间，还有什么比牲口更重要的呢？问您"牲口好吗？"可是关心您的日子过得怎么样。

为了避免误解，我们无论是在职场还是日常交往中应以"您好！""忙吗？"作为问候语，简约又较为妥当。

注意寒暄问候中的一些禁忌。如涉及个人私生活、禁忌等，最好别拿出来"献丑"，如一见面就问候人家"跟男（女）朋友分手了没有？""现在还吃不吃中药？"都会令对方反感至极。

二十七、如何赞美才最受欢迎？

懂得赞美别人的人，最招人喜欢。也只有懂得运用技巧的赞美才受欢迎。不然就有虚伪之嫌，甚至还可能会因词不达意，招致误解。如赞美他人："您今天的发型比上次见时好看多了"，或是"那张合影上您看上去多么年轻呀"，都是用"词"不当的典型例子。前者有可能被理解为指责对方"上次理的那发型"太差劲，而后者则有可能被理解为是在向对方暗示：您近期老得真快！现在看上去已不年轻了。此类话真不如不讲！赞美别人，应有感而发，诚挚中肯，它与拍马屁、阿谀奉承终究是有区别的。

二十八、赞美他人"三要则"是什么？

赞美他人，一要实事求是。戒虚情假意，乱给别人戴高帽子。离开真诚，赞美就毫无意义。如夸奖一位微胖的女士"显得挺富态"，应该没啥问题；但如恭维一位气色不佳的80岁的老太太"真年轻"，就过于做作了。

赞美他人，二要因人而异。有位西方学者的话，虽有点直接但也很形象：当面对一位真正美丽的姑娘，才能夸她"漂亮"；而面对相貌平平的姑娘，则称她"气质甚佳"方为得体；而"很有教养"一类的赞语，就只能用来对长相实在无可称道的姑娘讲。

赞美他人，三是话要说得自然，力求赞美不露痕迹，不能过于唐突、生硬，更不能千篇一律。如当着一对夫妇的面，突然对女士来一句："您很有教养"，会让人莫名其妙。可若是已知某先生的领带乃是其夫人"钦定"的，夸"先生，您这领带真不错！"会产生截然不同的效果。

当然也要注意，在人际交往中应少夸奖自己，多赞美别人。除了必须进行的自我评价之外，否则认定自己一贯正确是很不明智的做法。

第六章　沟通交谈

二十九、为什么说感谢也是一种赞美？

在人际交往中，需认真说声"谢谢"的机会非常多：如受到他人夸奖的时候，说声"谢谢"，既是礼貌，也是一种自信。旁人称道自己的衣服很漂亮、英语讲得很流利时，说声"谢谢"最是得体，反之，要是答以"瞎说""不怎么地""哪里哪里""谁说的""少来了"，便相形见绌了。又如获赠礼品与受到款待时，别忘了郑重其事地道声谢；语句虽短，却是肯定也是鼓舞，是对对方的最高评价。而得到领导、同事、朋友、邻居们明里暗里的关照后，一定要当面说声"谢谢"。在公共场合，得到了陌生人的帮助，也应该当即致以谢意。

感谢，也是一种赞美！运用得当，可表达对他人的恩惠领情不忘，知恩图报，而不是忘恩负义、过河拆桥之辈。而商界人士在一轮又一轮的双边交往中，也会因为自己不吝惜这简短的一句话"谢谢"，而赢得更好更多的回报，得到他人帮助后，善于及时表示感谢的人是最有礼貌的！

三十、"道谢"应遵循哪些常规？

感谢他人时在具体操作中有些常规需遵循。

（1）道谢的方式方法，有口头道谢、书面道谢、托人道谢、打电话道谢等。一般，当面口头道谢效果最佳，也被认为最为隆重。专门写信道谢，如获赠礼品或赴宴后这样做，能获得很好的效果。打电话道谢效果虽稍差些，但电话道谢，时效性较强，且不易受干扰。托人道谢，除非是名家出面，感谢他人，还需场合方面的考虑。有些应酬性的感谢可当众表达，不过要显得认真而庄重的话，最好还是"专程而来"，且应于其他人不在场之际表达谢意。

（2）表示感谢时，通常应加上被感谢者的称呼。如："王先生，我专门来跟您说一声谢谢""许总，多谢了"。越是这样，就越显得正式。

（3）表示感谢，有时还有必要顺便提一下致谢的理由。比如："张女士，谢谢上次您在制作广告方面的帮助"，免得对方感到空洞或"茫茫然不知所措"。

（4）表示感谢，最重要的莫过于真心实意。为让被感谢者体验到，务必认真、诚恳、大方。清晰表达、直截了当，不要连一个"谢"字都讲得含混不清。同时表情与言语一致：正视对方双目、面带微笑。必要时，还须专门与对方握手致意。

（5）表示感谢时，如所谢的是多人，那可统而言之"谢谢大家"，也可具体到每人，逐个言谢。

三十一、你了解祝贺的方式吗？

祝贺，就是向他人道喜。每当亲朋好友在工作与生活上取得了进展，或是恰逢节日喜庆之时，对其致以热烈且富有感情色彩的吉语佳言，会使对方的心情更为舒畅，双方的关系更为密切。

祝贺的方式多种多样。口头祝贺、电话祝贺、书信祝贺、电邮祝贺、传真祝贺、贺卡祝贺、贺电祝贺、点播祝贺、赠礼祝贺、设宴祝贺等，都有自己特定的适用范围。在多数情况下，几种方式可以同时并用（图6-8）。

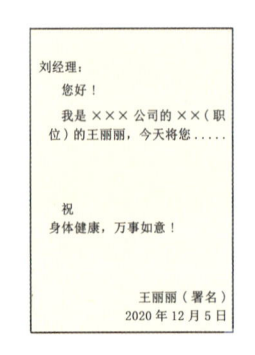

图6-8

三十二、口头祝贺如何使用？

一般说来，口头祝贺，是商界人士用到的机会最多的一种祝贺方式。口头祝贺，在总体上的礼仪性要求是要简洁、热情、友善、饱含感情色彩，是要区分对象，回避对方之所忌。

通常，口头上的祝贺都以一些约定俗成的表达方式来进行。例如，"恭喜，恭喜""我真为您而高兴"，就是国人常用的道贺之语。"事业成功""学习进步""工作顺利""一帆风顺""身体健康""心情愉快""生活幸福""阖家平安""心想事成""恭喜发财"之类的吉祥话，大家也耳熟能详，百听不厌。

三十三、不同对象、不同时机道贺语该如何选择？

祝贺的时机也需要谨慎选择。适逢亲朋好友结婚、生育、乔迁、获奖、晋职、晋级、过生日、出国深造、事业上取得突出成就时，应及时向其表示自己为对方而高兴，不然就有疏远双方关系、心存不满或妒忌之嫌。遇上节日，出于礼貌向亲朋好友道贺，也是很有必要的。适逢与自己有业务往来的单位开业、扩店、周年纪念、业务佳绩取得时予以祝贺，亦为"义不容辞"。

祝贺同行开业时，"事业兴旺""大展宏图""日新月异""生意兴隆""财源广进"恐怕是对方最爱听的话。

祝贺生日时，除了"生日快乐"可广泛使用外，"寿比南山，福如东海"，这种老寿星爱听的祝词，就不宜对年轻人尤其是孩子们来讲。

祝贺新婚夫妇，使用"天长地久""比翼齐飞""白头偕老""百年好合""互敬互爱""早生贵子"之类的祝贺语，能使对方更加陶醉在幸福与憧憬之中，用得多多益善。

有些话本意不错，但可能会犯一些人的忌讳，故宜加以回避。例如，乘飞机者，不宜祝他"一路顺风"，因为它对飞机飞行往往有碍，而香港人不爱听别人祝他"快乐"，爱讨"口彩"的他们，往往把"快乐"听成了与之发音一样的"快落"，那样岂不是太不吉利了。

若明知一位小姐才疏学浅，事业上难有重大进展，那就不该祝她"事业有成"，免得让人家"感时花溅泪"，代之以"生活幸福"，才有可能使对方芳心大悦。

适时得体的祝贺可使人与人之间感情更密切，也可促进友谊的发展，而一句恰当的慰问语，更可把人们的关心、体贴和爱护及时地传达给自己的交往对象，像"雪中送炭"般温暖对方孤寂和伤感的心灵。

三十四、怎样的慰问才温暖？

慰问，是在他人遭遇重大变故，如患病、负伤、失恋、丧子、丧偶、婚姻裂变，极感痛苦忧伤，或破产、关厂、失业、休学、研究受阻、市场开拓失败，遭受困难挫折之时，对其进行安慰与问候，使其少安毋躁，稳定情绪，宽心放眼，去除或减轻哀伤。可能在适当的时机，还可给予对方一定的支持与鼓励。

慰问，首先要表现出"患难与共"，无论是表情、神态，还是动作、语言，慰问者都应表示"同舟共济"之心，体贴关心之意。如，慰问逝者的亲属、探视伤病员、安慰失恋者时，应表情凝重，语调深沉舒缓，语言饱含关心与同情之意。不得嘻嘻哈哈、喜眉笑眼，语调尖锐、油滑，语言随意、放肆、轻浮，不然就给人以"彼方悲伤之日，即是我方开心之时"的幸灾乐祸的感觉。

当然，也不宜矫枉过正，表现太过分。若是一见面让人"冷冷清清，凄凄惨惨戚戚""人未语，泪先流"，搞得被慰问者伤心落泪，恶化其情绪，亦属不当之举。

三十五、怎样的慰问语才是得体的？

慰问语的重点是关心、体贴与疏导。对生活困难者，可询问其具体的难题，并给予力所能及的援助；对工作受挫者，应鼓励其"前途是光明的，道路是曲折的"，"自古英雄多磨难，从来纨绔少伟男"，支持其再接再厉，奋起直追；而对失恋者，可以"王顾左右而言他"，免谈此事，尤其不宜评论对方原先的那个"他"或"她"。但可劝慰其"天涯何处无芳草"，或"大丈夫何患无妻"；对于颓废之人，则可以多一些激励，往往可告之"牢骚太盛防肠断，风物长宜放眼量"或"人总是要有点精神的"等。

慰问语应选择得当。不要嘲讽、指责对方。慰问时，与被慰问者进行一些交流是必要的。但没必要对对方的"伤心往事"刨根问底，对方如是不愿深谈，就不该再三"询问"，以免适得其反，令人讨厌。

三十六、沟通中为什么应学会说"对不起"？

在工作中要学会说"对不起"，人难免会犯错，有时对方只是要你道个歉而已，所以一定要学会说"对不起"来求得他人的谅解，同时脸上应带着歉意的笑意，俗话说得好，"伸手不打笑脸人"。

第三部分　职场篇

第七章　求职面试

步入职场的第一关是经历面试，面试与笔试不同，更关注的是候选人的综合素质，面试者的思维能力、表达能力甚至一言一行都是面试官考察的范围。知识就是胆量，实践证明，面试前准备得越充分，紧张的程度就越小，发挥也就越好。面试前是否准备，准备工作的充分与否，直接影响获得成功的概率。良好的面试礼仪会大大增加被录取的概率，让面试者把握住良机。

一、求职准备阶段该做什么？

求职的准备阶段主要可以从以下十个方面加以着手（图7-1）：
（1）收集求职信息并整理。
（2）了解本行业纵、横向各种情况。
（3）正确认识招聘单位、所申请的职位。
（4）了解以上情况的前提下，正确自我定位。
（5）熟悉可能进行的面试种类。
（6）了解熟悉所应聘企业的情况，包括背景、企业文化、经营理念、主营业务等信息。
（7）学习如何写好就职信。
（8）应聘面试时各种物品的准备，要求尽量充分完备。
（9）认真准备面试的内容。
（10）在正确认识自我的基础上，根据应聘岗位的要求，进行得体的面试形象设计。

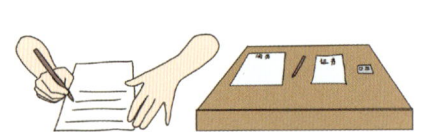

图7-1

二、如何写求职（自荐）信？

求职信很重要，从某种意义上讲，是自己留给应聘单位的第一印象和敲门砖，主要可以从以下几个方面加以重视（图7-2）：

（1）书写规范、谦恭有礼、情真意切、突出特点。

（2）内容围绕"为什么你是这份工作的最佳人选"。

（3）具体分为开头、主体（个人基本情况和个人所具备的条件）、结尾（落款，包括署名和日期），若有附件可在求职信的左下角注明或列简要目录。

（4）简历设计：格式模板的选择应适合自己、字体字号要统一、设计应方便阅读。

（5）其他资料的准备：说明自身条件、说明自身水平，如有调动的记录，一定要准备好理由，业余活动情况等。

（6）各种能力的证明材料、证书的准备。

总之，求职资料并非越多越好，而是扬长避短。

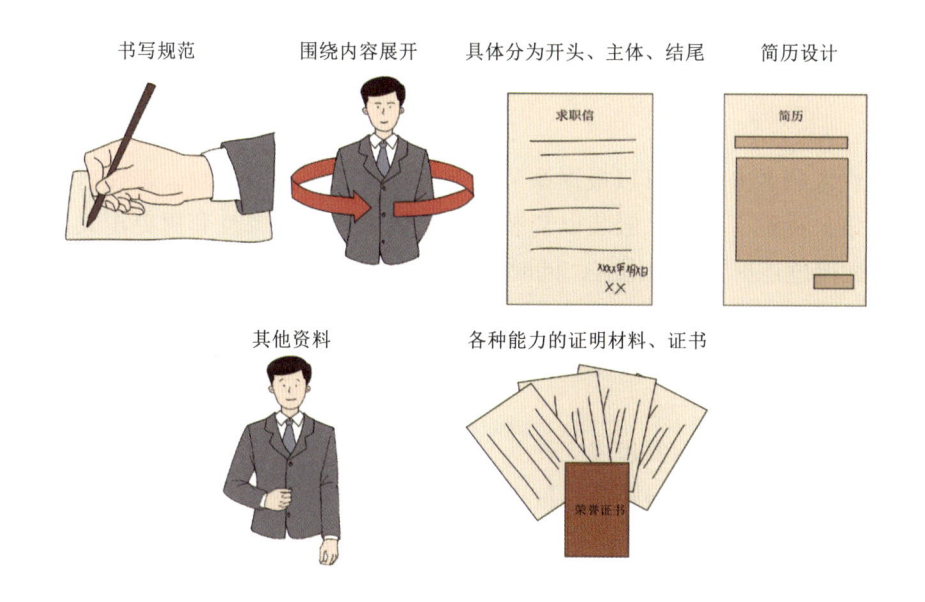

图7-2

三、面试发型、面部修饰、着装应注意哪些问题？

（1）整洁最重要，预先早计划。

（2）发型简洁、适合脸型，刘海不能遮住眼睛，不可标新立异，也不能随便。

（3）仪容规范，妆型淡雅，化淡妆，勿浓妆艳抹，不做指甲，显示专业、文雅，体现个人文化修养。

（4）服装不标新立异、不随便、不暴露，颜色白、黑、咖啡、蓝、灰都可，忌破损风、铆钉、豹纹，少用花边、蕾丝；只带一个能装下所有资料的较为正式的包，不用塑料袋。

四、面试时如何着装才得体？

面试着装需遵循两个原则：一是要和职位相吻合，二是要和考场气氛相匹配（图 7-3）。

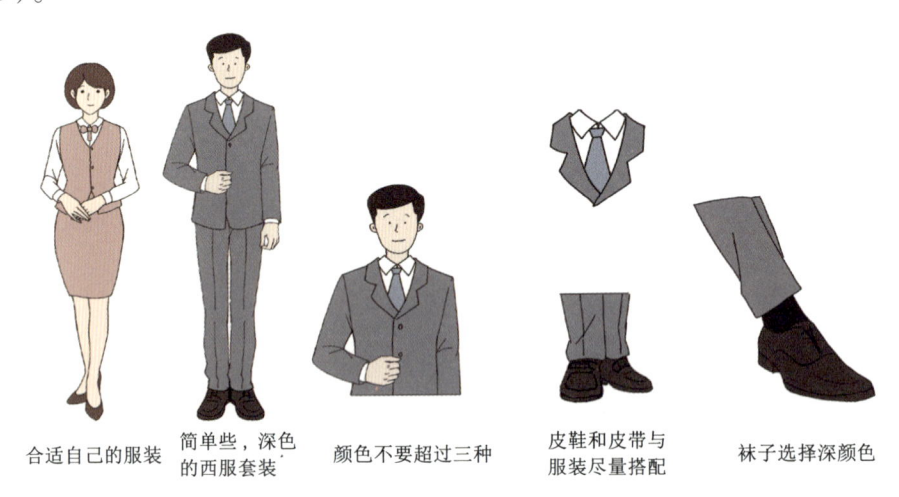

图 7-3

对于女性求职者来说，可以根据季节特点选择合适自己的服装，表现出作为面试者应有的自信、优雅、大方。服装以套装的裤装或裙装为宜，且套裙更正式些，但不能过短，搭配肉色连裤袜较为适宜，同时不得穿过薄、露、透的衣服。

对于男性求职面试者而言，穿着会简单些。深色的西服套装、配以白色或浅蓝色的衬衣，领带是否需要可视具体面试职位而定，但在着装得体的情况下，还需注意以下几个细节：

（1）身上的颜色最好不要超过三种。

（2）男性的皮鞋和皮带与服装尽量搭配协调。

（3）袜子最好选择深颜色。

五、为什么说"记住面试时间、准时赴约很重要"？

面试迟到是大忌，会留下不好的第一印象。但也并不是去得越早越好，如果时间还早，可先在附近等待一会再过去。因为通常面试官也都有自己的时间安排，去太早很可能会打断他们日常的一些工作，且等待太久，可能自己也会更紧张或没了应有的状态，一般提前 10～15 分钟到达面试现场效果最佳。

切记，进门前应先敲门，听到"请进"后再进入房间。开门关门尽量要轻，进门后不要用后手随手将门关上，应转过身去正对着门，用手轻轻将门合上。有不少的企业会通过握手判断应聘者是否专业、自信，所以当面试官朝你伸出手时，要自信稳重地伸手相握回应，双眼一定要直视对方，微笑地说声"您好"。但不可自行先伸手。

六、让自己面试更自信的小秘诀是什么？

（1）出门前：各项准备充分、各个方面检查到位。

（2）按时到达：一般提前 10～15 分钟即可。

（3）进门的方法：轮到自己面试时，在进门前先深呼吸，然后注意沉下肩，调整好状态，镇定、自信进入面试场所。

（4）行礼的方式：行敲门礼，允许后进入，向面试者行注目礼的同时轻声问好，随手把门轻轻带上，以良好的姿态轻步来到面试者面前，在适当位置站定，行 15～30°的鞠躬礼，未经允许不随意座下。

各项准备充分　　按时到达　　自信进入面试场所　　鞠躬礼

图 7-4

以上几点如图 7-4 所示。

七、面试的一般程序是怎样的？

面试的过程中通常会经历以下程序：

（1）应聘者自我介绍。

（2）主考人提出相应问题。

（3）主考人转向关于工作的问题，介绍工作性质、内容、职责。

（4）应聘者谈谈自己对今后工作的打算和设想。

（5）双方会谈及福利待遇问题。

一般这些高潮话题谈完后，就该主动作出告辞的姿态，不要再盲目拖延时间。

八、面试时如何介绍自己才是正确的？

应聘者在面试介绍自己的过程中，语言规范是必须的。同时应做到如下几点（图 7-5）：

（1）应精神饱满地介绍自己。

（2）介绍自己应以对方为导向，让对方接受和根据他的需要。

（3）介绍自己要有自己的特色，这样才能给对方留下深刻的印象。

各位面试官好，我从事过××，我的特长是×××。

图 7-5

（4）介绍自己要善于面对面，可减少误会和树立自己的形象。

（5）利用履历表或申请表把自己介绍给对方，便于阅读为原则。

（6）介绍自己应知难而退，给人留下明事理的印象。

九、面试时的形体语言应是怎样的？

（1）微笑缓解紧张情绪，也是自信的第一步，能消除紧张。面试时面带微笑，亲切和蔼，有问必答。听对方说话时，应适时点头，表示自己听明白了，或正在注意听。同时，也要面带微笑，但不宜笑得太过僵硬，一切都要顺其自然。

（2）适度恰当的手势。说话时可做些手势，加大对某个问题的形容和力度，但手势太频繁会分散注意力，需适度根据表达内容加以把控。交谈很投机时，可适当地配合一些手势进行讲解，但不要频繁耸肩，手舞足蹈。要注意的是切忌抓耳挠腮，用手捂嘴说话，这些都会显得很紧张，不专心交谈。切忌拍对方的肩膀，这对于面试官是很失礼的。

（3）如钟坐姿显精神。进入面试室后，待面试官告诉你"请坐"时方可坐下，并道声"谢谢"。最好只坐椅面的三分之二，上身保持挺直，显得精神饱满；保持身体略向前倾，既表示谦虚和尊重，又是轻松自如的姿势，不要弓着腰，也不要把腰挺得很直。以下两种坐姿在面试时不可取：一是紧贴椅背坐，显得太过放松；二是只坐椅边，显得太紧张，都不利于面试的有效进行。

（4）眼睛是心灵的窗户。对面试官应全神贯注，目光始终聚焦在面试人员身上，即使不言，也展现出自信及对对方的尊重。恰当的眼神能体现出智慧、自信以及对就职岗位的向往和热情。回答问题前，可把视线投在对方背面墙上，约用两三秒钟做思考，不宜过长，开口回答问题时，应该把视线收回来。

十、如何在面试中展现素质？

（1）举止有度，展示素质。

（2）站姿挺拔，坐姿端正。

（3）注重眼神交流、不游离，适度微笑。

（4）说话声音响亮，握手有力度。

（5）主动积极的聆听。

（6）注意站的距离、坐的位置和姿势。

（7）应礼貌地站立，允许后才能坐下。

（8）回答问题应目视对方，少小动作。

（9）应关掉手机。

（10）不随意谈论私生活，也不过分谦虚。

十一、面试时哪些问题常会被问到？

总结常规面试，一般以下这些（类）问题常会被问到，可提前有所准备：
（1）谈谈你的家庭情况。
（2）你有什么业余爱好？
（3）你为什么选择我们单位？
（4）对这项工作，你有哪些可预见的困难？
（5）谈谈你的缺点。
（6）如果我们录用你，你将怎样开展工作？
（7）你是应届毕业生，缺乏经验，如何能胜任这项工作？
（8）您在前一家公司离职的原因是什么？

有时面试官最后还会问到，"你还有什么问题要问我们的吗？"，此时如没有准备，也不知从何着手时，简单谈谈对面试的感受，并再次表示感谢，是个不错的选择。

十二、面试时的应答技巧有哪些？

（1）说话语气应柔和、措辞要优雅，且时刻提醒自己要看着对方的眼睛回答问题。

（2）回答问题应先理后据，简明扼要，无须展开；如遇不懂的问题可坦率说："不太清楚"，并可要求是否能谈一谈相关的，但切不要胡乱回答；如遇没听清或不明白时可说"您的意思是不是指……"或"对不起，我不太了解您的意思，麻烦您能否再说明白些吗？谢谢。"

而自己此时大脑应高速运转，运用头脑风暴，加快思考的速度。

（3）巧问薪酬，当谈到以往的工作经历时，往往会问及你现在的收入，你可以及时反问后，根据回答作即兴推算，主动问时，你可以以退为攻"我愿意接受贵公司的薪酬标准，不知按规定这个岗位的薪酬标准大概是多少？"

（4）告辞礼仪，把握好适时离场的时间，一般在高朝话题结束之后或者是在主考人暗示之后就应该主动离开，是结束面试的最佳时机。告辞的方式：主动站起来既不"强行推销自己"，也不在结束谈话前表现出浮躁不安和急欲离开的样子。

（5）注重面试后的礼仪。

十三、现场面试最后阶段如何做才是得体的？

面试官示意面试结束后，作为面试者应起立，并向面试官表示感谢后道再见，同时正面向对方后退几步，再缓缓走出面试室，不可直接转身走得太快，以免对方误以为你紧张、怯场或有其他什么重要的事才这么匆匆快走的。最后到门口，临走时一定要向面试人员再次行点头礼，并轻轻将门带上。

对于一个面试者来说，细节往往决定了面试的成败。只有注重细节的处理，才能够让面试者对你的印象更好，从而更加愿意录用你。

十四、怎样才能尽早知晓面试结果？

面试也需"耍心机"。面试结束时，你是否会问："请问接下来我还需要做些什么，何时能得到贵公司的回复？"通常得到的回复是："我们会尽快做出决定，几天后一定能收到我们的回复。"强力建议追问："这太好了。如果周五下午还未收到贵公司的回复，我能否与您联系了解情况呢？"回答是："当然，没问题！但周五之前你一定会收到我们的回复。"

十五、面试结束后应该怎么做？

无论是何种面试，面试后都要表示感谢，这是一个礼貌之举。同时也可使面试官对你有更深的印象，说不定会改变初衷，增加求职成功的可能性。

具体做法是，在面试后的两三天，可给面试官打电话或写感谢邮件、信函，从中要提及你的姓名、面试的时间等简要说明一些情况，如使用电话最好不要超过三分钟，如果使用感谢邮件信函就不要超过一页纸（图7-6）。

图 7-6

十六、什么是面试"五忌"？

（1）忌盲目自信，自认为满腹经纶，常常引用名家字句。

（2）忌过度紧张，语无伦次，不知所云。

（3）忌反客为主，打断考官的话，总想显出高人一等的样子。

（4）忌胡聊神侃，夸夸其谈，生怕别人不知道自己见多识广。

（5）忌神经敏感，反应过激，情绪大起大落。

其他方面还应注意：提前注意饮食、睡眠，不能一脸倦容；干净卫生，无异味，整理好自己的仪容仪表，这是最起码的礼貌。

十七、应牢记的成功面试秘诀是什么？

（1）周到的计划，详细的了解。

（2）评估自己的优缺点。

（3）化消极为积极。

（4）模仿练习可能的提问。

（5）传递具有吸引力的信息。

最重要的是把自己最好的一面表现出来，包括个人的专业知识、人格特质及临场反应能力等（图7-7）。面对不同的企业，求职者所强调的信息或自我推销的重点也应有所不同。

周到的计划　　评估自己的优缺点　　化消极为积极　　模仿练习可能的提问　　传递具有吸引力的信息

图 7-7

第八章　办公会务

办公室是职场人士开展日常工作、商务、公务活动的场所，很多的业务活动也都在办公地点进行。办公室礼仪是职场人士在这一特定的工作场所应具有的礼仪。因此了解掌握相关的办公礼仪、知晓会议组织服务等会务礼仪、仪式礼仪也是常用的工作要求，既能体现自身的职业风度和专业能力，又能更好地体现对他人的尊重，从而使个人的学识、修养和价值得到社会的认可。此外，还可使职场商务公务活动的开展、与他人的人际沟通更为顺利。

职场人士在工作过程中，离不开上级领导和同事们的帮助。与同事相处时，应当注意遵守工作交往的礼仪，为自己的工作营造良好的人际氛围，使自己的工作能够进展得更加顺利。融洽的相处关系，也有利于我们保持良好的心理状态，能够时刻以饱满的热情投入到新的工作中。

一、为什么说办公室的环境布置很重要？

办公室是企事业单位成员处理日常公务、洽谈各类业务的地方，同时也是接待各位来访者的场所。办公环境的布置，是一种无声的语言，向来访者传递着信息，体现着单位组织的精神风貌。会给来访者留下深刻的第一印象，而企事业单位成员在一个整洁干净、格调高雅的办公环境中，人们会自觉不自觉地要求自己与环境相协调，从而自然也就会变得文明礼貌、庄重大方。办公环境的设计风格，既不同于家庭环境的温馨舒适，也不同于宾馆饭店的豪华气派。办公环境的设计风格应庄重、整洁、高雅、安全，并能够体现自身企业行业的特点及品位。办公室内的布局应按工作流程和职位进行安排，讲究合理有序，错落有致，功能清楚，互不干扰。

二、办公室的布置包括哪些方面？

办公室的布置，应充分体现单位组织的经营性质，反映单位组织的经营风格，并根据单位组织的实际情况布置舒适的办公环境，配备相关现代化的电子设施设备，以展现单位组织的先进、高效、高品位的企业或组织的形象。

（1）办公室的整洁是办公室环境布置的一个重要的、不可忽视的方面。

（2）合适配置和摆放办公设备、办公用品极为重要。

（3）重视办公室内装饰的协调及品位，重视办公室内的物理环境。

三、办公桌排列的基本原则有哪些？

办公桌是工作人员的必备工具，应注意美观、适用。

（1）办公桌的排列应按照直线对称的原则和工作程序的顺序。

（2）同室工作人员最好朝同一个方向办公，一般不要面面相对，以免相互干扰和闲谈。

（3）各座位间通道要适宜，应以事就人，而不是以人就事，以免往返浪费时间。

（4）领导者应位于后方，以便监督，同时也会防止因领导者接洽工作转移和分散工作人员的视线和精力。

四、办公桌的物品摆放有什么讲究？

办公室是进行商务活动的工作场所，从办公桌的状态可以看出工作人员的工作状态。任何时候桌面都井然有序的人，一般来说工作起来也会是干净利索、一丝不苟。保持办公桌干净、整洁、简单，一目了然，桌面的物品摆放井然有序。为了更有效地完成工作，办公桌上不能摆放太多的东西，只摆放手头上正在处理的与工作有关的资料。一般在中上侧摆放台历或水杯、电话；右侧摆放文件筐（盒）、等待处理的管理资料；中下侧则摆放急需马上处理的业务资料；左侧一般摆放相关业务资料（图8-1）。如果暂时离开座位，应将文件覆盖起来，保密的资料应随时收存。文具要放在桌面上，为使用的便利，可准备多种笔具：签字笔、圆珠笔、铅笔等，笔应放进笔筒而不是散放在桌上。

图 8-1

需要注意的是别把办公室当家，尤其是刚入职场的新人。另外，在桌面上放些绒毛摆件、相片等之类的不仅会影响你的形象，也让他人觉得你很幼稚，且也会怀疑你的工作能力。

五、办公室的整理何时进行才是符合礼仪的？

整理和收拾办公室的物品应该在下班后进行，上班时间大家都在安静办公，而如果你收拾东西就会发出响声影响大家，不能专心工作，这也是办公室的相处礼仪。

根据不同工作性质，设计不同形式的办公桌、椅。座椅应与办公桌相协调配套，有条件的可采用自动升降办公椅，以适应工作人员的身体高度。无论何时都不要乱拉别人的办公椅用。办公人员短时间离开时，座位原位放置；若长时间离开办公室或休假，座位应完全推进去，保持整齐。

六、办公室个人着装礼仪有哪些？

办公室是单位组织人员处理日常工作的重要场所，也是你会和同事们朝夕相处的地方，还会经常在这里接待不同的来访人员。因此，办公室的个人礼仪，不仅仅影响到自己形象的树立，还影响到整个企业组织的形象。

需要注意的是穿着打扮要符合本行业、本企业规范，具有职业风范。一般情况下，上班如有着制服要求的应严格遵守，着制服上下班，以保持企业形象的统一。即使没有统一的制服着装要求，也应根据基本的职场着装原则，庄重、得体，注意职业着装禁忌，即忌颜色杂乱，过于鲜艳，过分透视、暴露，过分短小紧身，既不便于工作也影响形象的专业性，请牢记：在职场得体永远比漂亮更重要（图8-2）。

图 8-2

七、办公室中的行为举止应注意什么？

办公室是一个公共的工作场所，作为办公室的一员应遵守公共道德和单位企业的各种规章制度，不迟到，不早退。爱护工作设备，并且充分考虑其他人的需要。

在工作场所，还应保持良好的仪态风范。正确的走路姿态应当是安静的、稳重的，而不要匆匆忙忙，甚至着急时跑步，都是不合适的；更不能慌慌张张，也不要一边走路一边大声说笑，以免影响干扰到别人办公。微笑要恰到好处、落落大方，不要边走路边看手机，不小心碰到他人就不礼貌了，且也不安全，容易碰到物品，应注意人身、财产的安全。站立姿势、坐姿都应符合礼仪规范，给人以精神饱满之感。

八、一般对于办公场所中的语言有什么要求？

办公室的交谈声音要轻，需兼顾他人的感受，尽量小声不影响他人工作。说话要文明，有分寸，不随便开玩笑。办公场所称呼应规范，不适宜使用亲昵的称呼；不要总是抱怨、发牢骚或闲聊，也有损自己的职业形象。同事之间言语应谦和，对待来访者应热情。

九、在办公室用工作餐应注意哪些细节？

当今各行各业工作节奏都很快，工作人员有时不可避免地会在办公室用餐。在办公室，与同事一起进餐是件方便、愉快的事，但需注意一些小节，以免破坏了自己在同事中的良好形象。如开口的饮料罐，长时间摆在桌上就有损办公室雅观，应尽快扔掉；嘴里含有食物时，不要贸然讲话；他人嘴含食物时，最好等他咽完再对他讲话。

由于大家围坐一堂，难免有人讲笑话，因此要防止大笑喷饭的情形，注意每口所含食物不宜太多，否则弄得到处乱溅；吃声音很响的食物，也会影响他人，故最好不吃；即使吃，也应尽量多加注意。有强烈味道的食品，尽量不要带到办公室，因为其气味会弥散在办公室里，还会损害办公环境和公司形象，用餐完毕应将桌面和地板清理打扫一下，并及时将餐具洗干净。

十、汇报工作应注意什么？

汇报是职业人士需例行的公事之一，也是下情上达，反映情况，为上级机关或领导提供决策依据的重要方式。汇报是上下级沟通的重要途径。

准确、全面、实事求是、客观公正，并注意维护全局利益是办公室汇报工作的总要求。

尤其不能欺上瞒下、弄虚作假而误导上级。

领导上司往往也会利用职场人员汇报工作之际进行考察，因此在汇报工作时，务必做到以下几点（图8-3）：

（1）汇报前要周密准备，设想可能提出的问题，备好汇报提纲和相关材料。

（2）汇报中要根据已定主题和重点，集中目标围绕重点、分清主次去粗取精、节省时间力求精练、认真对待保证效果。

（3）向领导汇报工作后，对领导给予的反馈意见一定要重视，并根据意见改进工作，这样的汇报才能取得真正的效果。

图8-3

十一、办公室人员汇报工作应遵循什么原则？

作为办公室人员必须明确汇报的对象，向领导汇报工作时，应遵守"归口管理"的原则。通常应当直接找分管领导汇报，擅自进行多头汇报或越级汇报都可能会给领导的管理工作带来不便，应注意避免。在找不到分管领导或该领导不对该工作负责任的情况下，才可以向分管领导的上一级领导或其他领导汇报。只有涉及综合性问题，才适合向主持全面工作的负责人直接汇报。

十二、如何把握汇报的时间？

在日常工作中因所汇报的工作内容具体情况千差万别，所以汇报的时间也需根据具体情况加以灵活掌握。例如，紧急的事情要立刻汇报，不能耽搁；而长期的工作就可分期做阶段性汇报。总之，要让领导及时了解工作开展的进度、工作中遇见的困难等，才能更好地工作。

十三、如何选择合适的汇报形式？

一般应根据汇报的内容，选择合适的汇报形式，常见的汇报形式有三种：口头汇报、书面汇报和电话汇报。无论哪种汇报形式都应在汇报工作前理清思路，并根据汇报的内容和时间紧迫性，再选择合适的汇报形式向领导汇报。

十四、口头汇报时的礼仪要求有哪些？

口头汇报，是指当面向领导口头汇报工作。一般应注意以下几点：

（1）守时。在现代社会，人们的生活节奏普遍加快了，更需要我们有极强的恪守时间的观念。下级向上级汇报工作时，务必按约定时间到达。

（2）先敲门后进办公室。到领导的办公室汇报工作，切记不可大大咧咧，破门穿堂，而应先轻轻地敲门，经允许后再进去。即使门开着，也要用适当的方式告诉上级有人来了，以便上级及时调整体态、心理。

（3）语言准确、简练。汇报内容要实事求是，汇报口音要吐字清晰，语调、声音大小恰当。有喜报喜，有忧报忧，语言精练，条理清楚，不可"察言观色"，投其所好，歪曲或隐瞒事实真相。

（4）尽量压缩汇报时间。最好限定在半小时内，若15分钟就更好，以提高效率。汇报结束后，上级如果谈兴犹在，不仅不可有急着离开的表情，也不可有不耐烦的体态语产生，应等到由上级表示结束时才可以告辞。告辞时要整理好自己的材料、衣着与茶具、座椅，当领导送别时要主动说"谢谢"或"请留步"。

十五、什么情况下适合书面汇报？

书面汇报，是将需要汇报的内容整理成文字，以直接递交、书信递交、电子邮件递交等途径向上司汇报工作。书面汇报通常可以较为全面、系统、深入、细致地反映情况，具有说理充分、材料周全的优点，缺点是时效性较差。书面汇报适用于需领导批办、有所参考或需要保存的事宜。一般属于正式公文类。

十六、如何进行电话汇报？

电话汇报，是指通过电话向上司汇报工作。电话汇报仅适用于临时就某些必须办理的重要事务向上级进行请示或反映。电话汇报后，往往还要在适当时候再以口头、书面汇报形式对其进行补充。

十七、听取口头汇报时的礼仪有哪些？

听取下级口头汇报时，如果已约定时间，应准时等候。如能稍提前一点并做好记载要点的准备以及其他准备那就更好。及时招呼汇报者进门入座，不可居高临下、摆架子，盛气凌人。听取汇报的过程中，可与汇报者目光交流，以点头等体态动作表示自己在认真倾听。对汇报中不甚清楚的问题及时提出，要求汇报者重复或解释，也可以适当提问，但要注意所提问题以不打消对方汇报的兴致为宜。要求下级结束汇报时，可通过合适的体态语或委婉的语气告诉提醒对方，不能粗暴打断。当下级告辞时，应站起来相送。如果联系不多的下级来汇报时，还应送至门口，并亲切道别，体现上级领导的良好风度。

十八、听取电话汇报时的礼仪应注意哪些？

如是听取电话汇报，应注意礼貌，认真倾听，尽量不中途打断。对于汇报中听不清楚或听不明白的地方应及时说明请对方再次重复。汇报结束时，应与对方再次核实报告内容的要点。听取汇报过程中，保持态度冷静、发音清晰、用语有礼貌。

十九、处理书面汇报时有哪些礼仪？

收到书面汇报，应及时、认真地查阅并适时给予反馈意见。下属汇报工作之后，若迟迟没有接到上级的反馈信息和指导意见，会挫伤今后汇报工作的积极性，不利于往后工作的开展，而有些汇报反映的问题处理有较强的时效性，所以处理和反馈的及时性显得尤其重要。

二十、工作中如何处理好与上级的关系？

上级，是指同一组织、系统中，职位较高的单位或个人。日常在工作计划制定时、开展过程中、工作结束后，都应适时将需要汇报的情况及时向直接上级汇报。除特殊情况外，不要越级汇报，否则会给上级的工作造成困难。

职场人士在工作上，要服从上级的正确领导和指挥，感情上要高度尊重，而不是表面的谦恭和服从。如出现看法不同时，应注意场合和时机适时向上级反映，不可当面顶撞，否则不仅会影响工作的进展，也会影响与上级的关系。

受到上级批评时，应抱以"有则改之，无则加勉"的积极心态面对。理智地分析具体情况，从中找到改进工作、改善沟通的机会。不可以消极情绪对待。

平时尊重上级，以尊称相称呼，以礼貌的方式与上级相处。与上级保持恰当的人际距离，不随便开上级玩笑。遇到问题虚心向上级请教，不当面顶撞上级，也不要当众纠上级的错、揭短。

二十一、工作中如何把握好平级之间的关系？

平级之间应相互尊重，相互关心。无论是很熟还是不熟的同事，见面主动问好。不要把同事的错误当笑料，不要取笑同事的习惯和爱好，更不要随意传播同事的隐私。"关系好不等于没礼貌"，也不能随便开同事的玩笑。

同事之间互帮互助。年轻人应虚心向年长者求教，以尽快提高自己的工作能力。年长者则要关心爱护年轻人，学习他们身上的长处。请求同事帮忙时，应用商量的口吻，事成之后，应诚心地表示感谢。

同事相处，要以大局为重，求大同、存小异。在工作上发生分歧时，态度要冷静，虚心地听取对方的解释和意见，切不能把自己的想法强加他人，也不能以自己为标准去苛求别人。

二十二、如何处理好与下属的关系？

上级对下级的工作负有指导责任，下级应服从上级，并把上级的意图转变为具体的行为。办公室礼仪决定了上下级之间在遇到事情时所采取的言谈举止，都必须以礼待人。作为上级应率先垂范，以优秀的人格魅力、良好的外在形象、脚踏实地的工作作风、诚信的职业道德为下级树立起良好的榜样。在工作中，做到对下级既关心爱护，又严格管理和要求。

二十三、会议的种类主要有哪些？

会议是指为了解决某个（或某些）共同的问题，或出于某个（或某些）目的，聚集（可通过网络虚拟聚集）在一起进行讨论、交流的活动。按会议的功能分，可分为例会、座谈会、报告会、新闻发布会等，按会议举行的参加人数和规模分可分为小型会议、中型会议和大型会议。大型会议，一般是指与会者超过1000人、规模较大的会议。大型会议的成功举行有助于提升形象和促进建设、创造经济效益等作用。而日常成功的小型会议则会起到沟通信息、交流思想、促进工作进一步开展的作用。

二十四、例会与座谈会的礼仪有哪些？

日常例会是指固定时间、固定地点和固定与会人员的制度性会议，也称为办公会议。例会是内部会议，而且范围小，时间短，所以礼仪比较简单。

座谈会是邀请有关人士，围绕某一议题进行讨论或为沟通情况、征求意见、增进感情而举办的小型会议。座谈会的礼仪有以下几个方面

（1）内部座谈会可用通知的形式告知与会者，通知要写明座谈会的时间、地点、内容和具体要求。如邀外部嘉宾参会应提前下发邀请函。

（2）会场的选择与安排要紧凑，一般采取U型（或称为C型）排列，营造平等、轻松、友好的气氛。

（3）如有外部嘉宾参会，主持人要一一介绍，以示欢迎。

（4）主持人为活跃气氛，应引导大家积极有序地发言，知无不言、言无不尽，注意要使每个参会者都有发言机会。

（5）座谈会结束时，主持人应作简要总结归纳，并对与会嘉宾表示感谢。

二十五、何谓U型（或C型）排序法？

U型（或C型）会议桌座次的安排：以对门的正中间位置为主要领导的位置，左

右两侧根据左为上，右为下的原则。当领导人为奇数时，一号领导居中，二号领导排一号领导左边，三号领导排一号领导右边，其他依次排列；当领导人为偶数时，一号领导和二号领导居中，一号领导在居中座位的左边，二号领导在右边，其他依次排列（图8-4）。

图 8-4

二十六、报告会的礼仪主要有哪些？

报告会是请专家学者、先进人物或其他人士进行专门报告的会议。常见的有形势报告会、学术报告会、先进单位或先进人物报告会等。报告会的礼仪主要有：

（1）会场一般应选择传统教室型，并设有主席台；会场的气氛应热烈，并挂有欢迎的横幅。

（2）报告会开始时，应由主持人对报告人予以介绍并表示欢迎。

（3）报告会的时间安排不能太长，听观众数量宜多不宜少，最好是座无虚席。

（4）报告会如要录音录像，应征询报告人的同意。

（5）听众如有提问，可采取递条的形式；如报告人留有空余时间，可口头提问。

（6）听众应始终保持安静，注目倾听，不可看书报、手机或搞其他小动作。

（7）报告会结束时，主持人应再次表示感谢，与会全体应报以热烈的掌声。

二十七、什么是新闻发布会？

新闻发布会，是政府或企业单位为了实现某一目的，围绕某一特定的主题，邀请新闻界记者参加的一种特殊会议。它是一种主动向外部公众传播组织的有关信息，谋求新闻界对社会组织的重要信息、某一活动或事件进行客观而公正报道的有效沟通方式。新闻发布会礼仪较其他会议形式更为烦琐些，需在会前周密准备，确保发布会的效果。

二十八、新闻发布会的主题如何确定？

确定好主题，是新闻发布会礼仪的第一步程序。常见的新闻发布会的主题一般有两种：

一种是为了发布组织的某一重要信息，如经营方针的变化、新产品的推出等；

另一种是对发生的事件予以解释和澄清，如公众投诉、负面报道、重大事故等，以化解危机，维护形象。

二十九、为什么说"确定新闻发布会邀请的记者范围"的合理性将直接影响会议的成效?

因为记者是新闻发布会的主宾,主宾的作用非同寻常。所以向记者发出邀请是一项十分重要的工作。邀请的范围要全面考虑媒体的权威性和覆盖面。如是为了扩大组织的影响,提高组织的知名度,邀请的范围就要大一些;如果只是在一定范围内进行宣传、解释,邀请的范围则可小一些。邀请对象确定后,应提前一周将请柬或邀请函送达新闻单位或记者本人,并及时电话联系,具体落实出席情况。

三十、新闻发布会的时间和地点的选定应注意什么?

新闻发布会时间是否选得合适,对发布会的效果有着很大的影响。

时间的选择上:第一,一定要避开节假日;第二,要避免和重大社会活动相冲突。

地点的选择上:首先应考虑有利于记者的采访,可安排在举办方组织所在地或事件发生地,也可在隶属的行业会议厅进行;其次地点的选择,还要考虑交通是否便捷,采访的条件是否优越,扩音、录音、录像设备是否完好等。

三十一、如何选好新闻发布会的主持人和发言人?

新闻发布主持人和发言人的选择至关重要。发布会的主持人,应具有思维敏捷、反应灵活、口齿伶俐、擅长交际、经验丰富和通晓礼节的特点;发言人应由了解组织整体情况、能代表组织说话或回答提问的高层领导担任。

三十二、新闻发布会的其他礼仪程序还有哪些?

(1)准备好各种材料,如发言提纲、问答提纲、宣传提纲及图表、照片、实物、模型、录音、录像、影片、幻灯片和光碟等辅助材料。

(2)发布会的会场布置,尤其要注重组织精神的体现,会场环境及设施要优雅、大气、舒适、得体,台上和台下要形成一种融洽的气氛。

(3)现场主持人礼仪。主持人要根据会议主题调节好会议气氛。当记者的提问偏离主题时,应巧妙将话题引向主题;当出现紧张气氛时,应及时调节缓和,并把握好会议的进程和时间。

(4)现场发言人礼仪。发言人要表现出较高的风度和涵养。发言的内容要真实准确,篇幅要短小精悍,态度要热情诚恳,方式要灵活善变。如遇不友好的提问要冷静处理,婉转应对,切忌生硬无礼。

(5)发布会结束时的礼仪。主持人应简评会议,并一一向与会记者表示感谢。

三十三、大型会议开始前的准备工作有哪些？

大型会议的种种组织工作中，以会前的组织工作最为关键。一般可分为以下四个方面：

（1）会议筹备。任何会议的举行，皆须先行确定其主题（包括会议名称）。负责筹备会议的人员，围绕会议主题，将领导议定的会议规模、时间、议程等组织落实。大型会议更是通常要组成专门班子，明确分工，责任到人（图8-5）。

（2）通知拟发。按常规，举行正式会议均应提前向与会者下发会议通知。这是由会议的主办单位发给所有与会单位或全体与会者的书面文件，同时还包括向有关单位或嘉宾发的邀请函件。这其中会务人员，首先要拟好会议通知，拟写通知一般应由标题、主题、会期、出席对象、报到时间、报到地点以及与会要求七项要点组成，并保证其完整而规范。其次还应及时送达，所以下发会议通知，应设法保证其及时送达，不得耽搁延误。

图8-5

（3）文件起草。会议上所用的各种文件材料，一般应在会前准备妥当。需准备的会议文件，主要有会议的议程、开幕词、闭幕词、主题报告、大会决议、典型材料、背景介绍等。部分文件应在与会者报到时就作为会议资料下发。

（4）常规性准备。负责会务工作时，也有必要对一些会议所涉及的具体细节问题，做好充分的准备工作。如做好会场的布置。对于大型会议举行的场地应有所选择，会场的桌椅根据需要做好相应安排，开会时所需的各种音响、照明、投影、摄像、录音、空调、通风设备及多媒体设备等，应提前进行调试检查。根据会议的规定，与外界搞好沟通，比如向有关新闻部门、公安保卫部门进行通报。会议用品的采办，如纸张、本册、笔具、文件夹、姓名卡、座位签以及饮料、声像设备、用具，需要及时采购等。

三十四、大型会议的座次安排有什么特别之处？

大型会议在座次安排上最大的特点是会场上一般应分设主席台与群众席。主席台的座次非常重要，必须认真排序，后者的座次则可排可不排。

大型会场的主席台，一般应面对会场主入口。在主席台上的就座之人，通常应当与在群众席上的就座之人呈面对面之势。在其每一名成员面前的桌上，均应放置双向的桌签，以便与会人员对号入座，避免上台之后互相谦让。

（1）主席台必须排座次、放名签，以便领导同志对号入座，避免上台之后互相谦让。

（2）对邀请的上级单位或兄弟单位的来宾，也不一定非得按职务高低来排，通常掌握的原则是：上级单位或同级单位的来宾，其实际职务略低于主人一方领导的，可安排在主席台适当位置就座。这样，既体现出对客人的尊重，又使主客都感到较为得体。

三十五、大型会议主席台的位次排序有何规则？

大型会议，国内遵循"左为上"的排序原则，目前排定主席台位次的基本规则有三条：一是前排高于后排，二是中央高于两侧，三是左侧高于右侧。

具体又分为主席台就座领导人数单数和双数两种情况的排座：

（1）如领导为单数时，1号领导居中，2号领导排在1号领导左边，3号领导排右边，其他依次排列（图8-6）。

（2）如领导为双数时，1、2号领导同时居中，2号领导在1号领导右手位置，3号领导在1号领导左手位置，其他依次排列（图8-7）。

图8-6　　　　　　　　　　　　　　图8-7

三十六、参加大型会议，与会者开会前的礼仪有哪些？

作为与会者尤其是参加大型会议，在开会之前应注意以下三个方面的礼仪：

（1）守时。在参加会议时，一般在规定的会议时间之前提早五六分钟进入会场，不要迟到，迟到会被视为是对本次会议的不重视或对会议主持人以及其他与会者的轻视与不尊重。

（2）仪表。参加会议的人员衣着应以正式上班服装为主，穿着不可过于随便，特别是金融、律界的从业人员及商务、公务人士，通常要求着制服参加。如果是户外会议等特殊会议，应事先询问主办单位穿何种服装较为得体。

（3）举止。在参加会议时，坐姿要端正，不可东倒西歪或趴在桌子上。不要搔首、掏耳、挖鼻、剔牙、剪指甲，甚至把脚从鞋里拿出来、抠脚趾等。一般室内都禁烟，也无烟灰缸，表示不能抽烟。

三十七、大型会议的与会者在会议中和结束后要注意什么？

（1）会议进行期间，应认真倾听他人发言或报告并做好记录，深入体会和了解会议精神以便准确传达。开会时，在下面闲聊、看书报、玩手机、抽烟、吃零食、打瞌睡、打哈欠、频频看表、身体动来动去、把玩手上的笔或闭目养神等，都是很不礼貌的行为，切忌出现。如在会议中，出席者需要发言，应先举手，这是发言的礼貌。发言时，口齿清楚，态度平和，手势得体。在大型会议上发言，一定要准备充分，严格遵守会议组织者规定的发言时间。态度谦虚，发言开始和结束时应向听众欠身致意和施礼致谢。

（2）会议结束后，要听从会议组织者的指挥，有序离开会场，不得拥挤或横冲直撞。

三十八、主席台就座者应遵循的礼仪规范有哪些？

大型会议或设主席台的会议，主席台上的就座者也应遵循相应的礼仪规范。

有序进入主席台时，若此时参加会议者鼓掌致意，主席台就座者也应微笑着鼓掌作答；那些座位上或主席台的长桌上已标明就座者姓名的，应按会议工作人员的引导对号准确入座。会议进行中，主席台就座者应该认真倾听发言人发言，一般不与其他就座者交头接耳，更不能擅自离席，确有重要和紧急的事宜需提前离开会场，应同主持人打招呼，最好征得其同意后再离席。

三十九、在会上发言时需要注意哪些礼仪？

在会上发言的人或报告人，其礼仪主要表现在发言要遵守秩序。在发言之前，应面带微笑，环顾会场四周。如会场里响起掌声，可适时鼓掌答礼，等掌声静落后，再开始发言。发言时应掌握好语速和音量，尽量使会场中所有人都能听清为宜。发言或报告结束时，应向会议全体参加人员表示感谢。着装应较为正式，如男士着西服长袖衬衣，必要时系领带。

四十、会议主办方邀请的来宾与会时应遵守什么原则？

对与会的来宾而言，应遵守"客随主便"的习俗，听从会议组织者的安排，与会期间举止端庄，行为有度。如果在会议开始前或进行中遇到熟人，不能只把注意力集中在一两个人身上，还需照顾到来宾中的每个人，不能因为自己是来宾就不遵守会场纪律，更不能有"高人一等"的表现。

四十一、方桌会议与圆桌会议的座次安排有什么不同？

在日常会议中，座次安排大多分为两种，即"方桌会议"和"圆桌会议"。

这里的方桌会议，是指会议桌是长方形的，也是会议中最常见的一种座次安排方式，方桌会议要特别注意座次的安排（图8-8）。

情况一，如只有一位领导，那他一般坐在这个长方形桌的短边，或者是比较靠里的位置。就是说以会议室的门为基准点，里侧是主宾的位置。

情况二，如果是主客双方参加的会议，一般分两侧就座，主人坐在会议桌的右边，而客人坐在会议桌的左边（从观众的方向看）。

圆桌会议是为了尽量避免主次的安排，以圆形桌为布局，就是圆桌会议。在圆桌会议中，不拘泥主次礼节，只要记住以门作为基准点，比较靠里面的位置是较为重要的座位就可以了。

图8-8

四十二、会议接待人员需要注意的问题有哪些？

（1）陪同客人行进的位次：切忌给大家一个背影，首先要把墙让给客人，让客人在右边；陪同引导的标准位置是在客人的左侧前方1米到1.5米。如果客人认路，客人应走在前方。

（2）上下楼梯时：一般情况下，女士先行，但是当女士穿短裙时则男士要走在前边，并应始终保持微笑，侧脸指引路的手要五指并拢，手心斜向上方。

（3）添茶水一般应从右侧；上茶应密切关注会议进程，茶水少于水杯的二分之一处时添水，保持适当的频率。如在会议的简短停顿中添水，要有示意或眼色，姿态得体，动作干净麻利、轻拿轻放，切忌毛手毛脚、动静过大、慢慢吞吞。

四十三、什么是会晤的礼仪？办公会晤的场所由哪方确定？

会晤的礼仪，是针对作为东道主而言的。也就是在商务场合，宾主见面之后，东道主要怎样来接待来宾的礼仪。

会晤礼仪是东道主接待来宾的礼仪，所以安排会晤场所也是由东道主"独断专行"进行选择，东道主的会议室、会客室、客人住的地方都可以。越是正式的会晤，就越应当安排在会客室内进行，这是商务礼仪的一条重要规则。

四十四、会晤进行时的相关礼仪有哪些？

（1）会晤时最标准的"见面礼"——握手礼。

（2）合影大都安排在宾主握手问候之后。且在合影时，全体人员应都站着。

（3）商务会见中的尊位确定：遵循"以右为贵"的原则，主方将客方置于主方右侧。

（4）会晤时的位次排序：主要运用"按职排位"的原则。双方都从各方尊位开始，按职位由高职到低职向远端排序；按我国外事部门惯例，译员一般安排在主人和主宾右侧的第一个位置。

（5）会晤结束时要礼貌送客，但莫逐客。

四十五、商务会谈多批来宾接待的礼仪有哪些？

商务会谈时需接待多批次的来宾时，一般根据具体情况选用不同的接待方法（图8-9）：

（1）分批接待：即依照礼宾序列，"先来后到"的顺序，一般适用于大型活动。

（2）分别接待：接待来自不同公司的来宾，适用于事务性会晤，应对某些不速之客，或是进行事务性会晤。

（3）一同接待：将多方客人安排在一起接待。多用于礼仪性会晤。

图8-9

四十六、签字仪式过程中应遵循哪些礼仪？

一般来讲，但凡比较重要、规模较大的商务洽谈，在协议达成后都应举行签字仪式。签字仪式礼仪是指商务洽谈达成协议后，双方人员在一起举行签字仪式时应遵守的礼仪。

（1）仪表应整洁、挺括，仪态庄重、友好、大方，气氛既不能过于严肃，也不应过分喜形于色。双方出席签字仪式的人员步入签字厅后，签字人入座，其他人员按身份高低顺序排列于各方的签字人座位后，双方身份最高者站立于中央，双方助签人员应分别站在各方签字人的外侧。

（2）签字仪式开始后，双方在本国或本单位保存的文本上签毕后，由助签人员互相传递、交换协议文本，签字人再在对方保存的协议文本上签字，然后由双方签字人郑重地相互交换协议文本，并相互握手致意。其他参加签字仪式的人员应鼓掌祝贺。

（3）为了烘托气氛和表示庆贺，协议文本交换完毕，双方人员握手致意后，也可安排服务人员用托盘端上香槟酒，供双方全体出席签字仪式的人员举杯庆祝。一般双方出席签字仪式的最重要领导、签字人和主谈人员相互碰杯即可，喝酒也只是象征性地表示一下礼仪，不能狂饮失态。签字仪式结束后，应让双方最高领导者及宾客先退场，然后东道主退场。

以上是签约过程中的一般礼仪，具体应根据实际情况因地制宜加以运用，切不能生搬硬套。

四十七、签字仪式的准备阶段有哪些礼仪需注意？

作为东道主一般应从以下四个方面为签字仪式做好准备工作（图8-10）。

（1）确定参加人员。一般较为礼貌的做法是，出席签字仪式的双方人数大体相等。有时为表示对本次商务谈判的重视或对谈判结果的庆贺，对方更高一级的领导人也可出面参加签字仪式，级别一般也是对等的。因参加签字仪式的人员基本应是双方参加会谈的全体人员，如一方要求某些未参加谈判的人员出席签字仪式，应事先征求对方的意见，取得对方的同意。

（2）准备协议文本。谈判结束，双方应组织专业人员按谈判达成的协议做好文本的定稿、翻译、校对、印刷、装订、盖火漆印或单位公章等。作为东道主，应为文本的准备工作提供准确、周到、快速、精美的方便条件和服务。

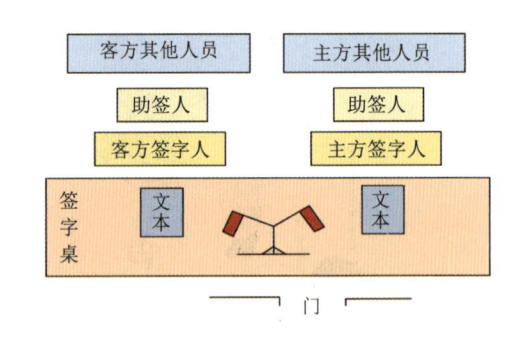

图8-10

（3）选择签字场所。签字仪式举行的场所，一般视参加签字仪式的人员规格、人数及协议内容的重要程度而定。大多会选择客人所住的宾馆、饭店或东道主的会客厅、洽谈室作为签字仪式的场所。有时为了扩大影响，也可商定在某个新闻发布中心或著名会议、会客场所举行。无论选择何处举行，都应征得对方的同意，否则就是失礼的行为。

（4）布置签字场地。各国安排的签字仪式不尽相同。我国举行签字仪式，一般在签字厅内设置一张长方桌作为签字桌。桌面上盖深绿色台布，桌后放两把椅子，供双方签字人入席就座。东道主席在左边，客方席在右边。桌上安放着将各自保存的签约文件，文本前分别放置签字用的文具。与外商签字时签字桌中间摆有一旗架，旗架上面分别挂双方国旗。

四十八、颁奖礼的一般流程是什么？

（1）由导位人员把受奖人领上台。
（2）礼仪小姐用托盘托住奖品上台。
（3）由导位人员把颁奖人引领上台。
（4）礼仪小姐双手递承且鞠躬让颁奖人接过奖杯、奖状或证书（向前微躬15°，把奖杯、奖状或证书递给颁奖人）后，礼仪小姐从一侧退下台。
（5）待颁奖人受奖人拍照留念后，导位人员分别把颁奖人和受奖人引导回位。

四十九、不同情况下的颁奖流程有什么区别？

1. 颁奖人在台上

（1）礼仪小姐直接把奖品用托盘托上台，把奖杯或证书直接给颁奖人。
（2）导位再把受奖人引领上台。
（3）待颁奖人和受奖人合影留念后，导位再把受奖人引导回位。

2. 受奖人在台上（受奖人数较少）

（1）由导位直接把颁奖人引导上台（礼仪小姐随颁奖人之后上台，颁奖人与礼仪小姐各站一边，颁完奖后礼仪小姐随即离开）。
（2）颁奖人和受奖人合照后，导位分别把颁奖人和受奖者引导回位。

3. 颁奖场地不大（只有一位颁奖者）

（1）由导位人员把受奖者引导上台。
（2）由另一位导位人员把颁奖者引导上台。
（3）礼仪小姐随颁奖者身后上台。
（4）把奖品递给颁奖者后礼仪小姐随即离开（从受奖者身后离开）。
（5）颁奖人和受奖人合影后，导位人员分别把颁奖者和受奖者引导回位。

第九章 拜访接待

得体周到的接待拜访礼仪，在职场工作过程中十分重要，它是联络感情、增进友谊、交流工作、扩大信息来源的有效方法。接待和拜访是一项礼节性很强的社会交流活动，讲究对客人的接待拜访礼仪，能够给客人留下良好的印象，从而为后续的工作开展和人际交流打下良好的基础。

一、何谓接待？

接待是行业和组织对外的一个文明窗口，来访人员往往直接通过这个窗口，来推论行业或组织的工作作风、精神面貌、员工素质等整体形象。接待也将直接作用于来访者的"首因心理"和"近因心理"，会令来访者产生某些联想，因而在商务或公务活动中具有特殊的作用，可强化客户关系和行业组织的整体形象。所以日常在工作中，尤其是作为职场人士，必须重视和切实做好接待工作（图9-1）。

接待也是职场人士的日常工作之一，接待绝不是摆设，而是最基础的工作投资，呈现着行业组织的文化品位、刺激客户消费欲望。

图 9-1

二、做好接待工作的基本要求有哪些？

在职场无论是做好商务接待还是公务接待都有几点基本的要求：

（1）友好热情，态度诚恳。诚恳热情的态度是人际关系成功的起点。在接待过程中应友好热情，态度诚恳，一视同仁，都应予以尊重和礼遇，使来访者感受到尊重，产生温暖愉快的感觉。从而就容易接受行业所传播的信息和倡导的价值观念。

（2）文明礼貌，热情周到。在接待工作中，作为行业或组织的代表直接与来访者接触的职场人士，其一举一动都会影响来访者对行业或组织的总体评价和印象。因此，在接待中应综合考虑各种因素，工作细致周到、有条不紊。尤其是对远道而来的，更应关怀备至，嘘寒问暖，帮助解决实际困难，消除对行业或组织的陌生感和恐惧心理，形成良好的交往气氛，让他人有宾至如归的感觉，从而留下良好的第一印象。

（3）自然朴实，举止大方。在接待中，既要注重基本礼仪，又不过分做作，既不失现代人的洒脱风度，又庄重大方，从而赢得来访者的好感。注重接待仪表，面容整洁，衣着得体，态度和蔼；举止稳重端庄，风度自然，从容大方。交谈声音适度，语气温和，礼貌文雅。

（4）情真意切，平等待人。作为职场的一项重要工作，接待时应富有情感，真诚以待，利于创造和谐友善的交往环境而赢得认可。同时在接待中还应一视同仁，平等相待来访者，而不是厚此薄彼，以免容易产生不信任甚至对立情绪。

（5）不卑不亢，积极投入。在接待中既要让他人感到你的热情与尊重，又要让她或他看到你对本行业或组织的认同感，不卑不亢。即既要热情真诚，谦虚有礼，而不是目中无人；又要落落大方，自尊自信，保持应有的尊严，体现着职场人士所应有的自信和自豪，赢得来访者的青睐，从而创造融洽的交际环境。

三、如何处理突然来访者？

若是无约而突然来访者，一般应立刻放下手头上的工作，起身相迎，礼貌问候，热情招呼对方入座，然后在其一侧或对面坐下，礼貌地询问对方的来意。

就突然来访的客人，一般可分为以下几种情况：

（1）如初次见面，应了解对方的姓名、工作单位，不轻易打断对方的谈话。来访者说话声音过高或者情绪异常激动时，应及时暗示或者用手势要求对方放低声音或保持平静，可能的话，最好请对方到接待室去交谈，以免影响他人工作，或造成不良的影响。

（2）如突然来访者身份地位较高，应及时向领导汇报。从礼仪的角度，接待应考虑宾主双方的同等性，一般应由级别相当的领导出面接待。

（3）但当来访者故意找茬或蓄意骚扰、寻衅时，应保持高度的冷静和沉着，本着"有理、有利、有节"的原则，将事端制止于萌芽状态中，并将他们劝出办公场所，以免正常的工作秩序受到干扰和破坏。

总之，尊重来宾，不卑不亢，既要维护企业的利益和尊严，又要体现热情和尊重。

四、接待过程中的注意事项有哪些？

（1）无论哪种情况，在接待来访者时应认真做好来访记录，如来访者的意图、交谈的主要内容等，重要的事项还需向对方复述记录，核对是否有遗漏需补充或存在差错，以便转告或向上汇报、落实。

（2）对客人提出的问题和要求要认真考虑，不宜立即答复，尤其是对没有把握的问题或不属于自己权力范围以内的问题，不应轻易评论或做出许诺，应深思熟虑，向有关部门、领导汇报后再答复，以免造成被动。如不能立即答复，应诚恳向客人说明。如对方的意见和要求不能满足，应委婉拒绝。

（3）注意接待礼仪，平等待人，不论职位高低、熟悉与否，应一视同仁，热情相迎，亲切招呼。

（4）如在交谈过程中，突然电话响起或有紧急事务要处理，应先向客人说明理由，暂时中断彼此交谈。接听电话应尽快结束，避免客人等候时间过长。

五、怎样的送客礼是正确的？

当客人告辞时，接待者应起身相送，握手告别，互道再见。

一般送客人应送到门口。对地形不熟的人，应主动介绍附近车辆的交通状况；对重要来宾、稀客、老人、远道而来的客人应送上车，待车启动后再挥手离别。切忌自己坐在办公桌前，嘴里说"再见，再见！"而手中却还在忙自己的事，甚至连眼神都没有转到客人身上，这样很不礼貌。送客人离去时，主人应走在客人后面，否则有赶客人之嫌。迎送客人有一种不成文的规定，越是重要的客人迎送就越远，显得越是尊重。

六、多批客人来访，应如何选择接待方法？

平时我们也会遇到各种情况，有时要同时接待不只一批客人，如在会客过程中有时也会遇到又有新的客人来访，这时稍有疏忽可能会出现不尽如人意的场面，但只要安排恰当，礼貌待人，同样会收到良好的效果。一般来说，此时首先应向后来的客人表示欢迎，但在迎接新客人之前，应向先到的客人表示歉意。然后向先到的客人介绍后来者，使之彼此相识。如果两批客人都是有事而来，在接待方法上可视不同情况选择以下三种方法之一：

（1）一起接待。如果两批客人之间很熟，很谈得来，且谈话内容可以相互公开，可以对两批客人同时接待，话题应选择两批客人都感兴趣的内容。若发现有人沉默无言，则应转移话题，并迅速与之对话，以保证在场的每一个人都得到一种满足（图9-2）。

图9-2

（2）据顺序分批接待。一般遵循的顺序是先来先谈。但也有例外，若先到的客人是常客，而后来的客人难得上门；或先到的客人无既定目的，后来的客人有要事相商；先到的客人是平级或下属，后来的客人是长者或上级等。这时，主人在征得先到客人同意后，可与后来者先谈，但必须保证先到者有事可做，如看电视、杂志、书籍等以免尴尬（图9-3）。

（3）安排两处分别接待。如果是到家里来拜访的客人，可根据其与家庭成员的关系，分别由熟悉客人的主人分两个房间接待；如是到单位拜访并谈业务的客人，应根据业务的性质安排不同的负责人分两处接待，以免互相干扰。其实如遇有多批客人来访，只要我们能恰当地选择好接待的方法，照样可以使客人满意（图9-4）。

图9-3

图9-4

七、接待重要宾客的礼仪具体有哪些？

（1）迎客前期准备。这是做好接待工作的前提，在接待重要宾客的工作中，应进行必要的事前准备，力求有备而行，一般前期准备工作主要有以下几项：收集来宾的基本情况资料，如来宾的人数、性别、姓名、职务、级别、年龄及带队人，来访的意图、要求、目的、任务及乘坐的交通工具，起讫日期，来访者的生活习惯、饮食爱好和禁忌。

（2）拟订接待方案。在接待来宾，特别是重要来宾之前，有必要预先拟订专门的接待方案。

八、接待方案一般包括哪些内容?

一般情况,一个接待方案应包括以下几项内容:接待方针、接待规格、接待形式、接待日程安排、接待经费开支、生活安排等。并根据来访的目的、任务和行程准备好相关资料及场地,安排布置会议室、欢迎标语、领导欢迎词、介绍资料等。准备有纪念意义或有特色的礼品,这对接待重要宾客尤为重要。为帮助客人尽快适应当地环境,还可准备一些有关资料,如城市简介、交通图、游览图等供客人查阅(图9-5)。

图9-5

九、接站礼仪一般指哪些?

通常接站礼仪有以下几个方面:

(1)接站迎客。对远道而来的客人,根据客人到达的准确时间及所乘的交通工具,提前15分钟到车站、码头或机场等候,对未曾谋面的客人,应将事先准备好的接站牌设在显眼处,让客人远处就能看到,便于寻找。

(2)相互介绍。客人初到,见面时主人宜主动与客人寒暄,向客人表示问候和欢迎,说一些"路上辛苦了"之类的问候语。接着先自我介绍并把前来迎接的人员介绍给来宾,便于客人称呼,随后应主动帮客人提行李,如客人手上的外套、小包、公文包或密码箱则没必要为之代劳(图9-6)。

图9-6

(3)陪同乘车。首先打开车门,引导客人上车,如是轿车还需扶住车门框,做出"请上"的手势,座位安排应根据国际惯例,如果客人先上车坐错位置,坐到了主人的位置上,则应顺应客人的意思,而不必请客人挪动位置。抵达目的地后,接待人员要先客人一步下车,为客人打开车门,协助其下车。驱车途中,接待人员应主动与客人攀谈,并根据对方身份,选择恰当的方话方式和内容,谈话内容一般应选择一些容易引起客人兴趣的话题，如当地的风土人情、旅游景点，近期发生的重大事件和客人即将参与的活动的背景资料、筹备情况等。

（4）安排住宿，将客人送至下榻地点，主动帮助办理入住手续，并将客人送入房间，大致介绍日程安排，并征求客人意见，尽可能地创造条件满足客人要求，落实好有关事项后，接待人员不宜在宾馆久留，应及时告退，留给客人休息和自由活动时间，临走时应留下联系电话，便于客人有事联系。然后，按照对等礼仪，于当天或次日安排身份相当的领导前往客人下榻处看望来宾，以便相互熟悉。

十、送客礼仪如何体现？

事先应协助客人办好返程手续，按客人意图和离去日期，提早帮助客人预订返程车票、船票或机票；其次是送行，客人离去一定要送行，送行的时间，可以在客人返程的当天，也可以在前一天，视具体情况而定。在客人返程的当天送行，最好由原接待人员将客人送到火车站、机场或码头等。送行人员要待车、船或将客人送进站，并等客人身影离开视线后再转身离去。

十一、办公室日常迎宾的礼节有哪些？

日常在办公室迎宾很频繁，也就是由秘书在办公室接待来访的客人，这当中既有预先约定的，也有临时无约的"不速之客"。无论是有预约的还是无预约的，作为秘书都应热情地以礼相待。

（1）当来宾是熟悉且依约前来的，秘书可亲切地与其握手并礼貌地将其引到事先安排好的会谈地点。对有约的、重要的，或是远道而来的来宾，为了表示郑重、尊敬和热情、友好，主人（大对数情况下是秘书）应提前到达预先约定的地点或本单位的大门口、办公楼下恭候来宾。

（2）当来宾乘坐的车辆驶近时，应面带微笑，挥手打招呼致意，以示"我们在此已经恭候多时了，欢迎您的光临"之意。

（3）对首次到访的来宾，不管有约无约，秘书都应诚恳进行自我介绍，确认或恭敬而礼貌地询问来宾身份后，宜与其握手致意，如有必要也可与来宾礼貌地交换名片。

十二、为什么说办公室之外迎宾的礼节程序上更为复杂？

办公室之外迎宾是指，秘书必须陪同或代表领导到机场、码头、车站等交通场所迎来宾，或在接待活动地迎接来宾，程序上会比办公室日常迎接更复杂些，礼仪礼节上的要求也更为讲究。

（1）迎宾时，主人应提前到达迎接地点。来宾到达后，主人应上前热情地招呼、问候，自我介绍或互相介绍、交换名片。如果与来宾是初次见面，秘书应事先准备好写有"欢迎××公司××先生一行"之类醒目文字的接站牌。

（2）对重要的来宾，可在交通场所或特定的地方举行一定的欢迎仪式。必要时，还要安排迎宾线，即在迎宾时，为了表示隆重，同时也便于主客双方相互致意，主方人员列队迎接来宾。迎宾线可安排在门内，也可安排在门外，但一定要面向来宾方向。迎宾线的迎接人员按职务高低排列，排列方式可是"一字式"或"大雁式"。欢迎重要来宾，有时还安排送花（图9-7）。

图9-7

十三、迎宾时送花有什么忌讳？

在欢迎重要宾客时，有时会安排送花。送花时，一般宜选择代表"友谊、喜悦、欢迎"花语的花卉，如玫瑰、兰花、紫罗兰等。如果是接待外宾，送花时应格外小心，务必尊重来宾所在国对花的风俗禁忌。一般，以红色花系或紫色花系为佳，忌用黄色花卉和菊花、杜鹃花、石竹花。当然如送来宾所在国的国花一般都会受欢迎。

十四、什么是"出迎三步，身送七步"？

"出迎三步，身送七步"是迎送客人的基本礼节。送别客人时，秘书应根据实际情况，将客人送至办公室（或接待室）门口，或送至电梯口或单位的大门口等，与客人握手道别，必要时还要为客人开车门。但无论送到哪儿，送别时都应面带微笑，挥手目送客人远去。如客人是乘车离开的，要待车子驶远才可转身离开。同时还应注意握手道别时，主人一般不宜先伸手，以免给人造成"逐客"的误会。

与迎宾一样，重要的宾客离开时应举行一定的欢送仪式，欢送仪式可在交通场所或特定的地方举行。必要时，为了表示隆重，也便于主客双方相互话别，还需安排送宾线。即在送宾时，主方人员列队送别宾客。送宾线的人数及安排与迎宾规模类似，也可同时安排送花。

十五、为什么说投诉者并不是"烫手的山芋"？

在日常的接待中，也许会遇到一种特殊的接待情况，那就是被人们想象成"烫手山芋的"接待一些怒气冲冲的投诉者。其实接待前来投诉的客人，只要处理恰当，不仅有利于行业和组织通过投诉者了解自身存在的问题和实际情况，以便不断地改进和提高，而且也是一个树立企业的良好形象的契机。

十六、接待投诉者的礼仪细节如何把握？

在日常工作中应重视对投诉者的接待工作，尤其在礼节上更应注意把握以下细节：

（1）热情周到。首先我们应明白，客户前来投诉，是对本单位的信任，相信通过他（她）的投诉本单位会为其解决问题或改进，这是对本单位的信任。因此，对于前来投诉的客户，即使他怒气冲冲，态度粗鲁，也应面带微笑，热情接待，使投诉者原本愤慨的心情平稳下来，热情诚恳的态度会渐渐消除投诉者的心理障碍，从而建立相互间的信赖，有助于投诉者在轻松、舒畅的气氛中谈出自己的问题、意见和建议。

（2）耐心倾听。在接待投诉来宾时，接待人员一定要耐心聆听。无论采用何种方式，措辞如何尖锐，是否存在偏见，都应代表单位，诚恳耐心地听取，体谅他们的心情。不能一味为自己辩护，更不能运用手中的权力企图压服对方，这样只会激怒对方，造成更大的纠纷。

（3）查清事实。对待客户上门投诉，要查清事实了解真相。不要粗枝大叶、以偏概全、主观武断，一定要以事实为依据，客观地评价。

（4）诚恳答复。接待人员应控制情绪，多听少说，积极思索对方讲话的目的、意图和要点。准确理解对方的话意，根据有关条文规定，本着与对方达成和解的思想，当场给予明确、得当的答复，对当时不能答复，很难解决的问题，不能急于表态，更不能轻易下结论，应向对方说明原因，经请示领导后再作答复，给予对方的答复一定要慎重。

（5）以礼相送。当投诉者告辞时，接待人员应起身相送，并说些感谢和安慰的话，如："你放心，我会将你反映的问题向领导汇报，一定会给你一个满意的答复。"对于年老体弱者，接待人员还应送到门口，指示返回的乘车路线，使他们感到亲切、温暖，从而对单位组织重新产生和形成良好的印象。

十七、何谓拜访？

拜访是指亲自到他人家里或工作单位去拜访某人。拜访接待作为双方经济联系的一种礼仪形式不可或缺。工作拜访可分为正式拜访和非正式拜访两种。正式拜访是指有较为正式的拜访原因和目的，通过事先预约，确定时间和地点，并按时赴约当面进行的拜访；非正式拜访一般是指朋友之间的往来，缘由可能是对朋友表示感谢，也可能是对朋友表示关心，还可能是向朋友求助等（图9-8、图9-9）。

提前预约，8月4日，上午9:00，××公司会议室内

图 9-8

图 9-9

十八、去私宅拜访前应做哪些准备？

（1）选好拜访的时机，注重预约。使用电话或信件进行访问预约。拜访应选择在比较恰当的时间，不能搞"突然袭击"，突然访问容易给对方造成麻烦。尽量不要做"不速之客"，如不得已必须突然拜访时，可在5分钟前打个电话。访问的日期和时间要根据对方的情况来定。

（2）具体拜访时间的选择应注重习惯。到写字楼也即办公地点拜访，最好不要选择星期一，尤其是星期一的上午，如果是到家拜访，最好选择在节假日前夕。由于中国人普遍有午休的习惯，登门时间最好不安排在中午，当然更不要选在用餐时间。从我国目前的实际情况看，晚上7点30分至8点也许是私宅拜访较好的时机。拜访他人原则上必须提前5分钟到达。第一次去的地方要留有充裕的时间。但在现实生活中去办公区域拜访应提前5～7分钟到达，而去私宅拜访则尽量准时到达最佳。

十九、前往办公区域拜访需做好哪些准备？

前往办公区域拜访应注意以下几点（图9-10）：

（1）制定好拜访目的并拟好提问的目录，以提高办事效率。

（2）准备好足够的名片及可能会用得到的文字资料或电子资料。

（3）必要时应准备好适宜的礼品。

（4）提前熟悉拜访所在地的交通路径，以免走弯路。

拜访应按约定准时进行，如因故不能及时到达，应尽早通知对方，并讲明原因，无故迟到或失约都是不礼貌的。

图9-10

二十、拜访时仪容及着装上应注意什么？

出门拜访之前，应根据访问的对象、目的等，准备自己的衣物，容貌也应适当修饰，如头发梳理整齐，面容干净并且应稍做适当的修饰，男士剃须修面，女士应以得体的职业淡妆示人，指甲应修剪好，以免到拜访地后出状况；衣帽应整洁，该扣的衣裤扣子应扣好，鞋带也应系好。蓬头垢面、衣冠不整的形象不但给别人不愉快的感觉，而且也是不尊重主人的表现。整洁的衣帽反映的是你对拜访者的尊重程度。

因拜访地点不同，着装的正式和隆重程度上也还是有些区别的。私宅拜访的着装要求：穿着要整洁得体，但不用太隆重，不要给人一种拘谨保险推销员的错觉。

办公区域拜访的着装要求：如拜访的地点设在对方的办公区域则应着正装或拜访

者所在单位的制服，因为你的拜访在很大意义上代表的是你单位的形象，这样着装可以传递出"你很重视这次拜访"的友好信息；而制服作为你所在单位的公关识别系统的重要组成部分，能让被访者感受到你所在企业的良好的企业文化，进而对你的单位留下良好的印象，愿意与其合作。

二十一、办公区域内拜访时的举止应注意什么？

拜访从到达接待处起就开始了，因此先要清晰、有礼貌地自报姓名、所在单位，有无预约。被带进了接待室后，先在下座的位子上礼貌落座。在等待的时间内，要安静坐在位子上，不要在室内来回走动。当被访对象进来时，要起身打招呼，并对对方抽出宝贵的时间来接待自己表示感谢。初次见面的场合，应主动先递上自己的名片，互换名片以方便今后联系，如有同行者的话也应主动介绍。

二十二、前往私人住宅拜访时怎样的举止能给人留下好印象？

进门访问前，应当先轻声敲门或按门铃。主人开门请你进屋时，应礼貌询问主人是否需要换鞋，并要询问鞋的放置（有的家庭是放在门外而不是地垫上）。雨天携带雨具拜访时，进屋前就应向主人征询雨具该放在什么地方。进屋以后，应主动向所有人打招呼、问好或适当寒暄；对陌生人也应点头致意，按主人指点的座位入坐，不可以见座位就坐。当主人递上茶水时，应欠身双手相接，并致谢。如茶水太烫，应等其自然晾凉了再喝，必要时也可将杯盖揭开，放置杯盖时，盖口一定要朝上。切忌将茶水用嘴边吹边喝，喝茶时应慢慢品饮，不要一饮而尽，也不要发出声响。主人递烟时，如你不会抽，也应致谢，应说"谢谢，我不会抽"。如果主人没有递烟，而自己又特别想抽时，应征得主人同意方可，吸剩的烟蒂要适度，以留一厘米左右为宜，一直吸到滤嘴才罢休的方式在社交场合是不得体的（图9-11）。

按门铃　　请进屋　　双手相接　　谢谢，我不会抽。

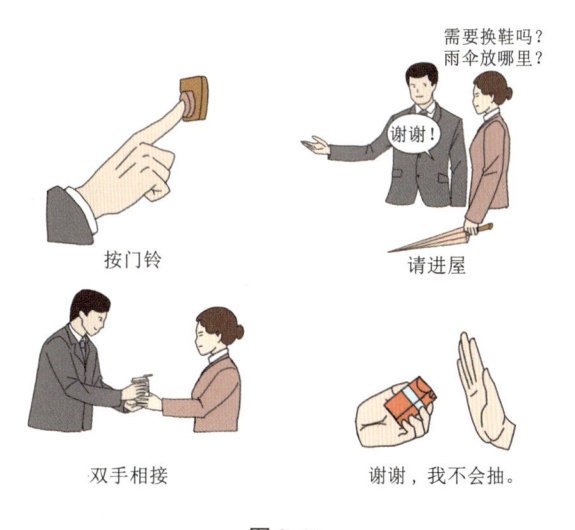

图 9-11

二十三、拜访停留的时间多长才合适？

前去拜访逗留的时间一般不宜太长，通常情况下需控制在30分钟之内，或者要办的事办完后就应告辞。初次见面一般控制在15～20分钟为宜，如有较为复杂的事情要谈，可能会占用主人较长时间，应在预约时就告知主人。告别前，应向主人的友好、热情的接待等给以适当的肯定，并说一些客套话。如果是家访，还不应忘了向主人家里的其他成员说再见。

起身告退时，如主人处还有其他客人，这些客人即使你不熟悉，也应遵守"前客让后客"的原则，礼貌地向他们打招呼，或者说"您们谈吧，我先走一步啦"。当他们有起身相送之意时，应说："别客气，您请坐。"要委托主人办事或者是向主人致谢的拜访，最好带些礼物。主人送你出门时，应劝主人留步，并主动伸手握别（图9-12）。

图9-12

二十四、什么是关乎馈赠的"5个W 1个H"规则？

千里送鹅毛，礼轻情意重。在社交活动中，相互馈赠也是一种表示友好和敬意的重要方式，有利于促进友好关系的发展。古今中外的交往几乎都离不开送礼这个内容，虽然公共关系或人际关系并不完全是用物质手段维系的，但也难以离开礼品，因为它是情感的象征和媒介。因此在送礼前要搞清对象，注重效果，抓准时机、注意场合，挑选礼品后还需精心包装。

具体应考虑：馈赠对象、馈赠目的、馈赠时机、馈赠内容、馈赠场合、馈赠方式六个要素，送给谁（WHO），为什么送（WHY），送什么（WHAT），何时送（WHEN），在什么场合送（WHERE），如何送（HOW）。简称馈赠"5个W 1个H"规则。

二十五、馈赠对象的选择与馈赠目的的确定应注意哪些问题？

礼品馈赠，是增进关系、宣传以及相互交流、增进情谊的一个重要方式。而合理选择馈赠对象并明确馈赠目的很重要。馈赠对象即馈赠客体，是赠物的接受者。馈赠时要考虑到馈赠对象的性别、年龄、职位、身份、性格、喜好、数量等因素（图9-13）。

馈赠目的即馈赠动机。任何馈赠都有明确的目的性，以交际、酬谢、公关、沟通感情、巩固和维系人际关系为目的等。或为表达友谊，或为祝颂庆贺，或

图9-13

为酬宾谢客，或为慰问哀悼。馈赠动机应高尚，以表达情谊为宜。

二十六、馈赠内容选择时应考虑哪些问题？

馈赠内容也即馈赠物品，其选择正确与否是馈赠能否成功的关键。馈赠内容即馈赠物，是情感的象征或媒介，包括赠物和赠言两大类。馈赠时，首先应考虑赠物的种类、价值的大小、档次的高低、包装的式样、蕴含的情义等因素。赠言则有多种形式，如书面留言、口头赠言、临别赠言、毕业留言等。赠物可以是一束鲜花、一张卡片或一件纪念品。

一般置办礼物前，首先要搞清赠礼对象是单位还是个人，和拜访者是什么关系。其次，要对送礼的性质有清醒的认识。搞清送礼的性质，对于赠礼目的的达成至关重要。最后，要掌握一些与赠礼有关的禁忌。

二十七、实用的礼品选择原则有哪些？

（1）重视彼此关系。考虑馈赠对象不同，礼品选择就不一样。送给单位的，以纪念性物品为宜；送给外宾的，要突出特色；送给老人的，以实用为佳；送给小孩的，则以益智为好。公务活动中的馈赠，选择礼品应注重纪念性和精神价值，避免馈赠的庸俗化。

（2）关注兴趣爱好。考虑受赠方的兴趣爱好，要"投其所好"。要提前了解赠送的对象，根据对方的身份、性格、爱好和风俗习惯等选送相宜的纪念品。

（3）尊重习俗禁忌。选择礼品应考虑习俗、礼俗和个人禁忌。公务活动中禁赠现金、有价证券、昂贵的奢侈品和易于引起异性误会的物品、涉及国家机密和商业秘密的物品。同时也要顾及一些民族、地区的禁忌以及还应考虑礼品数量、颜色、名称等。

（4）价值不宜过高。礼品应以轻巧为宜，不宜过于贵重。送礼不在轻重，而在诚意和适当。过于贵重的礼品，在公务活动中违反有关规定，而在私人交往中也易造成经济压力，增加受礼方的思想负担。馈赠礼品在于表达送礼者的诚意，而不在于礼品的贵重与否。

二十八、馈赠时机如何把握、场合如何选择？

馈赠时机即馈赠的具体时间和情势，主要应根据馈赠主客体的关系和馈赠形式来把握。从时间上讲，赠礼贵在及时、准确。毫无理由地过早赠送或"马后炮""雨后送伞"等赠送行为不但没有好结果，而且可能失礼。向受礼者呈送礼品，一般在相见时或分手道别时。

馈赠场合即馈赠的具体地点和环境，主要应区分公务场合与私人场合，根据馈赠的内容和形式来选择合适的场合。一些高雅的礼品适宜送到办公室，而如是生活用品或价值较高的礼品则应送至私宅。

常见的礼品馈赠场合主要有以下几种：

（1）表示谢意敬意。
（2）祝贺庆典活动。
（3）公共关系礼品。
（4）祝贺开张开业。
（5）适逢重大节日。
（6）探视住院病人。
（7）应邀家中做客。
（8）遭受不测事件。

二十九、馈赠的方式主要有哪些？

馈赠方式主要有亲自赠送、托人转送、邮寄运送等。

礼品选好后，应检查一下是否有价签，如果你不想让受礼者知道价格或价格偏低则应取下，如果你的礼品价格较高则可保留。认真地对礼品进行包装既可以表达出诚意，也可以提高礼品的艺术性，进而更有利于交际，但不提倡过度的包装。

当面赠送，也即亲自赠送，也是最庄重的一种方式；邮寄赠送，这是异地馈赠常用的一种方式；托人赠送，可能由于赠送人在外地，或者不宜当面赠送，就可以选择委托他人赠送。赠送外宾礼品，一般都是通过双方礼宾人员转交的。

三十、受礼时怎样做才得体？

（1）受礼者应在赞美和夸奖声中收下礼品，并表示感谢。一般应赞美礼品的精致、优雅或实用，夸奖赠礼者的考虑周到和细致，并伴有感谢之辞（按中国传统习惯，应伴有谦恭态度的感谢之辞）。

（2）受礼者双手接过礼品，视具体情况或拆看或只看外包装，也可伴有请赠礼人介绍礼品功能、特性、使用方法等的邀请，以示对礼品的喜爱。

（3）应做到收受有礼，对于那些不违反规定的馈赠，接受礼物时，应表现得从容大方，双手相接，然后与赠送者握手致谢。受礼后，可当面打开欣赏一番，并加以赞赏。注意收受礼品后不要随手乱扔或丢在一边，应接受的礼物，一般不应推来推去，忸怩作态。

三十一、需要讲究礼品的包装吗？

礼品一般要精心包装，与礼品价值所匹配的精美的包装本身就意味着对受礼者的尊重。面交礼品时，应适当对寓意加以说明。动作要落落大方，并伴有礼节性的语言表达。

精美的包装不仅使礼品的外观更具艺术性和高雅的情调，并显现出赠礼人的文化和艺术品位，而且还可以使礼品产生和保持一种神秘感，既有利于交往，又能引起受礼人的兴趣和探究心理及好奇心理，从而令双方愉快。好的礼品若不讲究精心包装，不仅会使礼品逊色，使其内在价值大打折扣，使人产生缺憾感，而且还易使受礼人轻视礼品的内在价值，而无谓地折损了由礼品所寄托的情谊。

三十二、送花礼仪知多少？

礼品的选择，是一件很复杂工程，也常常让人犯难，其实，送花是十分方便的一种做法。如果考虑注重环保的理念，也可以送干花或盆栽等。以下是一些日常场合送花的选择，供参考：

结婚：适合送鲜艳而富有祝贺花语的花，可增进浪漫气氛，表示甜蜜。

生育：适合送色泽淡雅而富有清香的花，表示温暖、清新、伟大。

乔迁：适合送稳重高贵的花木，如剑兰、玫瑰、盆栽，表示隆重。

生日：适合送玫瑰、雏菊、兰花等，表示长久祝福。

探病：适合送剑兰、兰花，避免白色、蓝色、黄色或香味过浓的花。

丧事：适合送白玫瑰、白莲花、素花，象征惋惜、怀念之情。

父亲节：送秋石斛为主，菊花、向日葵、百合、君子兰、文心兰等。

情人节：适合送红玫瑰、郁金香。

母亲节：适合送康乃馨、百合花。

圣诞节：适合送一品红（圣诞树）、南洋杉。

三十三、什么是馈赠礼仪的"六不送"原则？

（1）不送过于昂贵的礼品。

（2）不要选择便宜货或伪劣产品。

（3）不送不合时宜、不健康之物。

（4）不送轻易让对方产生误解的物品。

（5）不要送触犯对方禁忌的物品。

（6）礼品上不要带有标签。

第四部分　日常篇

第十章 宴请用餐

宴请是社会交往活动中最常见的形式之一。在职场,它能有效增加宴请双方的了解和信任、联系彼此的感情,从而促进业务的成功。在宴请过程中,合适的宴请形式、得体的宴请安排和良好的宴请氛围能够让与会宾客精神放松,心情愉悦,更容易加深主宾双方的相互理解和沟通。宴请礼仪是一场成功宴会的重要因素。即便日常用餐也有餐桌礼仪,餐饮礼仪问题可谓源远流长。吃饭用餐时在餐桌上的礼仪常识,也体现着一个人的个人素养和生活习惯。

一、如何选择宴请的形式?常见的宴请形式主要有哪几种?

宴请是人们交往中最常见的交际形式,它是广交朋友、建立联系的媒介,也是了解情况、解决问题的场所。宴请前必须做好一些准备工作。首先根据宴请的不同目的、性质、内容采用不同的宴请形式,而邀请对象的身份、人数及经费开支的不同也决定着相应的宴请档次及形式。宴请形式的选择是否恰当则是决定这场宴会成功与否的前提条件,宴请宾客尤其是职场人士应对宴会的基本形式有所了解,并根据实际需要加以灵活选用非常重要。

国际上通用的宴请形式主要有宴会、招待会、茶会及工作进餐等(图10-1)。

宴会　　　　　招待会

茶会　　　　　工作进餐

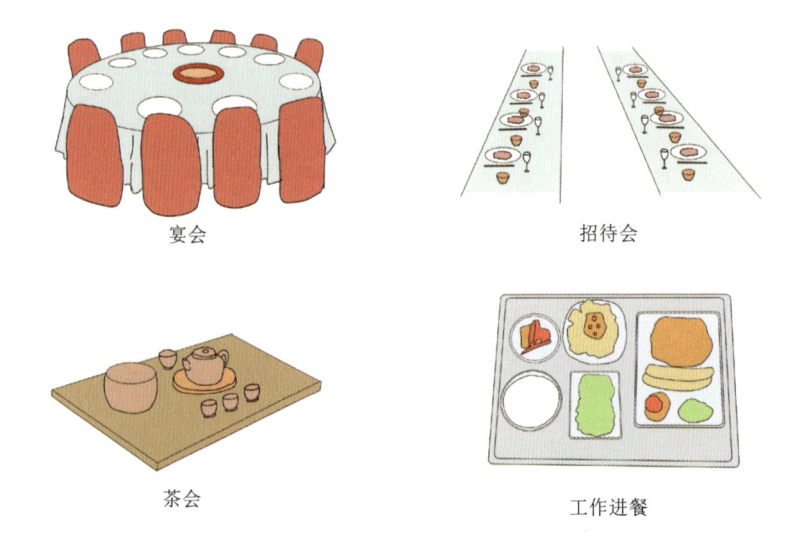

图 10-1

二、什么是宴会？宴会的种类又有哪几种？

宴会按礼宾规格划分，可分为国宴、正式宴会、便宴、家宴。

（1）国宴。国宴是规格最高的宴会，是国家元首或政府首脑为国家的庆典或为外国元首、政府首脑来访而举行的正式宴会，国宴需要排座次，宴会厅内挂国旗，安排军乐队奏国歌及席间乐、席间致辞或祝酒。国宴讲究排场，对宴会厅的陈设、菜肴的道数以及服务员的个人礼仪都有严格的要求。

（2）正式宴会。正式宴会的规格仅次于国宴，除了不挂国旗不奏国歌以及出席人员规格不同外，大体与国宴相同，有时也安排乐队演奏席间音乐，宾主均按身份排位就座。许多国家正式宴会十分讲究排场，甚至在请帖上注明对客人的服饰要求。

（3）便宴。便宴即非正式宴会，特点是较随便、亲切，适用于日常友好交往。常见的便宴有午宴和晚宴，有时也有早上举行的早宴，这类宴会形式简便，可以不排座次，不做正式讲话，菜肴道数亦可酌减。

（4）家宴。家宴即在家中设的便宴，往往由家里主妇亲自下厨烹调，家人共同招待。家宴在西方较为流行。

三、什么是招待会？招待会的宴请形式有何特点？

招待会是指各种不预备正餐仅提供简单的食品、酒水饮料的宴请形式，一般为活动进行过程中，为客人提供的补充能量的餐饮方式，较为灵活，一般不排座位，可自由活动。常见的招待会有冷餐会、酒会、茶会、工作进餐四种具体形式。

四、冷餐会有何特点？其举行的时间、地点又有何具体要求？

冷餐会，又称自助餐，是目前国际上通行的一种非正式西式宴会，在大型商务活动中较为常见（图10-2）。

其特点主要是，菜肴与餐具一起都陈设在桌上，供客人自取，也可多次取食，取食时应酌量。酒水可放在桌上，也可由服务员于现场端送。菜肴以冷菜为主，也可冷热兼备。冷餐会一般不排座，较为轻松自由。但我国举行的大型冷餐招待会，主宾席通常排座次，其余各席座位不固定。

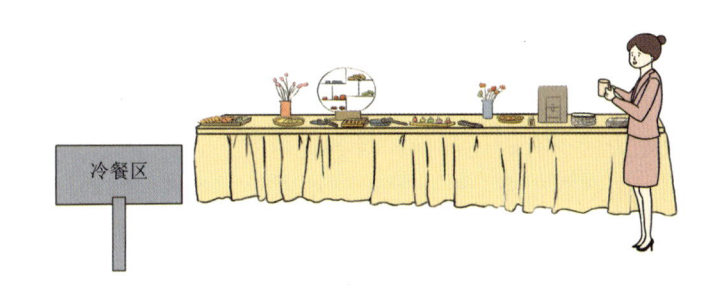

图10-2

举办地点可设在室内，也可设在室外花园里。

举办时间一般在中午12时至下午2时，下午5时至7时。自助餐开始时，主客都可以讲几句祝贺、致意之类的话，中间也可以放几段音乐或表演一些小型节目，以达到活跃气氛、鼓励情绪和增进友谊的目的。

五、同属招待会的酒会、茶会有何特点？

（1）酒会，又称鸡尾酒会，特点是时间灵活、形式活泼，便于广泛交流。酒会不设座椅，仅置小桌，以便客人随意走动。酒会以酒水为主，但不一定都是鸡尾酒，并佐以各种小吃、果汁，一般不用或少用烈性酒。酒会中午、下午、晚上均可举行，请帖上一般注明酒会起讫时间，客人可在期间自由退席和入席。参加者衣着方面不用过于讲究，尽量整洁即可（图10-3）。

图10-3

（2）茶会是一种简便的招待形式，请客人品茶交谈，一般在下午4时左右（亦可上午10时）举行。茶会通常设在客厅、会议室等场所举行，厅内设茶几、座椅，不排席位；如为贵宾举办，则应将贵宾与主人的座位安排在一起，其他人员可随意就座。茶会的茶叶、茶具一般都比较讲究，要有特色，茶具只能用陶、瓷茶具。外国人一般用红茶，也可用咖啡。此外，茶会上还可略备点心和地方小吃（图10-4）。

图10-4

六、工作进餐也是宴请吗？

工作进餐是现代交往中常用的一种非正式宴请形式，规格较低，双方利用进餐的时间边吃边谈，有时还需参加者各自付费，这种形式通常在特别繁忙或日程安排不开时采用。招待合作者、洽谈工作、小批客人来访、一般的会议餐等可采用这种形式招待，也是目前本着节约原则，适合疫情防控要求的一种宴请形式。

七、宴请筹备阶段的礼仪有哪些？

宴会作为公务、商务人士的交流平台，可以使与宴的陌生人由不熟悉变得熟悉，让一直心怀戒备的人放下戒备，让竞争对手变成合作伙伴……人与人之间的人际关系可能因一场宴会而改变，所以宴请前必须做好一些准备工作，细节到位，丝毫不可马虎。

（1）确定宴请的目的及宴请对象。一次成功的宴请，首先宴请的目的要明确，宴请或参加接待的对象都要恰当。一般邀请与特定事件有关的代表人物参加，具体应考虑以下几个方面：以什么名义、谁出面邀请，按照国际惯例，主要是依据主、客双方身份相称，遵循对等原则，在心理上可获得一种平衡与满足，不对等则会失礼。邀请的范围、级别，主人一方安排哪些人作陪等都应考虑周全。确定邀请对象之后，可草拟具体邀请名单，被邀请人的姓名、职务、称呼以至于对方是否有配偶都要准确。

（2）确定宴请的时间与地点。宴请的时间原则上因以主宾双方都合适为宜，注意避开对方的重大节假日、重要活动或禁忌，如宴请信奉基督教的人士不要选13日、星期五；伊斯兰教在斋月内白天禁食，宴请应放在日落后举行。而宴请地点的选择，体现了主人对宴请的重视程度，应根据宴请的规格、主宾的身份以及费用的实际情况而定。

八、为什么说邀请是一门艺术？

宴请的对象不同，其目的和方法也是不一样的，因此成功的宴请，其环节很重要。

（1）宴请领导，以敬为先。俗话说"无功不受禄"，一般邀请领导进餐一是表示庆贺，二是有求于人，故必须在尊敬领导的前提下，寻找合适的理由对领导发出邀请，并在餐桌上恰当地表现自己，取得信任。但也需注意量力而行。

（2）宴请客户，以诚为先。邀请客户应针对不同类型的客户，真诚相邀，不虚情假意，不违约失信，令其欢欣而来，满意而归。

（3）宴请同事，以和为先。邀请同事进餐虽说比较随便，不必过于正式，但也需注意形象和礼仪，不可失礼于人。同时也应量力而行，注意身份。

（4）宴请下属，以情为先。对下属诚恳、真挚，才能凝聚成坚不可摧的向心力。所以请下属吃饭要以情动人，真诚相待。

（5）宴请异性，以礼为先。尤其是男士邀请女士吃饭，应特别注意礼仪，不仅体现你对对方的尊重，还体现了你的涵养。如第一次应选人多、明亮的地方，必须守时。让女性在公共场合等5～10分钟还勉强可以接受，时间过长，就显得不尊重对方，是一种极其失礼的行为。若有迟到应及时电话告知。

九、如何进行宴请的正式邀请？

但凡宴请，就须邀请，这是宴请的礼貌。但邀请的形式可根据研宴请的形式决定是否发请柬，正式宴会的邀请，就必须发请柬，不仅体现隆重和礼貌，同时也可以对客人起到提醒备忘的作用。如果是便宴、工作餐，则可通过口头或电话的方式邀请，可发亦可不发请柬。如果是邀请最高领导者作为主宾，还需单独发邀请函，其他宾客发请柬。请柬一般应提前一周左右发出，以便客人及早安排。请柬发出后，应再用电话与客人进一步联系确认，询问客人出席情况，以便确定参加宴会的具体人数，做好充分准备。

十、商务宴请的邀请方式主要有哪几种？

商务宴请，一般邀请客户参加宴会的方式主要有以下几种（图 10-5）：

电话邀请　　请柬邀请　　登门邀请　　信件邀请　　网络工具

图 10-5

（1）电话邀请。非常便捷，是一种十分普遍的邀请方式，可借助电话通知客人宴请的原因、时间、地点，甚至其他赴宴人的基本情况，以让客户感到这是一个交朋友、扩商业圈的好机会而欣然赴宴。

（2）请柬邀请。请柬也叫请帖，是邀请某人或单位参加某项活动的专用文书，是一种较为正式的方式。用请柬邀请，显示郑重和表示对宾客的尊重。一般情况下，应邀人须持请柬赴宴。

（3）登门邀请。运用登门邀请这种方式，表示客户与公司或公司业务人员已经有一定的交情，否则客户就不会把自己公司地址或自己的住址等个人信息告知宴会主办方，一般情况是公司的业务员顺路或者专程给自己服务的客户上门发出邀请，同时也可送上小礼物，让客户有超值服务的享受和被重视的感觉，从而愿意前来赴宴。

（4）信件邀请。有时一些公司会采用向客户通过传真或 EMS 等形式发出邀请函邀请其赴宴。邀请函内容一般都比较简单，但措辞要讲究，既要体现出诚恳，又不能让对方感到为难。而收到邀请的人无论应邀与否，都要及时回复，以免耽误了邀请者的宴前准备。

（5）随着时代的进步，科技的发展，越来越多的公司也逐渐采用了钉钉、MSN、QQ、微信等网络工具发送电子邮件。这种方式便捷、简单，为合作关系紧密的公司彼此相互宴请或沟通提供了便捷的资源。但一般情况下，发出电子请柬之前最好电话通知一声，发出后最好再确认一下对方是否收到，以免出现对方没有收到请柬的尴尬情况。

十一、商务宴请的邀请函中如何传递相关信息？

有时邀请方想在承办方宴会上传达一些有关客户利益的信息，那就应在邀请函中加以指明。如邀请专业资深人士进行演讲，以传达一些客户关心的信息和行业动态。这是广泛地被商业协会所采用的一种形式，一般要求受邀方持邀请函赴宴。同时为扩大活动的影响力，承办方还邀请一些知名媒体前来采访、报道相关信息。为行业管理机关、专业研究人士以及行业人士之间构建起沟通与交流的平台，从而多方面满足客户的需求。这种活动形式正呈逐年上升的趋势，信件邀请的方式也成为如今商务活动中一个十分重要的环节。

下面是一则邀请函样本，如图 10-6 所示。

十二、如何才能定好宴请菜单？

确定宴请的菜单，是宴请准备工作中比较重要的一环，因为客人往往会从主人准备的美味佳肴中体会到热忱待客的心意，留下长久而难忘的回忆。俗话说："萝卜青菜，各有所爱。"在请客之前，必须先弄清客人的身份地位、饮食习惯及其饮食特点，须多方斟酌，确保有备无患，才能达到宴请的目的。宴请的酒菜应根据活动形式和规格，在规定的预算标准内进行安排。选定酒水菜肴应充分考虑来宾的口味、禁忌、年龄、生活习惯、健康状况等，拟定菜单既要符合来宾的口味，又要具有地方特色、搭配合理、精致美观，让人看了赏心悦目，做到色香味俱全。较为隆重的宴会，可印制菜单，每桌一份，讲究的也可每人一份。

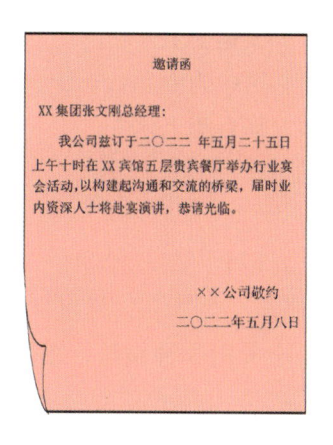

图 10-6

十三、宴请的地点选择应注意哪些问题？

（1）官方正式隆重的宴会一般应安排在政府的宴会场所或客人下榻的酒店内举行。

（2）举行小型正式宴会，宴会厅外应另设休息厅，供宴会前宾主简短交谈用，待主宾到达后一起进宴会厅入席。

（3）尽量选择一处彼此都喜欢的地点就餐，让聚会中的每个人都有宾至如归的感觉。

（4）请熟悉的人去不熟悉的饭店，请不熟悉的人去熟悉的饭店。对熟人（包括家人朋友），可以去以前没去过的饭店尝鲜、探路，不必拘束，可畅心问价也可临时调换地点。而请不熟悉的和重要的客人则要求对饭店的菜点、服务质量等了然于胸，为更好地达到请客的目的，应去一个熟悉的、信誉好的饭店。

十四、宴会的桌次如何排列？

在正式的宴会厅内安排桌次时，有以下几条规矩（图 10-7）：

（1）以右为上。

图 10-7

（2）以远为上。
（3）居中为上。
（4）临台为上。

十五、宴会的座次安排遵循什么原则？

正式宴会一般均排席位，有些也可只排主桌和宾客席次，其他人只排桌次或自由入座。

无论采用哪种做法，事先要通知出席者，现场还应有人引导。每桌需放置桌次牌、座次牌。大型宴会一般各桌都安排席位，以免混乱。

座次安排如图10-8所示。

另外还有一条特殊原则：高档餐厅，室内外往往有优美景致或高雅的演出，这时候观赏角度最好的座位就是上座。而在一些一般餐厅就餐时，通常以靠墙的位置为上座，靠过道的位置为下座。

在我国则依据传统，照例主宾坐在男主人的右上方，主宾夫人坐在女主人的右上方。

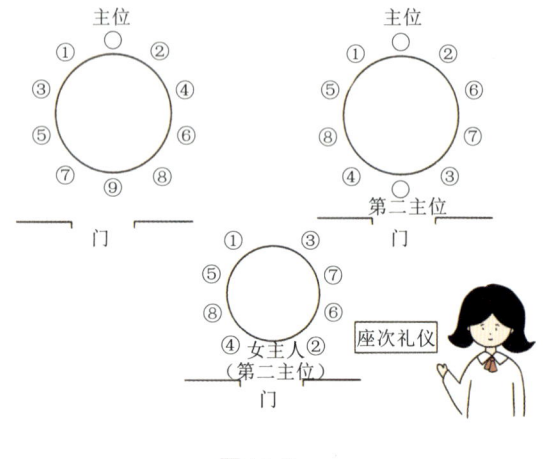

图10-8

十六、商务宴请的现场布置及服务注意事项有哪些？

（1）选择安静、优雅、有特色的餐厅场所进行。
（2）有些宴会需要悬挂公司单位的标识，如滚动式电子屏等，还要准备席间相关人员讲话的话筒等音响设备或播放相关资料片的投影多媒体设备等。
（3）安排好迎送来宾的迎宾人员、接待人员和引导人员等。

十七、作为被邀的宾客用餐时应注意哪些礼仪？

受邀赴宴的宾客进餐时吃相一定要文雅，以维护自身形象，以下用餐礼仪不可不重视。

（1）上菜后，不要先动筷，应等主人邀请，主宾动筷后再动。
（2）取菜时要相互礼让，不可争抢，取菜应适量，不要浪费也不要专挑自己喜爱的菜吃。
（3）进餐时，尽量夹取离自己较近的菜肴。对不方便夹取或离自己较远的菜肴可少吃或不吃，不要起身甚至离座去取。

（4）不要只盯着菜吃，要照顾到别的客人。每当上来新菜时，应请客人或长辈先动筷子，以表示尊敬和重视，也可以把离客人或长辈较远的菜肴送到他们跟前。

（5）进餐时不要发出声音，喝汤时最好用汤匙一小口一小口地喝，不宜把碗端到嘴边喝，更不能用嘴使劲吹出声音来。

（6）应小口进食，不要大口地塞；食物未咽下，不能再塞入口。

（7）进餐时不要打嗝，也不要发出其他声音。如果出现打喷嚏、肠鸣等不由自主的声音时，应向同桌客人表示歉意；如果需要有清嗓子、擦鼻涕、吐痰等举动，应尽早去洗手间解决。

十八、中餐餐具使用礼仪主要有哪些？

中餐餐具主要包括杯、碗、碟、筷、匙等。在正式宴会上，水杯应放在餐盘上方，酒杯放在右上方，筷子与汤匙均应放在专用的架座上（图10-9）。

（1）使用筷子时，忌敲、扔、叉、插、舞及舔筷等。用餐期间与人交谈时，应放下筷子，停止咀嚼。

（2）汤匙是用来取用食物的，不要过满。如果取用的食物太烫，不可用勺子舀来舀去，也不要用嘴对着吹，可以先放到自己的碗里，等凉了再吃。

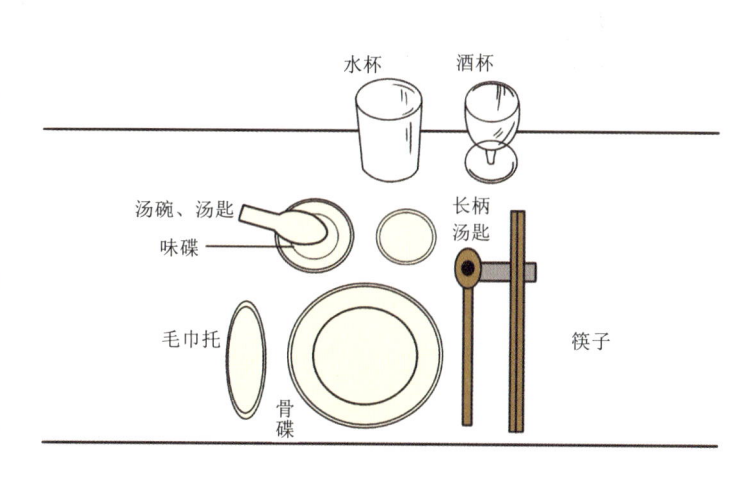

图10-9

（3）在中餐里，碗的主要作用是盛放主食、汤羹等，因此不要端起碗来食用碗内盛放的食物，而应用筷、匙等加以辅助，若碗内有食物剩余时，也不可将其直接倒入口中。

（4）盘、碟的使用。一般被称作碟子，是指尺寸稍小一些的盘子。盘子使用的讲究与碗相同。盘子在餐桌上一般应保持原位，不被搬动。

使用盘子装盛食物时，应注意不要一次取放过多菜肴，也不要将多种菜肴堆放在一起。如遇不宜入口的残渣、骨和刺，不要吐在餐桌上，应将其轻轻取出放在食碟前端，必要时再由服务人员取走、换新。

十九、温馨的"合餐制"与成为新"食"尚的"分餐制"你了解吗？

民以食为天、食以安为先。丰富多彩的饮食文化和习俗是中华文明的重要组成部分，"合餐制"也成了中餐中的一种传统习俗礼仪。合餐制营造和表达了人们亲密温馨的气氛；但"同餐桌、同碗盘、同筷勺"却也有可能为疾病的传播埋下了隐患。尤其是在新冠肺炎疫情全球蔓延的当下，如何把好餐桌安全关，阻断因合餐引发的疾病值得思考。

我国最早的分餐记载出现在商周时期，当时的显著的特征是对层级地位的彰显，是一种礼制。从人类社会初期，以采摘为主的饮食方式就造成了人类的分餐制；到后来生活水平提高，食物的丰富，人们聚在一起共享美食，形成了合餐制；如今，面临不断出现的公共卫生问题和疾病隐患，分餐制应成为新"食"尚。饮食习俗的变迁也呈现"分久必合，合久必分"的趋势（图 10-10）。

合餐制　　　　　　　　　　　分餐制

图 10-10

二十、喝酒为什么要碰杯？

传说关于喝酒为什么要碰杯一般有两种说法。

一种认为是由古希腊人创造的，传说古希腊人注意到这样一个事实，在举杯饮酒之时，人的五官都可以分享到酒的乐趣，比如鼻子能嗅到酒的香味，眼睛能看到酒的颜色，舌头能够辨别酒味，而只有耳朵被排除在这一享受之外。为了使耳朵也享受到饮酒的美妙，于是古希腊人就想出了一个办法，在喝酒之前，互相先碰一下杯子，杯子发出的清脆响声就传到耳朵里。这样，耳朵就与其他器官一样，也能享受到喝酒的乐趣了。

而另一种说法认为是，喝酒碰杯起源于古罗马。古罗马崇尚武功，常常开展"角力"竞技。竞技前选手们习惯于饮酒，以示相互勉励之意。由于酒是事先准备的，为了防止心术不正的人在给对方喝的酒中放毒药，人们想出一种防范的方法，即在"角力"前，双方各将自己的酒向对方的酒杯中倾注一些。久而久之，这样的碰杯便逐渐发展成为一种"碰杯"的礼仪。

二十一、如何理解"民以食为天"，"食"中又以"坐"为先？

鸿门宴中写到"项王、项伯东向坐；亚父南向坐；亚父者，范增也；沛公北向坐；张良西向侍"。这里说明了宴请用餐是安排席位应有主宾尊幼的老礼。古人也常云"民以食为天",而在"食"中又以"坐"为先,一般中餐上菜,方向多以顺时针为主,居右者因此比居左者优先受到照顾。

中餐座次的礼仪有什么讲究？

中座为尊：三人一同就餐时,居中坐者在位次上要高于在其两侧就座之人。面门为上：倘若用餐时,有人面对正门而坐,有人背对正门而坐,依照礼仪惯例则应以面对正门者为上坐,以背对正门者为下座。

观景为佳：在一些高档餐厅用餐时,在其室内外往往有优美的景致或高雅的演出,可供用餐者观赏,此时应以观赏角度最佳处为上座。

二十二、宴请外商用餐时该不该为之夹菜？

不同国家、民族有自己的用餐习俗习惯,作为东道主,因事先加以了解,在宴请用餐过程中以尊重为前提,虽说我们是一个商务宴请大多讲究合餐制的国家,但如接待宴请的是欧美的客商,作为接待方中方公司设宴款待外商时,就要注意任何一位与餐人员都不能只顾着为了表示自己的热情而贸然给外商用筷子夹菜放到他的碟子里,尤其是习惯分餐制的欧美国家人士,可能对方会当即露出不悦之色,甚至不再继续用餐,这样双方都很尴尬。

二十三、文明饮酒宴会礼仪知多少？

中国是一个有着悠久酒文化的国家,中华民族热情好客。商务宴请中,常会遇见类似这样的情况,如被邀的客人主动解释自己不能喝白酒,要求来点啤酒,但主人却热情地说："为我们两家的合作,您远道而来,无论如何也得喝点白酒。"说话间,白酒可能已倒入客人的杯中,"感情深一口闷",于是客人只好强饮一杯,然而有了第一杯,接下来便是第二杯……于是就有可能出现客人身体不适、心情不悦甚至醉倒等情况。所以在热情的同时,也应注意兼顾客人的感受,如身体状况、实际酒量,适可而止,文明饮酒也是宴请时应有的礼节和对客人尊重。

二十四、何谓西餐？

西餐这个词是由它特定的地理位置所决定的。我们通常所说的西餐主要包括西欧国家的饮食菜肴,同时还包括东欧各国、中海沿岸等国和一些拉丁美洲如墨西哥等国的菜肴；而东南亚各国的菜肴一般统称为东南亚菜,但也有独为一种菜系的,如印度菜。

二十五、西餐的桌次与座次有何讲究？

与中餐宴请大多使用圆桌不同,西餐均使用长桌。举行正式宴会时,座席排列以国际惯例为依据,桌次的高低依距离主桌位置的远近而定,右高左低,桌次较多时一般摆放桌次牌。

吃西餐时同一桌上座位的高低以离主人的座位的远近而定。西方习俗是男女交叉安排，即使是夫妻也是如此。并以女主人的座位为准，主宾坐在女主人的右上方，主宾夫人坐在男主人的右上方；参加正式宴会，都要找准自己的位置，不可贸然入座（图 10-11）。

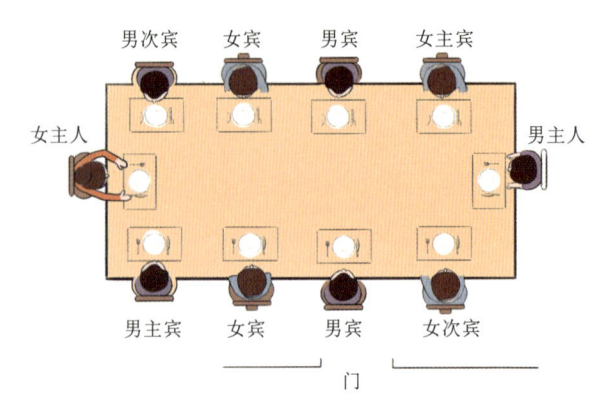

图 10-11

二十六、西餐餐具的使用常识你知晓吗？

西餐是属于分餐制，西餐宴席上使用的餐具主要是刀、叉、匙、盘、杯等，每人一套（图 10-12）。

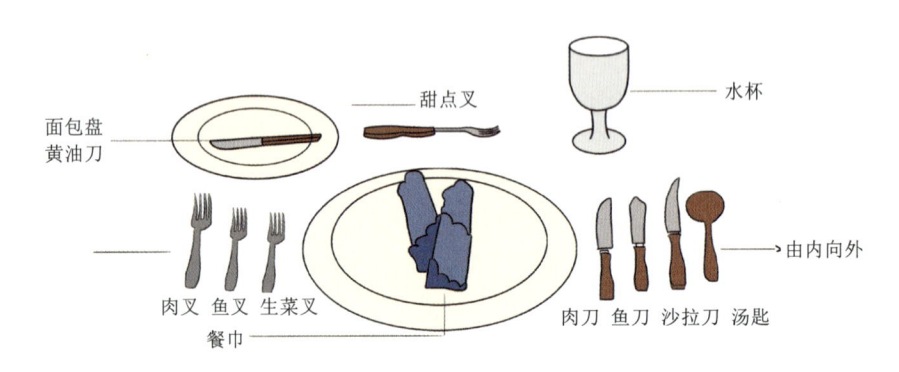

图 10-12

（1）刀叉的使用方法是右手刀，左手叉，使用刀叉时应沉肩收臂，用左手固定食物，右手从左至右切割食物。用餐过程中，刀叉不同的摆放位置有着不同的含义。

（2）餐匙是西餐中不可或缺的餐具，分汤匙、甜品匙和茶匙三种。在用途上三者不可相互替代，也不可用来舀取其他主食、菜肴。使用餐匙时，不要在索取食物中乱搅，每次取食时应数量适中。餐匙不宜全部入口，应尽量保持餐匙干净清洁。

（3）餐巾的使用尤其要注意，一般点完菜后，在前菜送来前的这段时间，把餐巾打开，往内折三分之一，让三分之二平铺在腿上，盖住双腿膝盖以上部分。

二十七、如何解密西餐餐具的"服务密码"？

西餐用餐时，应学会用餐具与服务人员"默默沟通"。西餐礼仪是行为学，通过学习可以了解其规范，但唯有训练才能掌握技能。如何在西餐桌上得体地展示自己，需要不断地练习（图 10-13）。

用餐前摆放　　没吃完　　坐等第二份

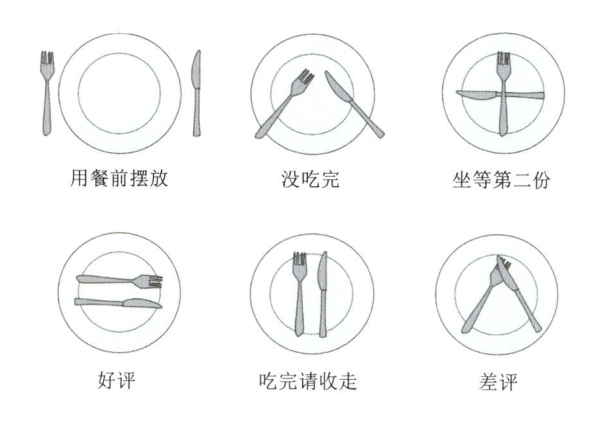

好评　　吃完请收走　　差评

图 10-13

二十八、你了解西餐的上菜程序吗？

西餐的上菜程序，与我们熟悉的中餐不同。西餐的上菜程序通常依次是：

（1）开胃菜（也叫头盘），如焗蜗牛、鹅肝酱、鱼子酱等。

（2）汤，一般分为奶油汤、清汤、蔬菜汤和冷汤四种。

（3）副菜，面包、蛋类或是酥盒菜肴。

（4）主菜，主要为肉类、禽类，配以特制的酱汁，是整个西餐的重头戏。

（5）沙拉，各种水果、果冻等，也可以跟主菜一起同食。

（6）甜品，可以是煎饼、蛋糕、巧克力、冰激凌等。

（7）咖啡和茶，如红茶、黑咖啡等。

喝完咖啡和茶，宴会就结束了（图 10-14）。

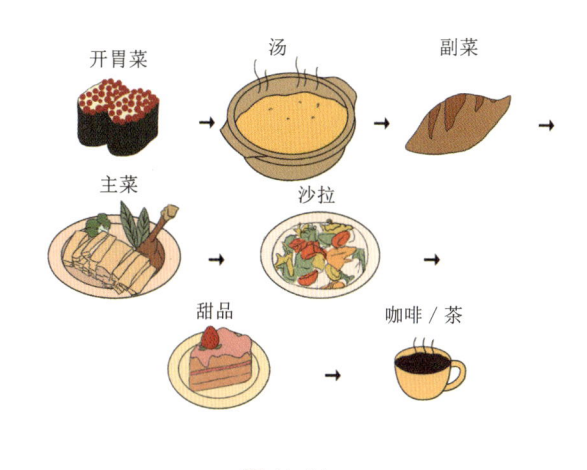

图 10-14

二十九、西餐进餐时的礼仪有哪些？

（1）开始、结束标志。在西方宴请是一种社交活动，遵循"女士优先"的原则。正式宴请时，如女主人把餐巾铺在腿上则是宴会开始的标志。女主人是第一顺序，女主人不做，别人是不能做的。反之，女主人要把餐巾放在桌子上了，便是宴会结束的标志。

（2）进餐。进餐开始，取菜时不要盛得太多，盘中食物吃完后，如果不够可以再取。用餐前应将餐巾打开铺在膝上，餐后叠好放在盘子右边，不可放在椅子上，也不可叠得方方正正而被误认为未用过。进食时，骨头、肉屑、果皮等，可放在食盘的右角。果核则吐在餐巾纸里，不可随便抛在桌上或地上（图10-15）。

（3）女士手提包的放置。女士入座后，除了晚装的小手包，其他手提包不能放在餐桌上。可以把手提包放在背后和椅子之间或大腿上（餐巾下），或挂在皮包架上。若是邻座没有人，可以放置在椅子上（图10-16）。

图 10-15　　　　　　　　　　　图 10-16

三十、西餐中餐巾有何特殊用途？可以擦餐具吗？

西餐中的餐巾只是用来擦嘴或手的，不能用来擦脸或是擦餐具，用餐巾来擦餐具是很不礼貌的。西餐开始前餐巾应在桌上，用餐时应打开铺在腿上。如中途有事需离开座位一会，应将餐巾放在椅背上，意是占座位，等下回来还要继续用餐。用餐完毕应将餐巾放置桌上。

三十一、西餐中如何用刀叉吃肉？

（1）吃肉类时，有两种方式：一是边割边吃；二是先把肉块（如牛排）切好，然后把刀子放在食盘的右侧，单用叉子取食。

（2）吃鱼时，应从鱼的中间切开，把肉拨到两边取掉鱼刺鱼骨，慢慢食用。

（3）肉饼、煎蛋、沙拉，都不用刀只用叉。肉盘内的肉汁，可用面包蘸着吃。

三十二、为什么说西餐的喝汤方法大有讲究？

西餐中喝汤时，需用匙进食，不得端起汤盘来喝。

握匙的正确姿势为：用大拇指按住匙的把，其他手指轻轻托住另一边。舀汤时，应从盘子里面向外舀，盘中汤不多时，千万不可端起汤盘吮吸，而应用左手将汤盘微微外倾，用匙舀尽。

三十三、吃西餐时不可以用左手递物吗？

用餐过程中自己够不着的调味等物，可以请别人帮忙递过来，我们也可应别人要求传递给他们,但传递要用右手,他们认为左手不干净。因为世界上很多国家都是用左手做不洁的事,在东南亚诸国,如印度、尼泊尔、阿富汗等地,人们认为左手是不干净的,要用右手进食。阿拉伯人也是更多地使用右手。伊斯兰世界,人们用右手来做高贵的事情,用左手来做低贱的、不洁的事情。阿尔及利亚人也忌讳左手传递食物等东西。

三十四、喝咖啡和茶的正确方法是什么?

喝咖啡和茶的方式是用小茶匙搅拌放糖,搅匀后仍将茶匙放回原处再喝(茶匙不能放在茶杯里),喝时,右手拿杯把,左手端杯托碟。

切记:喝咖啡、茶或汤一定要端起杯子就嘴,不要俯身去用嘴找杯子。

三十五、西餐参宴须知有哪些?

参加正式西式宴会一定注意服饰、仪容仪表符合礼仪要求,用餐姿势优美大方,坐姿端庄稳重,挺直腰板(图10-17)。

右手拿杯、左手端碟　　水果刀切块,用手拿着吃　　虾蟹类纸巾擦干后取用

仪容仪表符合礼仪要求　　听从主人安排　　人多可同时举杯

图 10-17

应邀出席,听从主人安排,主人举杯招呼,宴会正式开始才可进餐,进食要文雅。

祝酒时,主人和主宾先碰杯,人多可同时举杯,不要碰杯,切忌交叉碰杯。吃西餐时,不能拒绝对方的敬酒,即使自己不会喝酒,也要端起酒杯回敬对方,否则是一种不礼貌的行为。

喝茶或咖啡时,右手拿杯、左手端碟。

吃梨、苹果时,不要整个咬,先用水果刀切块,用手拿着吃。

上虾、蟹时,应在小水盂内两手轮流沾湿指头,轻轻刷洗,然后用餐巾或小毛巾擦干后取用。

三十六、中西方饮食性质有何差异?

饮食观念不同,西方饮食倾向于科学、理性,中国饮食倾向于艺术、感性。西方饮食习俗的着重点仅仅是原始饮食实用性的延伸,而中国饮食习俗中对味的偏重把饮食推向了艺术的殿堂。从这两种饮食观可以看出:西方饮食日趋规范化,中国饮食随意性大。

随着经济全球化及信息交流的加快,中西饮食文化将在碰撞中不断融合,在融合中相互补充。现在的中餐已开始注重食物的营养性、健康性和烹饪的科学性;西餐也开始向中餐的色、香、味、意、形的境界发展。中西餐饮文化将在交流中共同发展。

第十一章 公共空间

公共礼仪体现社会公德。在社会交往中,良好的公共礼仪可以使人际之间的交往更加和谐,也使人们的生活环境更加美好。作为具有五千年悠久历史的文明古国的公民,了解基本的礼仪知识,具有公德意识也是必须具备的公民素养。

一、礼仪的本质是什么?礼仪的基本原则有哪些?

尊重,也即敬人是礼仪的本质所在。尊重是礼仪的情感基础。古人云"敬人者,人恒敬之"。只有先尊重他人,才能赢得他人的尊重,也才能拥有和谐的人际关系。礼仪的基本原则有八个,平等原则是首要原则,尊重原则也是礼仪的基本原则之一,还有自律原则、遵守原则、真诚原则、宽容原则、从俗原则、适度原则。

二、为什么说"自律是礼仪的基础"?

自律是一个人成功的重要因素。自律是礼仪的基础,自律原则也是礼仪的基本原则之一。自律是指把外在带强制力的约束转化成内在的自觉意识和行为。古训中的"非礼勿视,非礼勿听,非礼勿言,非礼勿行",便是礼仪自律的具体要求。礼仪知识和规范的学习运用,应是自我的要求和意识,并在自觉践行礼仪的过程中不断自我约束、控制;随时自我反省、检点自己的行为。礼仪对人们行为虽具有规范和约束作用,但却不同于法律规范,不带有强制和惩处性,故需每位社会成员在自律的前提下自觉遵守,无论是社交应酬还是日常工作生活,都须自愿、自觉遵守礼仪,并用礼仪去规范自己在社会交往中的言谈举止和行为处事。

三、为什么说"真诚""宽容"更能赢得他人的尊重?

真诚是我们人与人之间相处的基础,同样运用礼仪也需要真诚,且务必诚信无欺、言行一致、表里如一,也体现着对交往对象的尊敬和友好,从而也就更能赢得对方的理解和认可。

人们在交际活动中,运用礼仪不仅要严于律己,更要宽容待人。"水至清则无鱼,人至察则无徒"。古人说的就是遵循宽容待人的原则,应理解、体谅,对他人的言行举止不求全责备;做到虚怀大度,不斤斤计较,从而成为建立和保持和谐人际关系的基础。所以说真诚、宽容也是礼仪的基本原则。

四、为什么说不能把"法律面前人人平等"套用在礼仪上？

法律的重要功能是"禁恶"，是罪与非罪、守法与犯法之间划了一条界线，越线则必须惩罚，而线内的广阔空间，就需用礼仪来规范人们的行为。礼仪不是法律，不能套用"法律面前人人平等"，所以礼仪很重要的作用是"倡善"，"敬"和"序"是关键，强调的是"尊者优先""长幼有序"。无论在职场、社交场合都应根据不同的级别享受相应的待遇，也就是强调和体现礼仪的"对等性"，这也是礼仪很重要的特征之一。在涉外交往中更是讲究礼宾次序，按位次就座，依规矩行事，体现对他人的尊重和良好的社会秩序。

礼仪的"对等性"原则体现着平等，无论是人们社会生活中的人际交往还是国与国之间的国际交往都讲究"礼尚往来"、注重对应性的对等交流和接待。人贵有自知之明，人际交往中的自我定位非常重要，要有角色意识，尤其是在正式场合应遵规守矩、礼让他人、先后有序，不能随心所欲，这也是礼仪的核心所在！

五、公共场合的仪容与仪态礼仪有哪些基本要求？

仪容是指人的容貌，而仪态包括人的举止、风度。相貌即人的长相和表情。

（1）物体语言。服饰应从范围、功能、款式等方面加以考虑。服饰的六不准：过杂、过露、过短、过透、过紧、过艳。其他注意事项如公共场合发型尽量干净整洁，女性长发最好束发，以免过长飘开的长发影响到别人；头发尽量不染过于夸张的颜色等。

（2）口头语言。用词正确、发音准确、含蓄幽默、使用巧避法等语言技巧。具体使用时，注意关键字词要准确，重要语句应加以重复确定，遇事不迁怒于人。路遇他人时应来有迎声，走有送声，问有答声。

（3）身体语言。忌在公众场合手舞足蹈、挖鼻孔、掏耳朵、修指甲、当众梳头、化妆等。注意坐姿，女士应双腿靠拢。社交凝视区是对方的眼睛至嘴部。舒适的交流空间应是人体周围 120～240 厘米。

六、你了解关于国旗的礼仪及升挂国旗的注意事项吗？

（1）在升挂国旗时，可举行升旗仪式。在国旗升起的过程中，参加者应面向国旗肃立致敬，行注目礼（非身着制服的戴帽者应脱帽）并可以奏国歌或唱国歌。在升旗仪式举行的过程中，参加者不得交头接耳，忙于他事，或随便走动；不准嬉皮笑脸，怪模怪样。

（2）在升挂国旗时，应将国旗置于显著位置。列队举持国旗和其他旗帜行进时，国旗应处于其他旗帜之前。国旗与其他旗帜一同升挂时，应将国旗置于中心、较高或突出的位置。

（3）悬挂国旗，应以正面面向观众，不准随便将其交叉悬挂、竖挂或反挂，更不得倒挂。

（4）在室外升挂国旗，不能让旗角触及地面，更不能将其直接弃置于地面。一般应于早晨升起，傍晚降下。遇上恶劣天气时，可以不挂国旗。夜间通常不在室外升挂国旗，确需升挂，必须将其置于灯光照射范围内。

（5）在直立的旗杆上升降国旗，应当徐徐地升降。升旗时，应将国旗升至杆顶。降旗时，不准使国旗落地。

（6）国旗及其图案至高无上，不得随便升挂、使用，不得用作商标和广告，不得用于私人丧葬活动。

七、你懂得国徽的使用规定吗？

必须尊重国徽，不允许滥用、错用国徽，不要对国徽乱做解释。

要保护国徽，在日常工作与生活中，应有意识地保护我国国徽及其图案。在任何情况下，都不允许侮辱我国国徽及其图案。

八、奏国歌时应注意的细节有哪些？

（1）在奏国歌时，应起身肃立，目视正前方，姿势端正，神态严肃。在升挂国旗奏国歌时，应目视徐徐上升的国旗，向其行注目礼。应立正，不能稍息；不能双手插衣裤兜；不能提拿物品、扶持他物或端起双臂。

（2）在奏国歌时，不允许坐着，不允许四处走动，更不允许同他人交谈、嬉笑喧哗或者打打闹闹。

（3）在奏国歌时，除按规定穿制服戴帽子者外，其他人皆应脱下自己的帽子，同时也不准佩戴太阳镜。

（4）在唱国歌时，应吐字清晰，节奏适当，演唱准确。不允许自由发挥，随口胡唱、含糊不清；不允许怪声怪气、洋腔洋调；不允许有意改变节奏或是拖腔；不能在唱国歌时鼓掌、击节或摇头晃脑、手舞足蹈。

（5）在他国领土上，应当遵守当地对于演奏或演唱国歌的有关规定，切不可肆意而为。

九、影剧院观看影片、观看演出时应遵循怎样的礼仪？

到影剧院观看演出，应提前15分钟左右进场，作为观众应尽早入座。如果自己的座位在中间，应当有礼貌地向已就座者示意，请其让自己通过。通过让座者要与之正面相对，切勿让自己的臀部正对着人家的脸，这是很失礼的。应注意衣着整洁，即使天气炎热，袒胸露腹也是不雅观的。

在影剧院观看演出时，不戴帽子，不吃带皮和有声响的食物，不可大呼小叫、笑语喧哗，也不可把影院当成小吃店肆意大吃大喝，不得把脚踩在前排的座位上。演出结束后要报以掌声，演员谢幕前不能提前退席。演出结束亮灯后再有秩序地离开，不

礼仪知识百问百答

要推搡（图 11-1）。

十、图书馆、阅览室学习时的礼仪有哪些？

图书馆、阅览室是公共学习场所，应注意整洁，遵守规则。到图书馆、阅览室学习，注意着装礼仪，衣着整洁，不能穿汗衫和拖鞋入内。就座时，不要替他人预占位置。查阅目录卡片时，不可把卡片翻乱或撕破损坏，或用笔在卡片上胡乱涂抹划线。要保持整个环境的安静和卫生，不要吃有声或带有果壳的食物。

图书馆、阅览室的图书、桌椅板凳等都是公共财产，应注意爱护，不要随意刻画、破坏。进入图书馆应将通信工具关闭或调成振动，接听手机应悄然走出室外轻声通话。阅读时要默读，不能出声或窃窃私语。不能在阅览室内交谈、聊天，更不能大声喧哗。在图书馆、阅览室走路脚步要轻，物品要轻拿轻放，不能发出声响。要爱护图书，有事需要帮助时，不能大声呼喊，应轻步走到工作人员身边寻求帮助（图 11-2）。

图 11-1

图 11-2

十一、在比赛场馆观看各类比赛时有哪些礼仪？

（1）尽量提前或准时入场，按要求过安检，进出不能拥挤，应礼让，对号入座、遵守秩序，不随意走动。关闭或将手机等通信设备调至振动或静音。

（2）在比赛中，举行升旗仪式时，应面向国旗，肃立致敬。

（3）观看比赛时不抽烟，不吃带响声的食物。

（4）比赛中拍照不使用闪光灯，有些比赛禁止拍照的应遵守。

（5）注意控制情绪，文明友善，不说冒犯对方球队的话，更不能谩骂队员、教练和裁判，不往场内扔杂物。禁止在对方球员罚球时用荧光棒等干扰。

（6）观看比赛，衣着整洁，举止文明。室内观看比赛不戴帽，也不把衣物垫在座位上；爱护公共设施，不蹬踏座椅，不乱涂刻写（图 11-3）。

第十一章 公共空间

图 11-3

十二、在商场应注重的礼仪有哪些？

（1）在商场购物时不要大声喧哗，自觉维护公共卫生，爱护公共设施。对男女营业员可统称为"同志"或"先生""女士"等，不要以"喂"来称呼。

（2）在自选商场购物时，要爱护商品，对挑选过的商品如果不中意，应物归原处。

（3）采购完毕离开柜台时，应对营业员的服务表示谢意。

（4）购物时需：礼貌用语常挂嘴边；着装需整洁；说话控制音量，礼貌交流；禁止吸烟；避免乱拿乱放；讲究公共卫生；自觉排队。

十三、参观博物馆时有哪些礼仪？

1. 爱护展品及展览设施

博物馆陈列的展品大多具有较高的历史价值或艺术价值，其中一些是国宝和珍贵物品。因此，参观博物馆时应爱护展品，不随便触摸展品，不任意使用闪光灯拍照；爱护博物馆内的展台、照明等设施。

2. 文明参观（图 11-4）

（1）参观博物馆时应保持安静，不大声喧哗。专心听讲解，不出言不逊、妄加评论。

图 11-4

（2）自觉遵守博物馆有关规章制度，不抽烟、不吃零食，按顺序边看边走。

171

（3）不宜在一件展品前长时间驻足，以免影响他人欣赏。

（4）超越他人时要讲礼貌，不从他人面前过，而应从其身后过，以免妨碍他人观赏，如果必须从他人前经过，则应说："对不起，请让我过一下。"

3. 博物馆参观礼仪歌

珍惜文物，爱展品；
低声细语，步履轻；
谦谦有礼，仪容美；
提问有序，善倾听；
保持距离，别拥挤；
环境卫生，多留心；
食物饮料，厅外用；
遵从引导，礼先行。

十四、为什么有些博物馆禁止在展厅内拍照或使用闪光灯？

（1）在博物馆、展厅不能随意拍照，是因为有些展览的展品因版权等原因不允许观众拍照，特别是一些临时展览和引进展览，主办方会明确提出不允许对参展展品进行拍照。

（2）博物馆藏品门类丰富，部分展品因为材料特殊，如书画、古籍善本、织绣品等文物，都很"怕光"，强光照射，会加速它们的"衰老"，甚至形成永久性的损坏；在幽暗、安静的展厅环境里"闪光"，也会影响其他观众的正常欣赏和参观。

十五、乘坐公共交通工具时的礼仪有哪些？

（1）乘公共汽车礼仪：上下车有序，自觉购票；举止端正、主动礼让、保持卫生；不可攀爬，不可将手、头伸出车外。车到站时应依次排队，对妇女、儿童、老年人及病残者要照顾谦让。上车后不要抢占座位，更不要把物品放到座位上替别人占座。遇到老弱病残孕及怀抱婴儿的乘客应主动让座。在乘坐交通工具时，乘客应当遵守社会公德，讲究文明礼貌，文明乘车，服从车站工作人员的管理。

避免一些不文明行为，如男女相拥或热吻、玩手机铃声、看视频等声音很大、低头挖鼻孔、将报纸等撑得太大等（图11-5）。

（2）乘火车、轮船礼仪：应耐心办手续，遵守秩序；注意形象，尊重他人；勿动开关设备。在候车室、候船室里，要保持安静，不要大声喊叫；上车、登船时要依次排队，不要乱挤乱撞；在车厢、轮船里，不要随地吐痰，不要乱丢纸屑果皮，也不要让小孩随地大小便（图11-6）。

第十一章 公共空间

替别人占座 ✗　主动让座 ✓　①自觉购票 ✓　手伸出车窗外 ✗

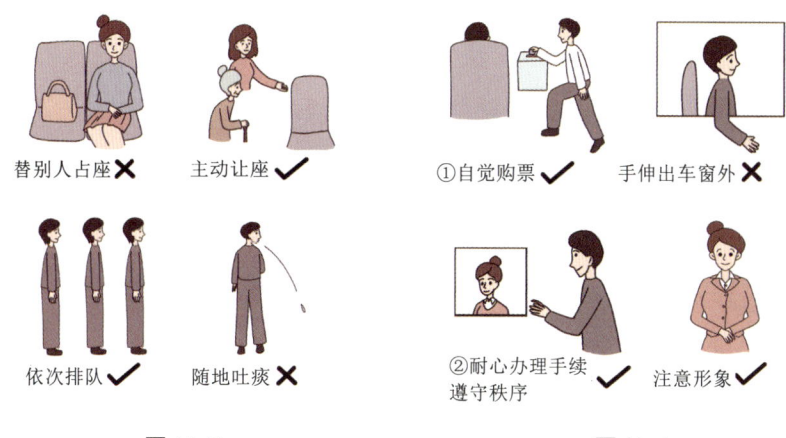

依次排队 ✓　随地吐痰 ✗　②耐心办理手续 遵守秩序 ✓　注意形象 ✓

图 11-5　　　　　　　　　图 11-6

十六、乘坐飞机时的礼仪有哪些？

乘坐飞机时，作为乘客也有自己需要讲究的礼仪，要是不注意的话，即使是坐了头等舱也可能被人笑不够绅士。

起飞前：通常要提前半小时登机，登机时应认真配合例行的安全检查。

登机：登机时不要拥挤，由乘务员领你入座。

交谈：在飞机上不要谈论乘务员和撞机等空难事件。

吃东西：就餐时别忘了将靠背放直，以方便后座的人用餐。

下飞机：飞机安稳着陆时，全体乘客会一齐鼓掌感谢机组人员（国外惯例）。

十七、骑行礼仪、驾驶礼仪及女性乘车礼仪有哪些？

（1）骑行礼仪：骑自行车应自觉严格遵守交通规则，注意安全。不闯红灯，骑车时不撑雨伞，不互相追逐或曲折竞驶，不骑车带人。遇到老弱病残者动作迟缓，要给予谅解，以礼待人，主动礼让。

（2）驾驶礼仪：注意形象、言行有礼；专心开车、礼让他人；慎用喇叭、不忘环保（图 11-7）。

（3）女性乘车礼仪：在车门前双腿并拢微屈身，应稍微捋一下裙摆，避免走光；重心下移、臀部先落座，之后上半身进入车内；坐下后，再把双腿并拢上提，一起放进车里，把身体坐正（图 11-8）。

骑行礼仪　　　　驾车礼仪

骑车时不撑伞、不闯红灯、不带人　　注意形象、专心开车

图 11-7

女性如何文明乘坐轿车

双腿并拢微屈　　上半身进入车内，重　　坐下后双腿并拢　　上半身放进车内坐正
身挣一下裙摆　　　心下移，臀部先落座

图 11-8

十八、乘坐车主人驾驶轿车时的座次礼仪有哪些？

座次是乘车礼仪中最为重要的问题，据礼仪规定，确定任何一种轿车乘坐座次尊卑的基本要点需考虑以下几个方面：谁在开车，开的什么车，安全与否，以及嘉宾本人的意愿等。

（1）车主人亲自驾车，这种情况大多会出现在朋友、同事或是家庭聚会中，一般也相对随便。但是乘坐车主人驾驶的轿车时，最重要的是不能让前排座位空着，一定要有个人坐在那里，以示相伴。因此，如果只有一人乘坐，应该首先选择坐在副驾驶位，既是相伴更是一种尊重，否则他很可能会认为你把他当司机看待了。

如果正好坐满，一群人都是同事或是朋友的关系，那么一般体型较大者或是女士坐在副驾驶位。同时还应注意，若多人同乘，则中途副驾驶位的客人下车后，后坐的客人应改坐到副驾驶位。

（2）由车主人驾驶自己的轿车时，其夫人则一般应坐在副驾驶位上。男士应服务于自己的夫人，且宜开车门让夫人先上车，然后自己再上车。

（3）由车主人驾车送其友人夫妇回家时，友人之中的男士，一定要坐在副驾驶位上，与主人相伴，而不宜形影不离地与其夫人坐在后排，那将失礼之至。

十九、乘坐司机驾驶轿车的乘车礼仪有哪些？

专职司机驾驶，座位顺序应该依次是：后排右座、后排左座、后排中座、副驾驶座。

虽说从礼仪角度而言，专职司机驾驶时，后排三席座位的等级较高，然而实际乘坐时，则还应看辈分或是职位最高人员的喜好或选择。因为如果满员，那舒适度最高的还是前排副驾驶座，比较宽敞。

而从安全的角度看，除非是领导与司机的关系，或是公司的接待关系，其他非特殊情况下，单人乘车时，乘员都最好坐在副驾驶位，这样方便沟通，也很安全。

当有领导乘坐时，副驾驶座一般也叫随员位，坐在此处的通常为助理、译员、警卫员等，领导自然坐在后排。

二十、三排七座商务轿车座次顺序是怎样的？

由专职司机开车时，车上其余六个座位的顺序由尊而卑依次为：后排右座、后排左座、后排中座、中排右座、中排左座、副驾驶座。

由主人亲自开车时，车上座位的顺序由尊而卑依次为：副驾驶座、后排右座、后排左座、后排中座、中排右座、中排左座。

二十一、三排九座商务车座次顺序是怎样的？

三排九座商务车司机开车时，除驾驶座外，车上其余八个座位的顺序由尊而卑依次为：中排右座、中排中座、中排左座、后排右座、后排中座、后排左座、前排右座、前排中座。

由主人亲自开车时，车上其余八个座位的顺序由尊而卑依次为：前排右座（假定驾驶座居左）、前排中座、中排右座、中排中座、中排左座、后排右座、后排中座、后排左座（图11-9）。

⊛	8	7		⊛	2	1
驾驶座	前中	前右		主人	前中	前右
3	2	1		5	4	3
中左	中中	中右		中左	中中	中右
6	5	4		8	7	6
后左	后中	后右		后左	后中	后右
由尊而卑依次为 1 2 3 4 5 6 7 8				主人亲自开车时 1 2 3 4 5 6 7 8		

图 11-9

二十二、吉普车、大中型轿车的座次顺序是怎样的？

吉普车上的座次与谁开车基本无关，副驾驶座总是上座，其后排座位，一般讲究是右高左低。

大中型轿车的座次排列原则应当是由前而后，由右而左。

二十三、旅游观光时应注意的礼仪规范有哪些？

（1）游览观光：凡旅游观光者应爱护旅游观光地区的公共财物。对公共建筑、设施和文物古迹，花草树木，都不能随意破坏；不能在柱、墙、碑等建筑物上乱写、乱画、乱刻；不要随地吐痰、随地大小便、污染环境；不要乱扔果皮纸屑、杂物。

（2）宾馆住宿：旅客在任何宾馆居住都不要在房间里大声喧哗，以免影响其他客人。对服务员要以礼相待，对他们所提供的服务表示感谢。

（3）饭店进餐：尊重服务员的劳动，对服务员应谦和有礼，当服务员忙不过来时，应耐心等待，不可敲击桌碗或喊叫。对于服务员工作上的失误，要善意提出，不可冷言冷语，加以讽刺。

二十四、旅游拍照时应注意的事项有哪些？

在外出旅游活动尤其是出境旅游中，人们在拍照时，应特别重视不能违犯特定国家、地区、民族的禁忌。凡在边境口岸、机场、博物馆、住宅私室、新产品与新科技展览会、珍贵文物展览馆等处，应忌随意拍照。

在被允许的情况下，对古画及其他古文物进行拍照时，忌使用闪光灯。凡在"禁止拍照"标志的地方或地区，应自觉不拍照。在通常情况下，忌给不相识的人（特别是女子）拍照。

二十五、在旅游、公务活动中应注意的卫生问题有哪些？

（1）个人卫生方面：忌蓬头垢面，忌衣装鞋帽或领口袖口不洁。在正式场合，忌挖眼屎、擤鼻涕、抠鼻孔、挖耳秽、剔牙齿、剪指甲等不卫生的动作。患有传染病的人严忌参加外事活动。

（2）环境卫生方面：切忌随地吐痰、乱弹烟灰、乱丢果皮纸屑或其他不洁之物，忌把雨具及鞋下的泥水、泥巴等带入室内，忌把痰盂等不洁器具放在室内醒目的地方。

参考文献

[1] 金正昆. 商务礼仪教程（第六版）[M]. 北京：中国人民大学出版社，2019.
[2] 吕艳芝. 职场礼仪培训全书[M]. 北京：中国纺织出版社，2021.
[3] 徐克茹. 商务礼仪标准培训[M]. 北京：中国纺织出版社，2021.
[4] 林友华. 社交礼仪（第五版）[M]. 北京：高等教育出版社，2019
[5] 赵景卓. 现代礼仪（第四版）[M]. 北京：中国财富出版社，2009.
[6] 郭平建. 中外服饰文化研究[M]. 北京：中国纺织出版社，2018.
[7] 齐锐. 礼仪常识[M]. 北京：中国华侨出版社，2018.
[8] 王晓玲. 广州市民礼仪手册[M]. 广州：广州出版社，2008.
[9] 未来之舟. 公民礼仪读本[M]. 北京：海洋出版社，2008.
[10] 吕虹. 职业礼仪训练教程[M]. 北京：中国人民大学出版社，2021.
[11] 陈国强. 面试礼仪与口才[M]. 北京：中国经济出版社，2008.
[12] 王华. 金融职业礼仪（第三版）[M]. 杭州：浙江大学出版社，2021.
[13] 常娟. 中国式饭局宴会[M]. 广州：广东人民出版社，2010.
[14] 向天. 国民必知社交礼仪读本[M]. 北京：中国书籍出版社，2010.
[15] 张志春. 中国服饰文化（第3版）[M]. 北京：中国纺织出版社，2017.
[16] 包伟民. 宋朝简史[M]. 杭州：浙江人民出版社，2020.
[17] 杨春俏. 东京梦华录[M]. 北京：中华书局，2020.

附录　民风习俗

俗话说"十里不同风，百里不同俗"，礼仪是各民族文化的重要组成部分，深深融入了民族传统精神的精髓，也就自然而然地具有民族的特性，且又经历代相传、不断更新发展。礼仪丰富着民族文化的内涵，民族精神又赋予礼仪独特的魅力。世界各国甚至一个国家的不同区域、不同民族的人们生活环境不同，传统和习俗习惯、信仰等也存在差异，习俗礼仪等就出现地域、群体及时代等差异性和局限性，从时代特征和民族特性上，也充分体现了礼仪上的博大精深和表现形式的丰富多彩！

随着世界人类文明的发展，礼仪具有悠久的历史，日常既密切作用于我们人类的生活实践，也具有很强的现实意义。伴随着社会的进步、政治的变革、经济的发展、思想观念的变化、科学技术和网络信息的广泛应用等，也必将在传承优秀文化传统的同时不断注入新的内容，而礼仪也在不断沿革，体现不同的时代特征，具有鲜明的时代性特征，从而也就具有鲜活的生命力。

一、何谓宋代的"斗茶"？

宋代是极其讲究茶道的时代，上起皇帝，下至士大夫，都好于此，并著书立说，加以理论化。品茶也称品茗，由主人邀请三五知己，将泡好的茶，盛在小酒杯一样大小的茶盅内，像饮酒那样细细品尝。斗茶是在品茶的基础上发展起来的。此俗直至民国年间依然在惠城中盛行。斗茶则与此不同。斗，惠州话有争斗的意思，也有在争斗中逞强获胜之意。"斗茶"的内容包括：斗茶品、斗茶令、茶百戏。当时一个文化水平较高的私塾老师曾以"较筐篚之精，争鉴裁之别"来概括斗茶的含义（图1）。

苏东坡也有"岭外惟惠俗喜斗茶"的记述。皇帝宋徽宗赵佶撰有《大观茶论》，社会上一些文人雅士也流行一种"斗茶"的生活情趣。

图1

二、宋朝的"斗茶"怎么"斗"？胜负的标准是什么？

斗茶品以茶"新"为贵，斗茶用水以"活"为上。一斗汤色，二斗水痕。

（1）汤色。即茶水的颜色。一般标准是以纯白为上，青白、灰白、黄白，则等而下之。色纯白，表明茶质鲜嫩，蒸时火候恰到好处；色发青，表明蒸时火候不足；色泛灰，是蒸时火候太老；色泛黄，则采摘不及时；色泛红，是炒焙火候过了头（图2）。

（2）汤花。即指汤面泛起的泡沫。决定汤花的优劣要看两条标准：第一是汤花的色泽。汤花的色泽与汤色是密切相关的，因此，汤花的色泽标准与汤色的标准是一样的。第二是汤花泛起后水痕出现的早晚，早者为负，晚者为胜。

图2

三、何谓宋朝斗茶中的"咬盏"？

这是指斗茶中汤花所呈现的一种现象。宋代主要饮用团饼茶，调制时先将茶饼烤炙碾细然后烧水煎煮。这时如果茶末研碾细腻，点汤、击拂恰到好处，汤花匀细，有若"冷面"，就可以紧咬盏沿，久聚不散。这种最佳效果，名曰"咬盏"。反之，若汤花不能咬盏，而是很快散开，汤与盏相接的地方立即露出"水痕"（茶色水线），就输定了。所以水痕出现的早晚就成为决定汤花（茶汤）优劣的依据。

斗茶以水痕晚出为胜，早出为负。有时茶质虽略次于对方，但用水得当，也能取胜。所以斗茶需要了解茶性、水质及煎后效果，不能盲目而行。

四、何谓宋代"茶百戏"？

茶百戏，又称汤戏或分茶，是宋代流行的一种茶道。即将煮好的茶注入茶碗中的技巧（图3）。

在宋代，茶百戏可不是寻常的品茗喝茶，有人把茶百戏与琴、棋、书并列，是士大夫们喜爱与崇尚的一种文化活动。茶百戏，能使茶汤汤花瞬间显示瑰丽多变的景象。若山水云雾，状花鸟鱼虫，如一幅幅水墨图画，这需要较高的沏茶技艺。

宋人杨万里咏茶百戏曰："分茶何似煎茶好，煎茶不似分茶巧……"

图3

五、宋朝的婚嫁有何特色？

宋朝的婚嫁，是遵循"父母之命，媒妁之言"原则进行的。南宋袁采强调"嫁娶，当父母择配偶"。唐代以前，"媒妁之言"仅是礼制上的要求，唐代则把它列入法律条文之中。《唐律·户婚》规定："为婚立法，必有行媒。"十分重视媒人在婚姻中的作用。宋朝也沿袭唐代，很重视媒人作用，结亲大多是通过媒人。"婚娶之礼，先凭媒氏……自送定之后，全凭媒氏往来，朔望传语。"

六、宋朝时期婚姻的程序被简化为哪几部分？

古代婚礼通常有六礼仪，即纳彩、问名、纳吉、纳征、请期、迎亲六个环节。

到了宋朝时期婚姻的程序被简化为三部分：议亲、定亲和成亲。

所谓的议亲是婚姻的准备阶段，对应的是纳彩和纳吉，有史料记载宋朝关羽议亲的内容有"起草帖""回顶帖"和"相媳妇"三个部分，而相媳妇就是宋朝人在缔结婚姻的时候加入的一个新颖的环节，相亲是在经过媒人说亲之后，新人成亲之前的一个程序，这样的相亲环节，也使新人对自己的婚事有了一定的自主权利，并不是完全意义上的包办婚姻了，整个婚姻缔结的过程中，最有趣的也当属相亲环节。

七、为什么说"宋朝的婚姻文化"影响甚远？

宋朝的婚俗流程：一般迎亲程序大致分为四个步骤。第一步催亲，催亲是指迎亲前三天，男方向女方家送一些用于新娘子装扮的物品；第二步铺房，是迎亲的前一日，女方到男方家装饰布置新房，送部分嫁妆；第三步迎亲，是男方派迎亲队伍去女方家迎娶新娘；第四步，是在男方家举行拜天地仪式。这一系列完成之后就代表着婚姻关系正式成立。

宋朝简化的婚俗流程，一直被沿用。元明清代的民间婚礼，大多也是按着这几个步骤进行的，直到现在，婚礼大多数也是按照议亲、订婚和成婚三个步骤进行的。今天我们可能对古人婚姻还有一个刻板的印象，比如认为夫妻之间要正襟危坐，人前不可有亲热之举，否则就不合礼教，其实在宋朝小夫妻之间表现出亲热也是很正常的。小夫妻出门看花灯也是手牵着手的，可见宋朝的婚姻文化影响甚远。

八、什么是非遗"宋代点茶"？

中国饮茶方法先后经过了唐代烹茶、宋代点茶、明清泡茶以及当代饮茶等几个发展阶段。中国茶史上有"茶兴于唐，盛于宋"的说法，宋代点茶在中国茶道史上具有极其重要的地位。

点茶是宋代斗茶所用的方法，茶人自己饮用亦用此法。点茶是将茶碾成细末，置茶盏中，以沸水点冲。先注少量沸水调膏，继之量茶注汤，边注边用茶筅旋转击打和拂动茶盏中的茶汤，使之泛起汤花，称为击拂。点茶，是中国传统沏茶方法之一，根据史料记载，出现时间不晚于唐末五代，盛行于两宋（公元960～公元1279年），明代泡茶法盛行后，点茶法日渐衰落，几近失传（图4）。

中国茶饮在宋代最为盛行，宋徽宗赵佶甚至御笔亲书《大观茶论》，此书成为关于宋代点茶最权威、影响力最大的一部著作，流传后世。宋代盛行点茶法，在社会各个阶层中普及，茶不仅成为人们日常生活中不可或缺的物品，饮茶的风俗也深入人们生活中的各个方面。

2019年4月1日，宋联可博士代表中华传统技艺老师欢迎"元老会"代表团成员，向联合国前秘书长、博鳌亚洲论坛理事长潘基文介绍了宋代点茶在世界茶史上的重要地位和此技艺在镇江地区传承的历史渊源与文化底蕴，并将潜心多年研制的非遗宋代点茶茶粉以及点茶所用的建盏和茶筅赠送给了潘理事长，这也是非遗宋代点茶相关物品第一次作为代表中华礼物出现在国际舞台。

图4

九、宋代点茶法的步骤有哪些？

宋代点茶法分八个步骤，简单来说是碎茶、碾茶、箩茶、茶末置盒、撮末于盏、点茶（注汤入盏）、搅拌茶末、置茶托（图5）。

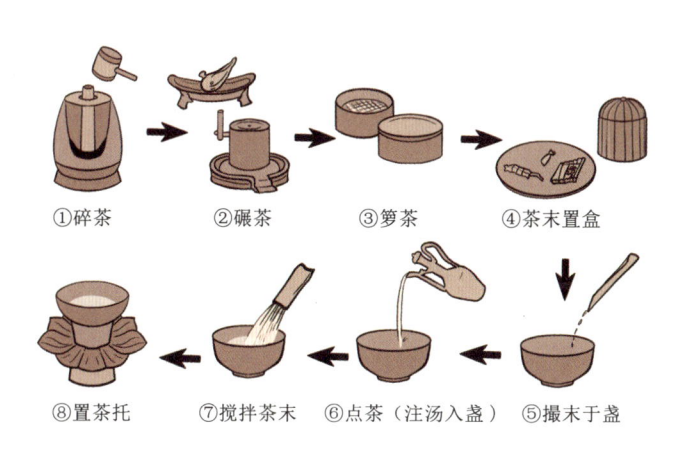

①碎茶　②碾茶　③箩茶　④茶末置盒
⑧置茶托　⑦搅拌茶末　⑥点茶（注汤入盏）　⑤撮末于盏

图5

主要是以下几步：

（1）备水。使用天然矿泉水或纯净水。

（2）碾茶。用纯棉纸包茶，压碎茶叶，入茶碾，迅速碾茶。

（3）点茶。宋代斗茶就是比试谁的茶汤汤花——沫饽在盏面上的时间保持更久，称为咬盏。

（4）分茶。点茶后，要将茶汤分盛入盏，供人饮用。一勺一盏，分茶时行茶艺礼仪，更显雅趣。

十、何谓古代茶礼？

茶礼，既指茶的礼仪，也指茶的礼品，是古代汉族的传统婚姻习俗。传统婚礼中"奉茶""交杯茶"等典礼，为"茶礼"。在旧时，男人托媒人向女方家送聘礼时，聘礼中必须要有茶叶，所以，汉族习俗中把女子受聘叫"受茶"，聘礼也称为"茶礼"。茶叶与婚礼结缘始于唐朝。当年，文成公主入藏时，陪嫁品中便有茶叶。以后，茶叶便与金银首饰一块变成出嫁时的必需品，并逐渐变成婚俗礼仪的一部分。

十一、什么是香道？

香道自古就有，发源地是中国，而后传入日本并得以传承。在日本，香道如同茶道、花道、禅道一般得以普及，并在民间流传至今。香道是一种具有古老悠久历史的时尚礼仪，它是应用天然香品传达健康养生的时尚生活礼仪。它古老，是因为已拥有几千年的渊源历史以及深厚的文化底蕴；它时尚，则因为是来自天然，崇尚健康养生，也是时下都市忙碌的人们日益渴望的生活模式。生活礼仪是因为香道讲究庄重的熏香仪式，注重以礼待客，以仪传香。一场精致的香道仪式，犹如一场精美的礼仪表演，让闻香者饱餐嗅觉大餐的同时，尽赏视觉盛宴。所以香道应该是现代都市人追求自然纯净健康的时尚生活礼仪，是人人共享的文化休闲生活，而应该不仅仅局限于将香道笼统看作是佛教礼佛的仪式之一（图6）。

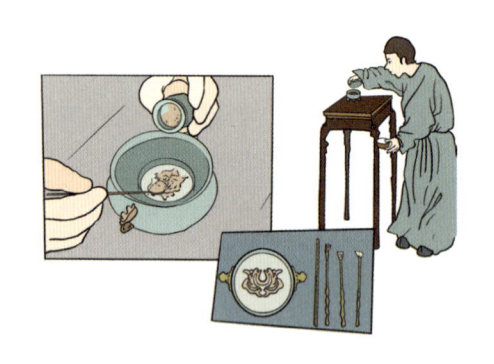

图6

十二、生活中的香气有什么作用？

闻香气是一种舒服的感觉。人们喜欢香气，是由于人们通常总是处在一种身体和精神的紧张状态，即使是在睡梦中也不例外，身体和精神的紧张状态决定了人体中细胞分子和组织的聚集，所以人就会产生累与沉重的感觉，而温柔甜蜜的香气会激活体内的细胞解除聚集的状态，这时人就会出现轻松愉悦安详的感觉。这也是一种舒服的感觉。芬芳的香气，通过呼吸道进入体内还会产生一种隐秘的抚慰作用，它犹如一只无形的手，将气体与我们的器官、肺腑接触，并在其间循环往复地流动，它的亲肤所带来的柔滑、清爽和湿润感，使我们心情愉悦（图7）。

线香　盘香
香囊　香牌

图7

十三、香器与香具一样吗？

香器是指闻香用的器皿及用具，除了最常见的香炉之外还有手炉、薰球、香囊、盛香的香盘及制香粉的香篆，都是属于香器的范畴。主要是配合各种不同形态的香焚烧或蒸熏的方式而产生。造型各异、材质不同的博山炉便是香器的典型代表。

香具是使用香品时所需要的一些器皿、用具，也称为香器。严格说来，制香时使用的工具称为香器。造型丰富的香具，既是为了方便使用不同类型的香品，同时也是一些美观的饰物。除常见的香炉，还有手炉、香斗、香筒（香笼）、卧炉、香插、香盘、香盒、香夹、香箸、香铲、香匙、香囊等（图8）。

十四、什么是香品？香品的分类有哪些？

香品是一种人们使用香料时可以被嗅觉感受到、味觉品尝出香气的物质。香品，可从不同角度划分为不同种类。根据形态特征可分为线香、盘香等；根据所用原料的种类可分为沉香、檀香等。也可归入多个种类，如采用天然香料产品。檀香制作的线香是以形态特征而言，而线香就所用香料的种类而言，是檀香，就所用原料的天然属性而言，是天然香。

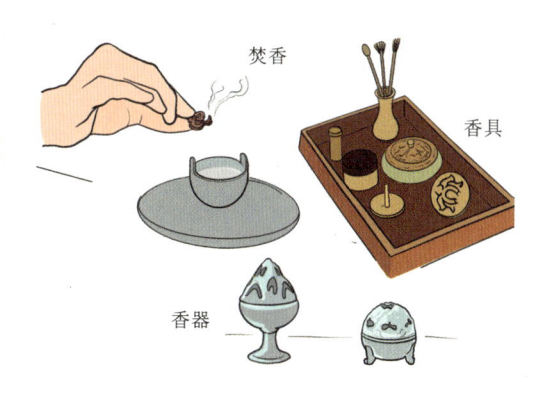

按原料属性划分，从最初单一的檀木沉香等香料制成的单品香，到后来不断改良与创新的调香技术，开始使用两种以上的香料根据以配方调和而成的和合香，创造出变化丰富的香品世界。

图8

十五、什么是单品香、和合香？

单品香，是指以单一香料直接使用之香品，常见的由沉香、檀香等木块或粉末，使用时以发挥其特有香气与功效为主，不掺杂其他香料成分。香味虽纯，但静心、疗愈效果不佳。沉香就是目前常见的单品香。

和合香又称合香。和合香是指有数种香料调和而制成之香品，例如佛教寺院里宗教供养、祭祀香品，多半是沉香、檀香为主再混合其他香料制成的和合香品。

十六、香艺是什么？其基本特征有哪些？

所谓香艺，是指通过丰富的香材，选择科学的方法制作，香品艺术的表现；能认人享受香的文化与生活。简单地说就是艺术地表现香与艺术地感受香。艺术地表现香就是运用艺术的形式方法，将大自然的香味应用于我们的物质生活；艺术地感受香就是通过艺术的环境去感觉、去体会香。

香艺的基本特征：

（1）以自然植物、花卉香为主体香，便于大众相互学习。

（2）以多样的制作方法丰富香品的形式与内涵。

（3）以技能化为核心，注重过程的快乐与美好。

（4）以艺术的表现方式体会香的灵魂。

用香基本过程，需安坐、放松、静心，品香观香，与古人传统修炼的"净、定、观、运、真"有异曲同工之处。

十七、"篆香"及制作流程是怎样的？

香道是历史悠久的汉族传统艺术，通过眼观、手触、鼻嗅等品香形式对名贵香料进行全身心的鉴赏和感悟，并在略带表演性的程序中，坚守令人愉悦和规矩的秩序，使我们在那种久违的仪式感中追慕前贤，感悟今朝，享受友情，珍爱生命，与大自然融于美妙无比的情景之中。

篆香的制作，是香道具有代表性的表演形式，其制作过程中的每一步都必须静心做好，香灰压实、少量多取、填满香粉、轻提香拓、小心点燃，它也是一个磨炼意志、培养耐心的过程，不仅芳香养鼻、颐养身心，还可祛秽疗疾、养神养生。

篆香，为了便于点燃，合香粉可用模具压印成固定的字型或花样，然后点燃，循序燃尽。

篆香制作流程（图9）：

（1）净手，把身上的味道涤尽，净化心灵。

（2）摆放香具。

（3）理香灰。

（4）压香灰。

（5）落香篆。

（6）平香粉。

（7）提香篆。

（8）燃篆香。

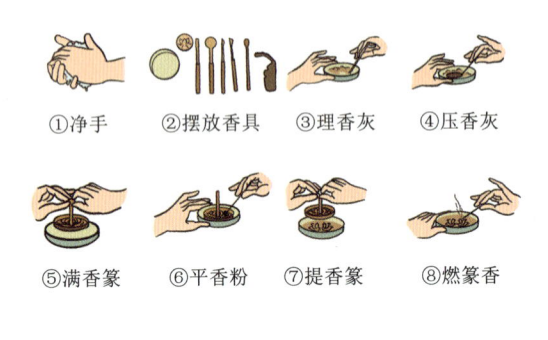

①净手　②摆放香具　③理香灰　④压香灰

⑤满香篆　⑥平香粉　⑦提香篆　⑧燃篆香

图9